Praxis 9

Arbeit · Wirtschaft · Technik

Hauptschule Bayern 9/M9

Autoren
Roland Dörfler
Herbert Dröse
Dr. Andreas Gmelch
Helmut Nicklas

westermann

In diesem Buch findet ihr immer wiederkehrende Symbole. Sie sollen euch helfen, den Überblick zu behalten.

Zusatzinformationen/Begriffe

Methodenseiten

Aufgaben, Arbeitsaufträge

Wiederholen und Vertiefen

Seit der 7. Jahrgangsstufe wurde im Schulbuch AWT das Plus-Zeichen als zusätzliches Symbol eingeführt. Es wird vor allem für die M-Klassen verwendet. Leistungsstarke und interessierte Schüler aus den Regel-Klassen dürfen selbstverständlich diese Seiten/Aufgaben auch bearbeiten.

Liebe Schülerinnen und Schüler,
damit das Lesen nicht unnötig erschwert wird, nennen wir Mädchen und Jungen ab jetzt Schüler.
Wir bitten euch, uns zu verstehen.

Die Autoren

Nach gültiger Rechtschreibung 2006

Westermann Schroedel Diesterweg Schöningh Winklers GmbH, Braunschweig
www.westermann.de

Druck A [1] / Jahr 2006
Alle Drucke der Serie A sind im Unterricht parallel verwendbar.

Redaktion: Marion Martens
Herstellung: Nicole Hotopp
Satz: AndersARTig, Reproduktion, Werbung & Verlag GmbH, Braunschweig
Druck und Bindung: westermann druck GmbH, Braunschweig

ISBN 978-3-14-**11 6309**-4
alt 3-14-**11 6309**-x

Inhaltsverzeichnis

Wie kann ich mich auf den Quali vorbereiten?

Am Ende der 9. Klasse kannst du an einer freiwilligen Leistungsfeststellung teilnehmen. Wenn du diese erfolgreich bewältigst, hast du den qualifizierenden Hauptschulabschluss erworben. Diese zusätzliche Leistungsfeststellung nennt man abgekürzt **„Quali“**. Dabei musst du unter anderem auch eine schriftliche Prüfung im Fach Arbeit – Wirtschaft – Technik absolvieren. Der gesamte Stoff der 9. Klasse wird abgefragt. Deshalb solltest du dich gut vorbereiten. Im Folgenden geben wir dir einige Tipps, damit dir die **Prüfungsvorbereitung** besser gelingt:

„Wie soll ich mich vorbereiten?“

1. Organisatorische Vorbereitung

Du solltest schon von Schuljahresbeginn an dafür sorgen, dass du **alle Einträge** und Informationen hast, die im Unterricht behandelt werden. Diese Einträge müssen vollständig, sauber und fehlerfrei sein, damit du besser lernen kannst.

2. Informationsaufbereitung

- Nachdem ihr im Unterricht ein Thema behandelt habt, solltest du es zu Hause nochmals **durchlesen** und auf einem DIN A 4-Blatt das Wichtigste **zusammenfassen**.
- Stelle zu jedem Thema **Fragen an das Kapitel** und schreibe sie auf dein Blockblatt. Welche Frage würde dein Lehrer oder deine Lehrerin zu diesem Thema stellen?
- Was ist an diesem Thema wichtig? Frage dazu auch deine Mitschüler und deinen Lehrer. Unterstreiche die wichtigen Begriffe in deinem Heft.
- Lege dir für deine Unterlagen zur Prüfungsvorbereitung einen Ordner mit Trennblättern für die einzelnen Fächer an.
- Schreibe dir zu jedem Thema **Kartei-Kärtchen**. Auf die Vorderseite einer Kartei-Karte schreibst du die Frage, auf die Rückseite die Antwort dazu.
- Mache dir zu jedem Thema eine **Übersicht**, damit du ein Bild hast. Mit Bildern lernst du besser. Beispiel:

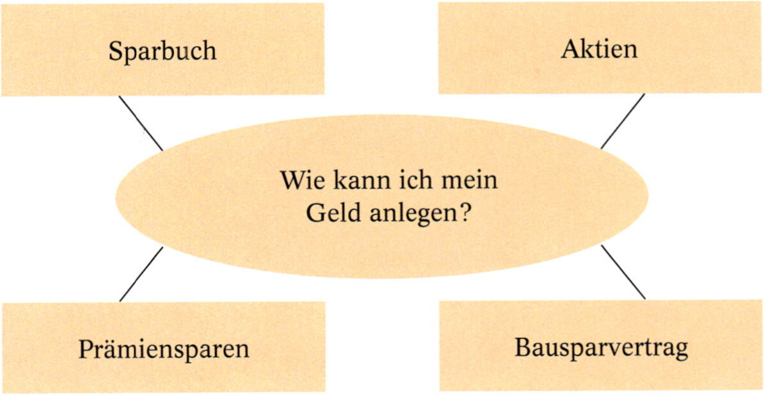

Tipp: Kartei-Karten gibt es in verschiedenen Größen. Kaufe sie dir nicht zu klein.

Gemeinsam lernt es sich leichter

So sollte dein Lernplatz nicht aussehen.

3. Informationsverarbeitung

Damit die Inhalte in deinem Kopf bleiben und du das Gelernte nicht so schnell vergisst, gibt es einige Hilfen:

- Lies die Seiten im Buch **regelmäßig** (jede Woche).
- Lies dir die aufgeschriebenen Fragen (Fragenkatalog, Kartei-Karten) durch und versuche sie zu beantworten.
- Lass dich jede Woche abfragen (Eltern, Freunde, Mitschüler, Tante, Oma usw.)
- Bilde eine **Lerngruppe** mit einigen Mitschülern. Trefft euch regelmäßig zum Lernen.

4. Allgemeine Lerntipps

- Je besser du im Unterricht aufpasst und mitmachst, desto weniger musst du zu Hause lernen.
- Fang rechtzeitig mit dem Lernen an und wiederhole regelmäßig schon ab Schuljahresbeginn die behandelten Themen.
- Dein Lernplatz sollte möglichst ruhig, hell und aufgeräumt sein. In einer ordentlichen Lernumgebung kannst du dich leicher auf das Wesentliche konzentrieren.
- Es sollte in deinem Lernzimmer nicht zu warm sein. Regelmäßiges Lüften bringt dir frische Luft (Sauerstoff) zum Denken.
- Lerne nicht zu lange am Stück. Jeden Tag 30 Minuten lernen ist besser als am Wochenende drei Stunden auf einmal. Zwischendrin solltest du auch mal eine Pause machen.
- Fertige einen **Wochenplan** an, in den du deine Lernzeiten einträgst. Versuche den Wochenplan einzuhalten (siehe unten).
- Während der Hausaufgaben und der Lernzeiten solltest du dein Handy ausschalten. Auch Musik und Fernsehen lenken dich ab.
- Wusstest du, dass auch das **Essen und Trinken** dein Lernen beeinflussen? Viel trinken (Wasser, Tee, Säfte) und gesundes Essen fördern die Denkleistung.
- Damit du richtig fit bist, um etwas lernen zu können, solltest du rechtzeitig ins Bett gehen und regelmäßig **sportlich aktiv** sein.

	Montag	Dienstag	Mittwoch	Donnerstag	Freitag	Samstag
8						
9		Unterricht				
10	Unterricht		Unterricht	Unterricht	Unterricht	
11						
12		Mittagessen				
13	Mittagessen	Hausaufgaben	Mittagessen	Mittagessen	Mittagessen	Sonntag
14	Sport	Lernen	Musik	Hausaufgaben	Hausaufgaben	
15				Lernen		Lernen/ Wiederholen
16	Hausaufgaben		Hausaufgaben			

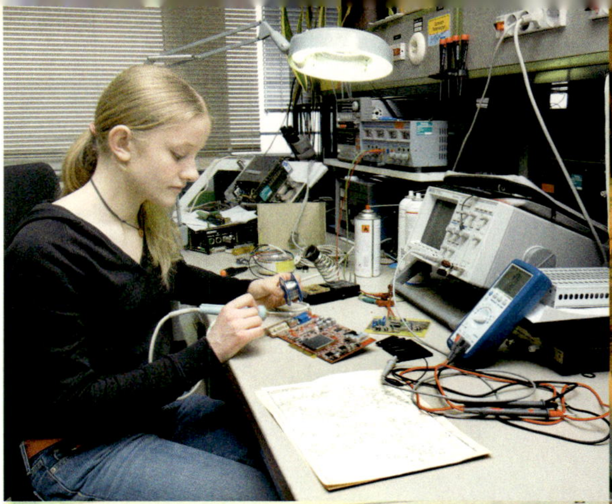

I Arbeit und Beruf

Du hast dich über deine beruflichen Möglichkeiten im letzten Schuljahr ausführlich informiert. Eigene Erfahrungen im Praktikum, Beratung durch Experten und die Nutzung eines reichhaltigen Informationsangebotes (BIZ, Berufenet) haben dich bei deiner Berufsorientierung entscheidend vorangebracht. Wir begleiten wieder Schüler auf ihren unterschiedlichen Wegen nach der Hauptschule in ihre berufliche Zukunft.

A

1 Wir blicken zurück: Was war bisher?

1. Die vier Schüler sind in ihrer Berufsorientierung unterschiedlich weit. Dafür gibt es zahlreiche Gründe. Finde Beispiele.

2. Wie weit seid ihr mit der Berufsorientierung in eurer Klasse? Ermittelt Unterschiede und Gemeinsamkeiten.

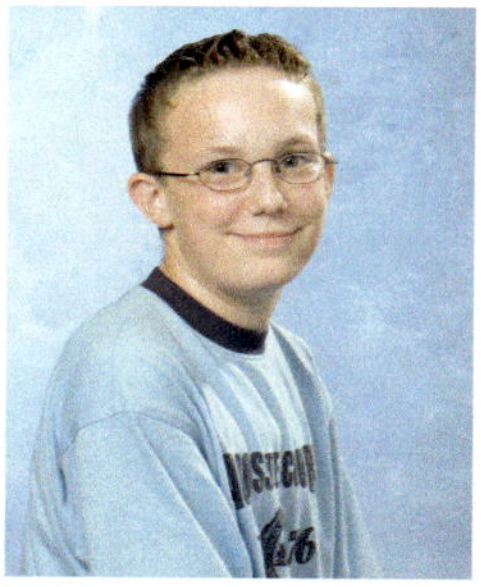

Du erinnerst dich an die Schüler, die wir im letzten Schuljahr bei ihren Überlegungen zu ihrer Berufswahl kennen gelernt haben:

Natascha hat sich nicht für einen typischen Frauenberuf entschieden. Sie orientiert sich an ihrem Interesse für Technik und an ihren Fähigkeiten, deshalb möchte sie Mechatronikerin werden. Durch das Betriebspraktikum wurde sie in ihrem Berufswunsch bestärkt. Nataschas Eltern unterstützen sie bei dieser Entscheidung. Sie weiß, dass es schwierig ist, als Hauptschülerin in ihrem Wunschberuf einen Ausbildungsplatz zu bekommen.

Philipp konnte im Betriebspraktikum überprüfen, ob er den schwierigen Anforderungen des Pflegeberufs gewachsen ist. Er war sich zunächst nicht sicher. Aber er stellte rasch fest, dass es ihn zufrieden macht, anderen helfen zu können. Selbst die Arbeiten zur Körperhygiene bei fremden Menschen fielen ihm nicht schwer. Bei seiner Berufsorientierung musste er feststellen, dass er nicht unmittelbar nach der Hauptschule mit der Ausbildung in einem Pflegeberuf beginnen kann. Er benötigt entweder den Mittleren Schulabschluss oder eine vorherige Ausbildung in einem anderen Beruf.

Kerstin wurde von ihren Eltern geraten, Bürokauffrau zu lernen. Sie wollte sich aber nicht von anderen vorschreiben lassen, was sie werden soll, ohne sich selbst ausführlich über mögliche Berufe zu informieren. Deshalb suchte sie im BIZ-Computer nach Alternativen. Schnell entdeckte sie für sich Hotelfachfrau als Wunschberuf, sie erforschte im BIZ aber auch weitere Berufe in diesem Umfeld.

Torstens Hobby ist sein Mountainbike, an dem er viel herumbastelt und das er auch selbst repariert. Für ihn war klar, dass er in seinem Beruf etwas mit Fahrrädern zu tun haben möchte. Er kann aber seinen Wunschberuf Zweiradmechaniker nicht ergreifen, weil ihm dazu der geforderte Schulabschluss (Quali) fehlt. Er hat nämlich nach der 8. Klasse die Hauptschule verlassen. Deshalb hat er sich für einen ähnlichen Beruf beworben, der geringere Anforderungen an ihn stellt: Fahrradmonteur.

Eine wichtige Hilfe zur eigenen Standortbestimmung ist der Berufswahlordner, den du in der letzten Klasse angelegt hast. Natascha, Philipp, Kerstin und Torsten haben in ihrem Ordner Stationen zur Berufsorientierung dokumentiert. Damit wissen sie, wo sie stehen.

2 Wo stehst du?

Spätestens jetzt, zu Beginn der 9. Klasse, musst du wissen,
- welche **persönlichen Voraussetzungen** du mitbringst (nutze den Kompetenzstern aus der 8. Klasse oder von Seite 29 für dein Persönlichkeitsprofil),
- dass die **Selbsteinschätzung** allein nicht ausreicht für eine Bewertung der persönlichen Fähigkeiten; **Fremdeinschätzungen** geben dir mehr Klarheit über dich selbst und verleihen deiner Berufswahl mehr Sicherheit,
- welche **Anforderungen** dein Wunschberuf an dich stellt (nutze das Anforderungsprofil, das du dazu im letzten Schuljahr erstellt hast),
- wie die **Ausbildungsplatzsituation** für deinen Wunschberuf in deiner Region aktuell aussieht (nutze Informationen der Agentur für Arbeit),
- wann, wo und auf welchem Weg du dich **bewerben** musst (dazu gehören Bewerbungsunterlagen, Einstellungstests und Vorstellungsgespräch),
- welche **Alternativen** für dich in Frage kommen, falls es nicht gelingt, einen Ausbildungsplatz für deinen Wunschberuf zu erhalten.

Halte deine Unterlagen im Berufswahlordner stets auf aktuellem Stand. Dann hast du einen Überblick darüber, was du bereits erledigt hast und was du noch unbedingt tun musst.

A

1. Deine persönlichen Voraussetzungen kannst du mit folgenden Punkten kennzeichnen:
   - Leistungen in den Schulfächern,
   - körperliche Fähigkeiten,
   - geistige Fähigkeiten,
   - soziale Fähigkeiten,
   - Neigungen (Womit gehst du gerne um?).

   Notiere zu jedem Punkt deine Stärken und Schwächen. (Du kannst auch deinen Kompetenzstern aus dem letzten Schuljahr aktualisieren.)

2. Halte für deinen Wunschberuf fest, welche Anforderungen er an dich stellt.

3. Vergleiche dein Persönlichkeitsprofil mit dem Anforderungsprofil deines Wunschberufs. Wo musst du noch an dir arbeiten?

3 Was hat geklappt? Wo gibt es Schwierigkeiten?

Natascha ist mit sich und ihrer Berufswahlvorbereitung zufrieden. Ihre persönlichen Voraussetzungen passen gut zu den beruflichen Anforderungen des Wunschberufes. Ihr Praktikumsbetrieb wies sie darauf hin, dass sie unbedingt einen guten Quali benötigt. Das motiviert sie, sich besonders anzustrengen.

Einige Klassenkameradinnen rümpfen jedoch die Nase: „Ich könnte das als Mechatronikerin nicht aushalten. Ständig Schmieröl statt Schminke!“ Natascha fragt sich: „Werde ich von den Jungs im Ausbildungsbetrieb akzeptiert?“

Philipp hat im Betriebspraktikum erfahren, dass seine Interessen und Neigungen mit dem Wunschberuf in Einklang sind. Seine Vorstellungen wurden bestätigt.

Aber nach dem Hauptschulabschluss kann er nicht sofort seine Ausbildung in einem Pflegeberuf beginnen. Er muss entweder den Mittleren Schulabschluss oder eine andere abgeschlossene Berufsausbildung haben. Ob Philipp die M-Klasse schafft? Er möchte nach der 9. Klasse mit Quali in die M-10. Dafür benötigt er im Quali in den Fächern Deutsch, Englisch und Mathematik in der Regel eine Durchschnittsnote von 2,0.

Kerstin hat sich bei ihrer Berufswahl sehr selbstständig verhalten. Sie ist sich sicher, eine Ausbildung zur Hotelfachfrau zu absolvieren, weil dieser Beruf gute Weiterbildungsmöglichkeiten bietet. Sie sieht ihre Zukunft nämlich in einer leitenden Funktion in einem Hotel. Um dieses ehrgeizige Ziel zu erreichen, muss sie nach erfolgreicher Berufsausbildung die Hotelfachschule besuchen.

Auch die Tatsache, dass an der Hotelfachschule Kosten für die Ausbildung anfallen werden, schreckt sie nicht von ihrem Plan ab. Sie ist sich außerdem bewusst, dass sie als Hauptschulabsolventin gegen Konkurrenz aus anderen weiterführenden Schulen an der Hotelfachschule bestehen muss.

Torsten hat die Hauptschule nach der 8. Klasse verlassen und sich als Fahrradmonteur beworben. Er hat sich zunächst berechtigte Hoffnungen auf einen Ausbildungsplatz gemacht.

Leider zerplatzten seine Zukunftsträume wie eine Seifenblase. Kurz vor dem geplanten Vertragsabschluss ging sein zukünftiger Ausbildungsbetrieb pleite. Torsten findet in der Kürze der Zeit keinen Ersatz und bleibt zunächst ohne Ausbildungsvertrag, ist aber berufsschulpflichtig. Deshalb besucht er ab September das Berufsvorbereitungsjahr (BVJ). Das BVJ soll ihm grundlegende Fertigkeiten und Kenntnisse vermitteln, die er für eine spätere Berufsausbildung nutzen kann.

Frau Steiger, ihre Klassenlehrerin, kennt die Probleme und Schwierigkeiten für die Hauptschüler beim Übergang von der Schule in den Beruf. Sie fühlt sich für ihre Klasse verantwortlich. Deshalb weist sie rechtzeitig und fortwährend ihre Schüler auf notwendige Schritte zur Berufswahl hin.

Unter anderem plant sie vor allem für die Schüler, die sich neu orientieren müssen, ein freiwilliges Betriebspraktikum. Sie achtet darauf, dass ihre Schüler den Berufswahlordner gewissenhaft und aktuell führen. Sie organisiert Bewerberseminare und übt mit ihnen Einstellungstests und Vorstellungsgespräche. Sie hilft ihren Schülern auch, wenn sie Rückschläge hinnehmen müssen, z. B. bei schlechten schulischen Leistungen oder bei Absagen auf Bewerbungen. Sie baut sie wieder auf und macht ihnen Mut.

Damit ihre Schüler mit ihren Aktivitäten zur Berufswahl am Ball bleiben, ermittelt sie in unregelmäßigen Abständen die Bewerbungssituation der Klasse:

Frau Steiger hat mit ihren Schülern auch ein Coachingsystem entwickelt. Wer Schwierigkeiten bei einer Station im Berufswahlprozess hat, kann sich Hilfe bei einem Mitschüler holen, der darin bereits erfolgreich war.

So unterstützen sich die Mitschüler gegenseitig. Es zeigt sich, dass dieses Helfen keine Einbahnstraße ist, sondern dass man voneinander profitiert.

A

1. Stellt für Natascha, Philipp, Kerstin und Torsten fest,
   - was bei ihrem Berufswahlprozess bisher gut gelaufen ist,
   - mit welchen Schwierigkeiten jeder voraussichtlich zu kämpfen hat, um den Wunschberuf zu erreichen.
2. Überprüfe für dich, welche Schritte zur Berufswahl bereits gelungen sind.
3. Überlege, mit welchen Schwierigkeiten du voraussichtlich noch rechnen musst und wie du sie bewältigen kannst.

i

Coaching ist ein Begriff aus dem Sport. Während des Spiels betreut der Trainer (= Coach) seine Mannschaft. Er hat den „Blick von außen“ und kann taktische Anweisungen geben.
Ähnlich hilfreich wirkt das Coaching bei der Berufswahl. Ein Außenstehender sieht dich anders als du dich selbst. Er kann entscheidende Ratschläge liefern.

1. Was sagt das Schaubild aus? Vergleicht die beiden Kurven.

2. Wie bei jedem Markt spricht man auch beim Ausbildungsstellenmarkt von Angebot und Nachfrage.
Wer sind die Anbieter?
Wer sind die Nachfrager?

3. Das Schaubild zeigt für das Jahr 2005 einen Nachfrageüberhang. Erkläre, was damit gemeint ist.

4. Wähle in einer Berufsbranche (z. B. Bau) zwei Berufe aus, die sich in den Grundaufgaben oder Grundtätigkeiten deutlich unterscheiden. Stelle die Unterschiede gegenüber.

5. Erkundige dich, ob es für deinen Wunschberuf in deiner Region zurzeit einen Nachfrage- oder Angebotsüberhang gibt.
(Tageszeitung, „Beruf aktuell" und „Beruf regional" helfen dir bei dieser Aufgabe.)

Der Ausbildungsstellenmarkt – Traum und Wirklichkeit
Für Frau Steiger und ihre Schüler sind die vielfältigen Maßnahmen zur Berufswahl dringend notwendig. In den letzten Jahren ist die Anzahl der zur Verfügung stehenden Ausbildungsstellen nicht ausreichend groß gewesen. Dafür gibt es mehrere Gründe: Viele Betriebe haben Personal abgebaut und sparen an den Ausbildungskosten. Außerdem sind die Anforderungen in zahlreichen Ausbildungsberufen deutlich gestiegen, sodass es für leistungsschwächere Schulabgänger noch schwieriger geworden ist, einen „passenden" Ausbildungsberuf zu finden.

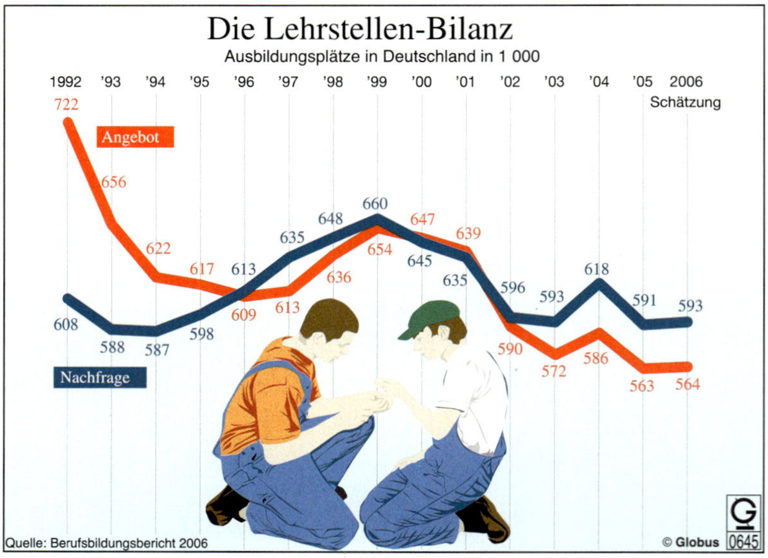

Wenn du keine Ausbildungsstelle findest, dann musst du dich nach Alternativen umsehen. Frau Steiger empfiehlt ihren Schülern:

„Bei vielen Berufen gibt es ‚nahe Verwandte', die ihr in BerufeNet unter dem Stichwort Alternativen finden könnt. In manchen Ausweichberufen habt ihr bessere Chancen auf einen Ausbildungsplatz, weil diese Berufe weniger bekannt sind.
Ihr solltet euch aber auch überlegen, ob ihr nicht eure Berufswünsche grundsätzlich ändert. So könnt ihr einen Beruf aussuchen, der die gleichen Grundtätigkeiten verlangt, der aber mit anderen Materialien umgeht, z. B. machen der Drechsler mit Holz und der Dreher mit Metall eigentlich ähnliche Sachen.
Ihr könnt aber auch innerhalb der gleichen Branche sehr unterschiedliche Berufe finden.
Sucht auch außerhalb unserer Region nach Angeboten."

4 Wie stelle ich mir meine Zukunft vor?

Dein erstes Ziel besteht darin, eine Ausbildungsstelle zu bekommen. Für die Lebensplanung ist dies eine wichtige Startposition. Du solltest dir aber bereits jetzt Gedanken über deine Zukunft nach erfolgreicher Ausbildung machen.

Philipps Beispiel zeigt dir, wie du dabei vorgehen kannst. Er erstellt einen Steckbrief über sich selbst, wie er sich sein Leben in 25 Jahren vorstellt.

So sieht mein Leben in 25 Jahren aus:

Mein Name:	Philipp Keimer
Meine Familie:	Ehefrau und zwei Kinder
Meine Wohnung:	Reihenhaus
Mein Beruf:	Pflegedienstleiter im Altenheim

So bin ich dahin gekommen:

- Qualifizierender Hauptschulabschluss
- nach dem Quali Wechsel in die M-10
- Mittlere Reife an der Hauptschule
- BFS für Altenpflege
- Staatlich geprüfter Altenpfleger
- Zivildienst beim Roten Kreuz
- Tätigkeit als Altenpfleger im Seniorenheim
- Hochzeit
- Geburt des ersten Kindes
- Fortbildungskurse zur Anschlussqualifikation
- Geburt des zweiten Kindes
- Weiterbildung zum Pflegedienstleiter
- Examen als Pflegedienstleiter
- Tätigkeit als Pflegedienstleiter im Seniorenheim

Philipp zeigt viel Fantasie. Der Weg zu seinem Ziel wird aber wahrscheinlich nicht so geradlinig verlaufen wie er es sich vorstellt.

Um seine Wunschvorstellungen aus dem Steckbrief zu verwirklichen, überlegt Philipp, welche Maßnahmen er ergreifen muss. Dies führt ihn aus der Fantasie wieder in die Realität zurück.

A

1. Entwirf für dich persönlich einen solchen Steckbrief.

Philipp stellt sich folgende Fragen:
- Was müsste ich tun, um meine beruflichen Wünsche Wirklichkeit werden zu lassen?
- Wo können Schwierigkeiten auftreten? Wie lassen sich diese beseitigen?
- Wie realistisch schätze ich meine Ziele ein?

Er formuliert seine persönlichen Antworten:

A

1. Die Fragen, die sich Philipp stellt, sind auch für dich bedeutsam. Finde, passend zu deinem Steckbrief, entsprechende Anworten.

„Den **Quali** traue ich mir zu, das wird kein Problem für mich werden. Nicht ganz so sicher bin ich mir, ob ich die Mittlere Reife nach der M 10 schaffe. Meine Lehrerin und auch die Berufsberaterin sind zuversichtlich, weil ich ehrgeizig und zielstrebig bin.
Mit der **Mittleren Reife** darf ich dann die Berufsfachschule für Altenpflege besuchen. Dort dauert die Ausbildung drei Jahre. Ich bekomme sogar eine Ausbildungsvergütung. Die staatliche Abschlussprüfung besteht aus einem schriftlichen, einem mündlichen und einem praktischen Teil. Nach bestandener Prüfung darf ich mich Altenpfleger nennen.
In meiner **Zivildienstzeit** sammle ich wichtige Erfahrungen beim Roten Kreuz, die mir bei meiner beruflichen Tätigkeit im Seniorenheim nützlich sein werden.
Da Pflegemethoden und -techniken in der Altenpflege ständig weiterentwickelt werden, ist es wichtig, durch **Fortbildungslehrgänge** beruflich auf dem Laufenden zu bleiben.
Meine **berufliche Lebensplanung** endet aber nicht an dieser Stelle. Mein Ziel ist ein beruflicher Aufstieg und deshalb strebe ich eine Weiterbildung zum Pflegedienstleiter an. Dies zu erreichen ist sicher nicht einfach. Aber wer sich keine Ziele setzt, der wird sich kaum entsprechend anstrengen."

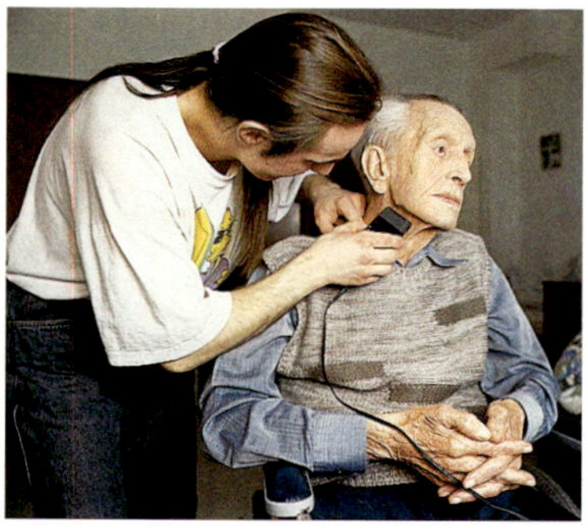

Altenpfleger bei der Arbeit

Altenpfleger bei einer Fortbildung

Pflegeheim

5 Was brauche ich zum Quali?

Je besser die Noten in deinem Zeugnis sind, desto leichter gelingt dir die Suche nach einem Ausbildungsplatz. Wenn du die 9. Klasse der Hauptschule bewältigst, dann erhältst du das Zeugnis über den Erfolgreichen Hauptschulabschluss. Wer allerdings das Klassenziel nicht erreicht, der bekommt lediglich ein Entlasszeugnis.
Wenn du einen Ausbildungsberuf erlernen möchtest, dann wird meistens der Qualifizierende Hauptschulabschluss erwartet. Dazu musst du dich der besonderen Leistungsfeststellung unterziehen.
Alle Teilnehmer müssen in den Fächern Deutsch, Mathematik und Arbeit – Wirtschaft – Technik eine Prüfung ablegen. Als viertes Prüfungsfach kannst du zwischen Englisch, GSE oder PCB wählen; das fünfte Prüfungsfach ist das von dir in der 9. Klasse gewählte Fach der berufsbezogenen Praxis (GtB, HsB oder KtB). Beim sechsten Prüfungsfach hast du die Wahl aus den weiteren Fächern, die in deinem Stundenplan genannt sind, z. B. Religion, Sport, Musik, Kunst oder Informatik.

Wie wird nun die Qualinote berechnet?
Bei allen Prüfungsfächern wird die Jahresfortgangsnote ermittelt. Dann wird die Prüfungsnote festgestellt. Beide Teilnoten sind für das Ermitteln der Qualinote gleichgewichtig. Die Noten für Deutsch, Mathematik und Englisch bzw. GSE oder PCB zählen jeweils doppelt, sowohl im Jahresfortgang als auch in der Prüfung. In den anderen drei Prüfungsfächern zählen die Noten je einfach.

1. Stelle eine Übersicht über deine Prüfungsfächer zusammen.

2. Halte die Noten aus deinen Prüfungsfächern sorgfältig in einer Tabelle im Berufswahlordner fest. Damit kannst du deinen aktuellen Leistungsstand ermitteln und rasch erkennen, ob und wo du dich besonders anstrengen musst.

Im Fach Englisch unterscheidet sich die Berechnung der Note von den übrigen Fächern:
- Die Jahresfortgangsnote zählt doppelt,
- das schriftliche und mündliche Prüfungsergebnis je einfach.

Beispiel	D	M	E/GSE/ PCB	AWT	GtB/HsB/ KtB	6. Fach
	2-fach	2-fach	2-fach	1-fach	1-fach	1-fach
Jahresfortgangsnote	3	2	3	4	2	2
Zwischenwert	6	4	6	4	2	2
Prüfungsnote	4	3	2	2	3	3
Zwischenwert	8	6	4	2	3	3
Notensumme	14	10	10	6	5	5
					Gesamtsumme	**50**
					QA-Note:	**2,7**(78)

Alle Teilnoten werden addiert und durch 18 dividiert. Dabei darf für den Quali höchstens der Wert 3,0 (Gesamtsumme 55) erreicht werden.

6 Wege in den Beruf

Nachdem Natascha den Quali mit der Gesamtnote „gut“ erreicht hat, kann sie mit der Ausbildung zur Mechatronikerin anfangen.

„In meinem ersten Ausbildungsjahr lerne ich die grundlegenden Tätigkeiten und Kenntnisse hauptsächlich in der betriebseigenen Ausbildungswerkstatt. Bereits die ersten Tage waren sehr abwechslungsreich, weil wir mit einem Projekt starteten. Ich bin das einzige Mädchen unter den acht Auszubildenden. Wir haben an zwei Tagen in der Woche **Berufsschule**. Ab dem zweiten Lehrjahr wird das nur noch an einem Tag sein. Außerdem werden wir dann teilweise im **Betrieb** in der Fertigung eingesetzt. Nach dreieinhalb Jahren werde ich meine Facharbeiterprüfung ablegen.“

Philipp benötigt für sein Berufsziel als ersten Schritt die Mittlere Reife. Um die M 10 gleich im Anschluss an die 9. Klasse besuchen zu dürfen, braucht er einen guten Quali. Er übertrifft sogar mit einem Notenschnitt von 1,8 die Mindestanforderungen.

„Es ist schon eine Umstellung von der Regelklasse in die **M-Klasse**, aber ich denke, dass ich es schaffen werde. Nach der M 10 werde ich drei Jahre lang die **Berufsfachschule** (BFS) für Altenpflege besuchen. Am Ende der Schulzeit erwartet mich die Abschlussprüfung zum Altenpfleger.“

Für Kerstin war das Erreichen des qualifizierenden Hauptschulabschlusses ebenfalls kein Problem. Sie fand auch relativ frühzeitig einen Ausbildungsplatz in ihrem Wunschberuf als Hotelfachfrau.

„Mein Ausbildungsbetrieb ist ein Drei-Sterne-Hotel mit guter Ausbildungsqualität. Allerdings befindet sich das Hotel nicht an meinem Wohnort. Die Beschäftigten wohnen in Angestelltenzimmern. Die Ausbildung findet im Ausbildungsbetrieb und in der Berufsschule statt. Diese befindet sich in Pegnitz in der Fränkischen Schweiz. Ich erhalte **Blockunterricht** mit Auszubildenden aus mehreren Landkreisen Oberfrankens. Der Unterricht wird „im Block“ erteilt, d.h. mindestens zwei Wochen am Stück. Danach sind wir wieder für mehrere Wochen im Betrieb. Während der Berufsschulzeit wohne ich im Internat, das der Schule angegliedert ist.“

A

1. Stellt in Gruppenarbeit die Wege in den Beruf der sechs Jugendlichen auf diesen beiden Seiten als Schaubild dar.

Ardiane lebt mit ihren Eltern seit fünf Jahren in Deutschland. Herkunftsland der Familie ist Albanien. Ardianes Sprachkenntnisse reichten nicht aus um den Quali zu schaffen, obwohl sie eine gewissenhafte und zuverlässige Schülerin ist. Hauswirtschafterin kann sie auch ohne Quali werden.

„Ich besuche im ersten Jahr meiner Ausbildung zur Hauswirtschafterin das **Berufsgrundschuljahr** (BGJ). Das ist in Bayern für diesen Beruf vorgeschrieben. Es wird mir als erstes Jahr der Ausbildung angerechnet. Im BGJ übernimmt die Berufsschule auch die fachpraktische Ausbildung des ersten Lehrjahres. Ab dem zweiten Jahr wechselt die Ausbildung zwischen Betrieb und Berufsschule. Nach drei Jahren bin ich mit erfolgreicher Abschlussprüfung Hauswirtschafterin."

Torsten war ziemlich verzweifelt, als sich die bereits sicher geglaubte Ausbildung zum Fahrradmonteur nicht verwirklichen ließ. Was sollte er nach Verlassen der Hauptschule – ohne Abschluss – tun? Er ist auch ohne Ausbildungsplatz berufsschulpflichtig.

„Ich besuche das **Berufsvorbereitungsjahr** (BVJ). Meine Klassenkameraden sind alle in einer ähnlichen Situation. Wir haben trotz vieler Bewerbungen keinen Ausbildungsplatz bekommen. Mir wurde von der Arbeitsagentur Ausbildungsfähigkeit bescheinigt. So konnte ich mich bei der Berufsschule für das BVJ anmelden. Während dieses Jahres mit Vollzeitunterricht werden wir auf eine Berufsausbildung oder eine berufliche Tätigkeit vorbereitet. Wir lernen grundlegende Tätigkeiten und Kenntnisse aus den Berufsfeldern Metalltechnik und Elektrotechnik."

Alexander erreichte mit seinen allgemein schwachen Leistungen gerade noch den erfolgreichen Hauptschulabschluss. Er machte sich auch keine große Mühe, einen Ausbildungsplatz zu finden:

„Mein Onkel arbeitet in einer Gießerei. Der Chef hat mir nach einem Praktikum angeboten, dort anzufangen – allerdings als **Jungwerker** und nicht als Azubi. Ich bekomme von Anfang an mehr Geld als ein Lehrling. Im ersten Jahr muss ich noch einmal in der Woche in die Berufsschule. Das ist gesetzlich vorgeschrieben."

A

1. Alexanders Entscheidung ist problematisch. Begründe.

7 Das duale System der Ausbildung

duales System

duo (lat.) = „zwei"
Zwei Partner wirken bei der Ausbildung zusammen: **Ausbildungsbetrieb und Berufsschule.** Sie stimmen die Ausbildungsinhalte miteinander ab. Sie orientieren sich dabei am Ausbildungsrahmenplan, der Bestandteil des Berufsausbildungsvertrages ist.
Der betriebliche Ausbilder hält engen Kontakt zur Berufsschule.

Es gibt Berufe, bei denen der Ausbildungsbetrieb nicht sämtliche Ausbildungsinhalte vermitteln kann. **Überbetriebliche Ausbilddungsstätten** sorgen dafür, dass alle Auszubildenden für den jeweiligen Beruf diese geforderten Kenntnisse und Fertigkeiten erwerben.

Erste Lehrlinge aus China: Kfz-Ausbildung nach deutschem Vorbild
„Bei der weltweiten Suche nach einem geeigneten Ausbildungssystem hat sich China für das System der dualen Ausbildung [...] entschieden. [...] Die HWK für Oberfranken ist hier Kooperationspartner und arbeitet dazu eng mit der Normal University in Shanghai [...] und dem Berufsbildungszentrum der Stadt Nanjing [...] zusammen.
Der theoretische Teil der Ausbildung findet dabei in China statt, der größte Teil des Praxisunterrichts einschließlich Firmenpraktika wird dagegen in Deutschland durchgeführt. Die chinesischen Lehrgangsteilnehmer finanzieren übrigens ihre Praxisausbildung in Deutschland selbst: ein deutlicher Beweis, welch hohen Wert die deutsche Ausbildung in China hat."
Quelle: www.hwk-oberfranken.de

Berufsschule

Ausbildungsbetrieb

Natascha und Kerstin im Gespräch

Am Beispiel der beiden Freundinnen Natascha und Kerstin kannst du den grundsätzlichen Aufbau des dualen Systems kennen lernen. Natascha und Kerstin haben das erste Vierteljahr ihrer Ausbildung hinter sich. An einem Wochenende verabreden sie sich zu einem Treffen. Sie haben sich viel zu erzählen.

Natascha: „Kerstin, eigentlich habe ich gedacht, dass ich dich bei uns an der Berufsschule öfter sehe."

Kerstin: „Na ja, das Hotel, in dem ich lerne, befindet sich in der Fränkischen Schweiz. Deshalb muss ich auch die dafür zuständige Berufsschule in Pegnitz besuchen.
Ich hätte übrigens nicht gedacht, dass wir an der Berufsschule so viel Praxis vermittelt bekommen. Das liegt sicher daran, dass wir Blockunterricht haben. Ist das bei dir auch so? Du hast doch in jeder Woche zwei Tage Berufsschule."

Natascha: „Ach ja, du hast ja Blockunterricht. Du kannst schließlich nicht jede Woche so einen weiten Weg zu deiner Berufsschule zurücklegen. Nicht an jedem Berufsschulstandort werden für alle Berufe eigene Klassen gebildet. Stell dir vor, mein Cousin lernt als Schornsteinfeger – dafür gibt es in ganz Bayern nur zwei Berufsschulen; für Südbayern in München, für Nordbayern in Neumarkt in der Oberpfalz.

A

1. Sind die überbetrieblichen Ausbildungsstätten ein weiteres – drittes – Standbein der Ausbildung oder sind sie einem der dualen Partner zuzuordnen?
2. Wenn der betriebliche Ausbilder und die Berufsschullehrkräfte nicht regelmäßig in Kontakt bleiben und sich gegenseitig informieren, gibt es Probleme. Welche können das sein?

Theoretischer Unterricht im Betrieb

Was wir in der Berufsschule lernen, darüber habe ich mich auch gewundert. Es gibt zwar die allgemein bildenden Fächer wie Deutsch, Sozialkunde, Sport und Religion, aber auch bei uns steht die Berufspraxis im Vordergrund. Die Lehrwerkstätten an unserer Berufsschule sind dazu auch ganz modern ausgestattet."

Natascha: „Auch die Ausbildung im Betrieb beschränkt sich nicht nur auf praktische Inhalte! Wir bekommen auch theoretischen Unterricht. In einem speziellen Schulungsraum für Elektrotechnik mussten wir z. B. Schaltungen selbstständig planen und erstellen. Dabei wendeten wir die Leittextmethode an. Zusätzlich erhielten wir die notwendigen Unterlagen auf CD-ROM."

Kerstin: „Meine Tante hat vor zwanzig Jahren ihre Ausbildung ebenfalls im Gaststättengewerbe absolviert. Sie wollte mir für den theoretischen Teil meiner Ausbildung helfen und hat mir Unterlagen aus ihrer Berufsschulzeit gegeben. Die Fächer, die sie damals hatte, wie z. B. Fachtheorie und Fachrechnen, gibt es aber heute gar nicht mehr. Wir werden nach so genannten Lernfeldern ausgebildet. Ich habe bei meinem Berufsschullehrer nachgefragt, warum das so ist. Er erklärte mir, dass dadurch der Unterricht in der fachlichen Ausbildung besser abgestimmt werden könne. Außerdem werde in einem handlungsorientierten Unterricht in Projekten theoretisches Wissen und praktisches Können miteinander verknüpft."

Natascha: „Genau so ist das bei uns. Wir haben in unserem ersten Projekt einen Elektroherd gebaut. Dazu mussten wir unsere Grundkenntnisse aus dem PCB-Unterricht über Strom, Spannung und Widerstand anwenden. Neu gelernt haben wir in diesem Projekt u. a., wie sich Spannung und Stromstärke bei verschiedenen Schaltungen und Materialien verhalten. Interessant war für mich auch, wie man bei der Fehlersuche vorgeht."

Kerstin: „Sag mal, Natascha, hast du von früh bis Abend Berufsschule oder musst du nach der Schule noch in den Betrieb?"

Natascha: „Nein, ich muss nicht mehr in den Betrieb nach dem Unterricht. Da gilt, glaube ich, die Regel, dass nach sechs Stunden Schule niemand mehr in den Betrieb muss. Ich habe an den Berufsschultagen bis 16:30 Uhr Schule. In den Ferien allerdings muss ich stattdessen in die Lehrwerkstatt."

A

1. Erkundigt euch bei Fachleuten der Berufsausbildung (z.B. Beratungslehrkraft an der Berufsschule oder Ausbildungsberater bei den Kammern), welche Regelungen zur Betriebspflicht nach der Berufsschule für Auszubildende gelten, die bereits 18 Jahre alt sind.
2. Warum ist es sinnvoll, dass der Jahresurlaub von Auszubildenden in der berufsschulfreien Zeit genommen werden soll?

Kerstin: „Das wäre ja noch schöner, wenn du da frei hättest. Dein Betrieb zahlt schließlich für die gesamte Ausbildung, also auch für die Zeit, während der du in der Berufsschule bist.
In meiner Berufsschulklasse sitzen übrigens nicht nur Hotelfachleute, sondern auch drei Restaurantfachfrauen. Wie ist das bei euch?"

Natascha: „Der größte Teil meiner Klassenkameraden macht die Ausbildung als Mechatroniker. Wir haben aber auch drei Industriemechaniker und zwei Zerspanungsmechaniker in der Klasse. Im ersten Ausbildungsjahr bekommen wir alle die gleiche Grundbildung. Unser Klassenleiter sagt, dies ist für das gesamte Berufsfeld Metalltechnik möglich. In deinem Berufsfeld wird das nicht anders sein."

Kerstin: „Stimmt; aber ab dem zweiten Lehrjahr geht das nicht mehr, denn dann werden wir unseren Fachrichtungen gemäß unterschiedlich ausgebildet. Schließlich haben wir im zweiten Ausbildungsjahr die Zwischenprüfung speziell für unseren Ausbildungsberuf."

Natascha: „Weißt du eigentlich, dass die Leistungen von Zwischen- und Abschlussprüfung zusammengerechnet werden?"

Die Ausbildung in der Berufsschule umfasst in der Regel eine einjährige Grundstufe und darauf aufbauend eine meist zweijährige Fachstufe (Für Mechatroniker dauert die Ausbildung 3 1/2 Jahre.):

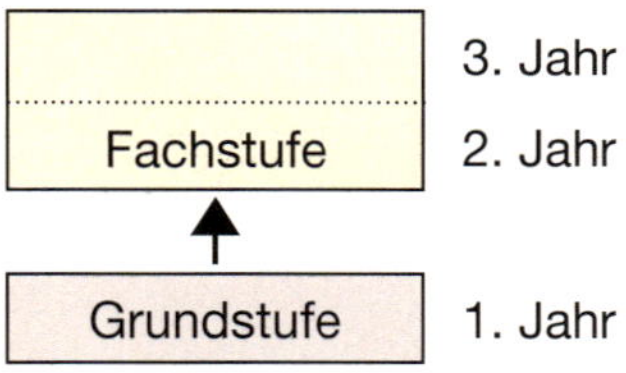

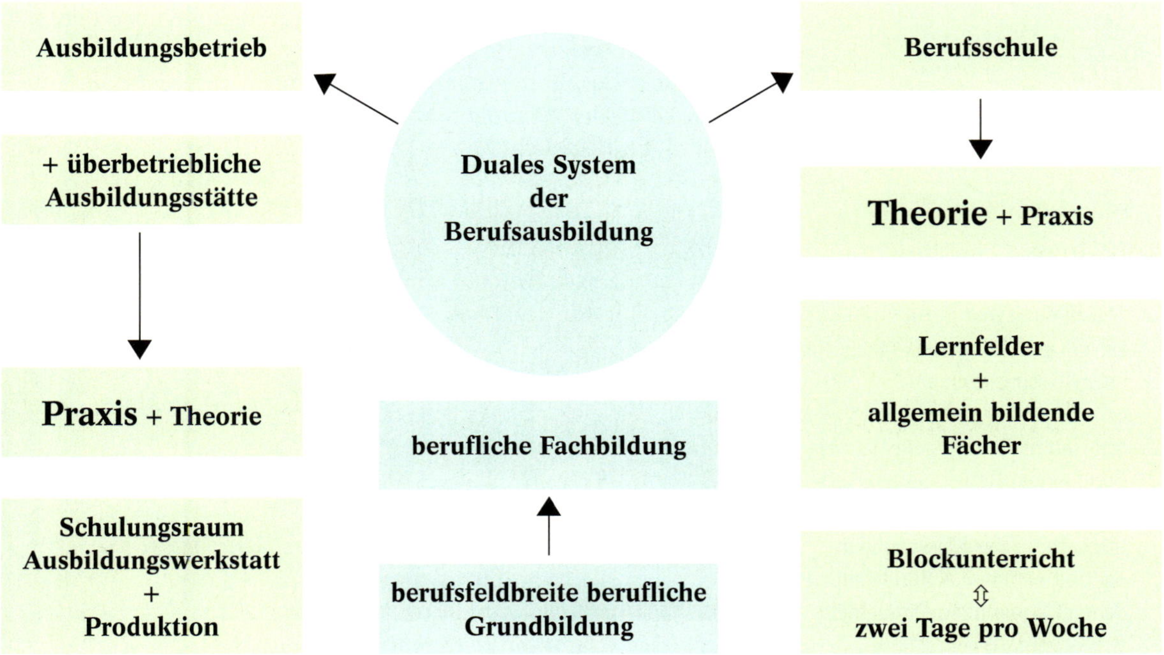

Berufsfeldbreite berufliche Grundbildung

Für alle Berufe des Berufsfeldes sind alle Ausbildungsmaßnahmen im ersten Ausbildungsjahr gleich; d.h., jeder erlernt die gleichen Grundkenntnisse und Grundfertigkeiten und jeder übt die gleichen Grundtätigkeiten aus.

Berufsschule: Ausbildung nach Berufsfeldern
Es gibt zurzeit etwa 350 Ausbildungsberufe. Nicht für jeden Beruf kann es eine eigene Berufsschulklasse geben. Deshalb sind an Berufsschulen verwandte Berufe zu Berufsfeldern zusammengefasst. Das heißt, Berufe mit ähnlichen Tätigkeiten, Aufgabenstellungen oder Arbeitsgegenständen wurden nach praktikablen Gesichtspunkten in 13 Berufsfelder sortiert. Damit ist es möglich, eine berufsübergreifende Grundbildung zu vermitteln, mit der eine größere berufliche Mobilität und Flexibilität erreicht werden kann.

Diese Einteilung stellt jedoch einen Kompromiss dar, weil nicht alle Ausbildungsberufe erfasst werden und es kein einheitliches Ordnungsmerkmal gibt. So werden Berufe nach dem Werkstoff, wie z. B. Metall oder Holz, einem Berufsfeld zugeordnet oder nach dem Arbeitsbereich (Bautechnik). Auch die Anzahl der einzelnen Berufe in den Berufsfeldern ist sehr unterschiedlich: In der Metalltechnik (Handwerk und Industrie) gibt es zurzeit etwa 90 Berufe und im Berufsfeld Körperpflege sind es nur zwei.

Vielleicht ist in deiner Nähe eine Berufsschule, an der du ein Berufsfeld erkunden kannst. Folgende Fragen können dir helfen:
- Welche Berufe zählen zu dem Berufsfeld?
- Aus welchen Berufen befinden sich Schüler des ersten Ausbildungsjahres gemeinsam in einer Klasse?
- Welche für das Berufsfeld besonderen Unterrichtsräume und praktische Ausbildungsstätten gibt es?
- Welche Grundkenntnisse und Grundfertigkeiten werden den Azubis im ersten Jahr vermittelt?
- Wie sieht der Stundenplan im ersten Ausbildungsjahr aus?
- Wie sieht der Stundenplan ab dem zweiten Ausbildungsjahr (für einen Beispielberuf) aus?

1. Notiere die 13 Berufsfelder. Dabei hilft dir die Broschüre „Ausbildung und Beruf". Erstellt gemeinsam ein Plakat für euer Klassenzimmer.
2. Informiere dich, ob dein Wunschberuf einem Berufsfeld zugeordnet ist. Wenn dies der Fall ist, trage ihn in das Klassenplakat ein und notiere das Berufsfeld zu deinem Wunschberuf in deinem Berufswahlordner.

Berufspraktische Ausbildung im Berufsfeld Metalltechnik

Berufsgrundschuljahr
In den **Berufsfeldern Holztechnik und Agrarwirtschaft** (pflanzlicher Bereich) wird die berufsfeldbreite berufliche Grundbildung alleine an der Berufsschule vermittelt. Diese rein schulische Form wird als **Berufsgrundschuljahr (BGJ)** bezeichnet.

„Warum gibt es dieses BGJ eigentlich?“ fragt Kerstin.
Frau Steiger erklärt: „Im BGJ sollen den Schülern grundlegende theoretische Kenntnisse und praktische Fertigkeiten vermittelt werden. Damit werden sie auf Berufe des gesamten Berufsfeldes vorbereitet. Dieser Vorteil des BGJ wird dadurch „erkauft“, dass die künftigen Auszubildenden noch keine Ausbildungsvergütung erhalten.“

Ardiane hatte anfangs Zweifel, ob sie den Beruf der **Hauswirtschafterin** erlernen solle, denn für diesen Beruf gilt in Bayern ebenfalls das **BGJ**. Sie hätte gerne – wie ihre Klassenkameraden – gleich nach der Hauptschule ihr erstes Geld verdient.

Das Berufsgrundschuljahr wird als erstes Lehrjahr auf die Gesamtdauer der Berufsausbildung angerechnet. Vor Aufnahme der Ausbildung im **BGJ** ist ein **Vorvertrag** mit einem Ausbildungsbetrieb abzuschließen. Darin verpflichten sich beide Seiten im Anschluss an das BGJ einen Berufsausbildungsvertrag zu unterzeichnen. Ab dem zweiten Ausbildungsjahr verläuft die weitere Ausbildung im dualen System.

2./3. Jahr

Berufe:
- Schreiner/in
- Modelltischler/in
- Bootsbauer/in
- Zimmerer
- Gärtner/in
- Hauswirtschafter/in

1. Jahr

Berufsgrundschuljahr (BGJ):
- Berufsschule/Vollzeit
- berufsfeldbreite berufliche Grundbildung (z.B. für alle Berufe des Berufsfeldes Holztechnik)

8 Andere Wege in den Beruf

Berufsfachschulen
Philipp, der Altenpfleger werden möchte, wird nicht die Berufsschule besuchen. Für seinen Berufswunsch benötigt er als Voraussetzung die **Mittlere Reife**. Diese will er in einer M 10 der Hauptschule erreichen.

Auch danach durchläuft er nicht das duale System der Berufsausbildung. Die Ausbildung zum Altenpfleger ist bundesweit einheitlich geregelt als rein **schulische Ausbildung an Berufsfachschulen** oder ähnlichen Einrichtungen. Dabei gibt es selbstverständlich auch praktische Ausbildungsabschnitte, z. B. in Altenheimen.

Philipp hat also keinen Berufsausbildungsvertrag mit einem Betrieb abgeschlossen. Der für das duale System typische Wechsel zwischen Ausbildungsbetrieb und Berufsschule findet nicht statt.

Philipps Ausbildung dauert drei Jahre. Von der Berufsfachschule erhält er keine Ausbildungsvergütung. Allerdings muss der Träger der praktischen Ausbildung für die gesamte Ausbildungsdauer eine angemessene Ausbildungsvergütung bezahlen.

Zum Ende seiner Ausbildungszeit wird Philipp die Abschlussprüfung absolvieren. Sie besteht aus einem schriftlichen, einem mündlichen und einem praktischen Teil. Nach erfolgreichem Abschluss dieser Prüfungen darf Philipp sich Altenpfleger nennen.

A

1. Suche weitere Berufe, deren Ausbildung an Berufsfachschulen erfolgt.

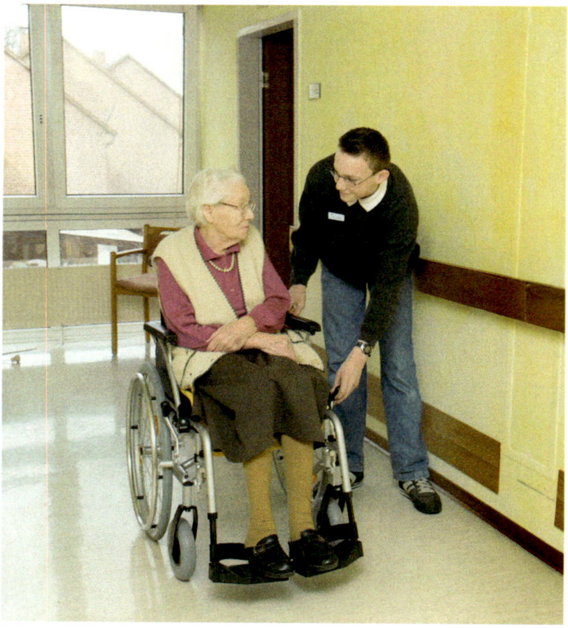

Im Pflegeheim

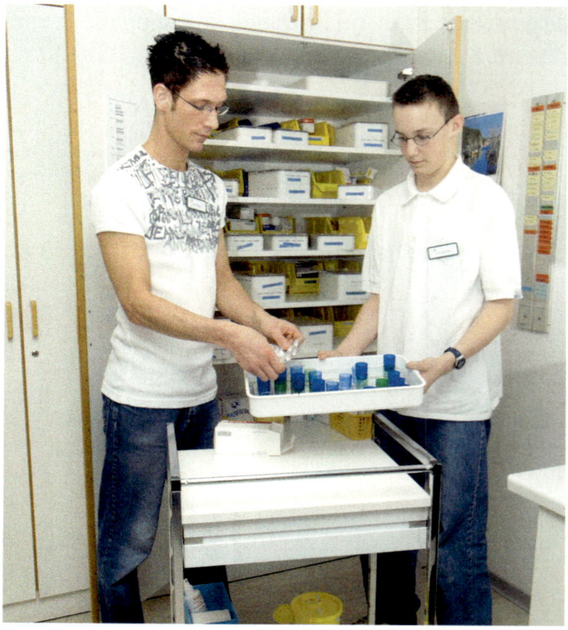

Medikamentenausgabe

Berufsvorbereitende Maßnahmen
Natascha, Kerstin und Philipp haben bereits ihr festes Berufsziel. Somit ist ihr Ausbildungsweg klar vorgezeichnet. Bei Torsten ist das nicht der Fall.

Torsten besucht ein Jahr lang das **Berufsvorbereitungsjahr** (BVJ). Er lernt dort verschiedene Berufsfelder kennen. Das soll ihm seine Berufswahlentscheidung erleichtern. Somit gewinnt er bessere Chancen auf dem Ausbildungsstellenmarkt. Die Aufgabe des BVJ ist also, ihn auf eine Berufsausbildung vorzubereiten. Dieses Jahr an der Berufsschule wird jedoch nicht auf eine Ausbildung angerechnet. Beim BGJ ist dies – wie du weißt – anders!

Das BVJ besuchen solche Jugendliche, die von der Arbeitsagentur als bereits ausbildungsfähig eingeschätzt werden und die von der Berufsschule aufgenommen wurden. Wer die notwendigen Voraussetzung noch nicht erfüllt, soll die fehlende Ausbildungsreife durch vorgeschaltete Maßnahmen erreichen. Die Kammern oder Ausbildungsstätten der Wirtschaftsverbände bieten dazu beispielsweise Maßnahmen zur **Einstiegsqualifizierung** (EQJ) an.

A

1. Vergleiche das BVJ mit dem BGJ (Dauer, Ausbildungsstätte, Ziele, Berufsausbildungsvertrag usw.).
2. Erkundigt euch, welche berufsvorbereitenden Maßnahmen von welchen Trägern in eurer Region angeboten werden.
3. Stelle deinen geplanten Berufsweg wie bei den Beispielen im Überblick dar. Hefte ihn in deinen Berufswahlordner ein.
4. Erstellt ein Klassenplakat für eure Berufswünsche mit den entsprechenden Ausbildungswegen.

Im Überblick: Wege in den Beruf					

Mechatronikerin	**Hotelfachfrau**	**Altenpfleger**	**Hauswirtschafterin**	**Fahrradmonteur**	**Jungwerker**
Duales System (Ausbildungsbetrieb + Berufsschule)		rein schulische Ausbildung Berufsfachschule	BGJ (1. Jahr der Ausbildung)	BVJ Kennenlernen verschiedener Berufsfelder	keine Ausbildung
2 Tage pro Woche in der Berufsschule	Blockunterricht in der Berufsschule	mit praktischen Anteilen	dann: duales System	vollzeitschulische berufsvorbereitende Maßnahme	Jungwerkerklasse an der Berufsschule (1 Jahr lang)

9 Hilfen zur Berufswahl

Die Berufsberatung der Bundesagentur für Arbeit und die Hauptschulen arbeiten gemeinsam für eure Berufswahl. Ihr kennt bereits die **Schriften der Berufsberatung**:

1. Unter www.machs-richtig.de und unter http://berufenet.de findet ihr die jeweils aktuellen Informationen zu euren Wunschberufen. Stellt fest, welche Anforderungen euer Wunschberuf besitzt, welche Tätigkeiten hauptsächlich ausgeführt werden, wie der Ausbildungsweg verläuft und welche Alternativen aufgezeigt werden.

Die verschiedenen Schriften erfüllen unterschiedliche Aufgaben:
- **Beruf aktuell** informiert in Kurzform über alle Ausbildungsberufe und gibt grundlegende Auskünfte zu Ausbildungswegen.
- **Mach's richtig** hilft dir bei den einzelnen Schritten deiner Berufswahl, dazu ist es in mehrere Teilhefte gegliedert.
- **Was werden** erscheint sechsmal im Jahr und liefert dir somit aktuelle Reportagen zu Berufen bzw. zu Veränderungen in der Berufswelt.
- **Beruf regional** erhältst du beim BIZ-Besuch, damit kannst du nachforschen, ob und wie viele Ausbildungsplätze zu deinem Wunschberuf in deiner Region angeboten werden.

Außerdem stehen euch im **Internet** oder auf **CD-ROM** ausführliche Informationen zu allen Ausbildungsberufen zur Verfügung.

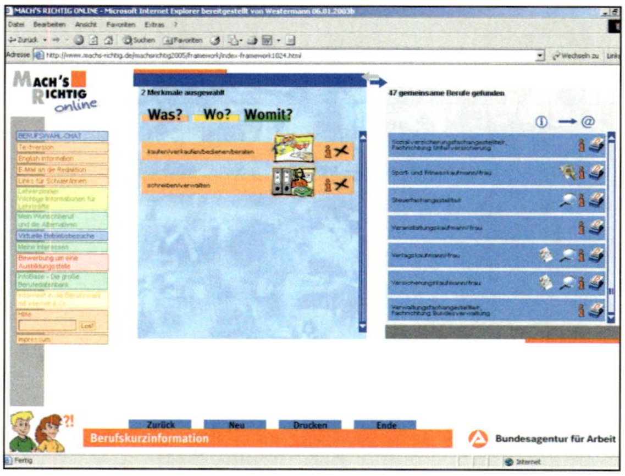

Mach's richtig online

BERUFEnet

Schüler im BIZ

Einzelberatung

Das **Berufsinformationszentrum** (BIZ) stellt ebenfalls die bisher gezeigten schriftlichen und elektronischen Informationen bereit. Darüber hinaus findest du im BIZ eine umfangreiche Mediothek. Zu allen Berufen gibt es Informationsmappen und Kurzfilme am BIZ-Computer. Außerdem enthält der BIZ-Computer noch ein Berufswahlprogramm und Bewerbungstipps.

Das qualifizierte Personal im BIZ beantwortet gerne deine Fragen. Diese Fachleute können dir auch gezielt über den aktuellen regionalen Ausbildungsstellenmarkt Auskunft geben. Sie wissen, in welchen Betrieben die in „Beruf regional" aufgelisteten Ausbildungsplätze angeboten werden.

Du musst dich natürlich auch regelmäßig tagesaktuell über angebotene Ausbildungsstellen informieren. Die Tageszeitung deines Heimatortes hilft dir bei dieser Aufgabe. Sie liefert dir durch Anzeigen den Ausbildungsstellenmarkt nach Hause.

Berufsschulen: Stand Mai 2004 Änderungen sind im Verlauf des Schuljahres 2004/2005 möglich

Ausbildungsberufe in Betrieben nach Berufsbereichen gegliedert	Zahl der 2003 neu abgeschlossenen Ausbildungsverträge gesamt	Angebot und Nachfrage im jeweiligen Ausbildungsberuf im vergangenen Jahr: Raum Nürnberg	Raum Erlangen	Raum Fürth	Raum Lauf	Raum Schwabach	von Betrieben häufig gewünschter Schulabschluss	Hinweise
Büro und Verwaltung (Fortsetzung)								
Fachinformatiker/-in FR Anwendungsentwicklung	150	-	-	-	-	-	M/Abi	
FR Systemintegration	162	-	-	-	-	-	M/ABI	
Industriekaufmann/-frau	517	-	-	-	-	-	M/ABI	
Informatikkaufmann/-frau	33	-	-	-	-	-	M/ABI	
Kaufmann/-frau für Bürokommunikation	535	-	-	-	-	-	Q/M	
Notarfachangestellte(r)	10	-	-	-	-	-	M/Q	BS München ab 2. Ausbildungsjahr
Patentanwaltsfachangestellte(r)	2	-	-	-	-	-	M/Q	BS München ab 2. Ausbildungsjahr
Rechtsanwaltsfachangestellte(r)	190	-	-	-	-	-	M/Q	

Tabelle und Stellenübersicht in Beruf regional

A

1. Besorge dir ein aktuelles Exemplar von „Beruf regional" und ermittle die Ausbildungsplatzsituation zu deinen Berufswünschen.
2. Suche Ausbildungsplatzangebote auch außerhalb deiner Region.
3. Informiere dich in gleicher Weise zu Alternativberufen.
4. Suche in den „Gelben Seiten" nach Betrieben für deine Wunschberufe.

Zur Verstärkung unseres Teams stellen wir zum 1. September 20.. eine/n Auszubildende/n zur/zum

Reiseverkehrskauffrau/-mann

Reisebüro Gutereise

ein.

Voraussetzungen:
Realschulabschluss,
Geografiekenntnisse,
Freude am Umgang
mit Kunden,
Teamfähigkeit

Bewerbungen an:
Reisebüro Gutereise
z. Hd. Frau Hofer
Marktplatz 5
80000 Musterhausen

Berufsberatungsgespräch

Deinen Berufsberater hast du bei der Schulbesprechung bereits kennen gelernt. Er hat jedem von euch eine Einzelberatung angeboten. Wenn du dieses Angebot nutzen möchtest, füllst du eine Anmeldekarte aus. Dann bekommst du einen Terminvorschlag für die Einzelberatung. Empfehlenswert ist, dass daran auch deine Eltern teilnehmen, soweit es ihnen möglich ist.
Für dieses Gespräch mit dem Berufsberater solltest du dich gewissenhaft vorbereiten. Es hat sich bewährt, die Überlegungen dieser Vorbereitung in einem Stichwortzettel festzuhalten.

Wie kann ich mich auf das Beratungsgespräch vorbereiten?

- Interessen
- Neigungen
- Fähigkeiten
- Berufswünsche
- Alternativen
- Informationen über diese Berufe
- Anforderungsprofile
- Berufswünsche/schulische Leistungen
- Ratschläge von Eltern und Lehrern
- Beweggründe für den Berufswunsch
- Informationen zum Ausbildungsstellenmarkt

Außerdem nimmst du zu dem Einzelgespräch deinen Berufswahlordner mit. Dein Persönlichkeitsprofil und das Anforderungsprofil zu deinem Wunschberuf, die sich in deinem Berufswahlordner befinden, bilden eine hervorragende Arbeitsgrundlage für die Einzelberatung.
Für das Persönlichkeitsprofil kannst du einen Kompetenzstern erarbeiten, durch den du deine Stärken und Schwächen bezüglich deiner geistigen und körperlichen Fähigkeiten, geforderter Schlüsselqualifikationen, wesentlicher Schulfächer und möglicher Arbeitsgegenstände darstellst. Nutze das Beispiel auf der nächsten Seite als Arbeitsgrundlage.
Markiere jeweils auf den Strahlen, die von innen nach außen führen, gemäß der Schulnoten von 1 bis 6, wie gut du dich zu den einzelnen Punkten einschätzt (auch Zwischennoten sind möglich). Verbinde dann diese Punkte mit den Punkten am Innenkreis, sodass – wie im Beispiel – ein wirklicher „Stern“ entsteht.

A

1. Erstelle einen Stichwortzettel zur Vorbereitung des Einzelgesprächs für dich persönlich.

2. Für die Anfertigung des Kompetenzsterns kannst du das Beispiel als Vorlage verwenden – oder deine Lehrkraft hat ein entsprechendes Arbeitsblatt vorbereitet.

3. Erstelle ein Anforderungsprofil für deinen Wunschberuf (vielleicht kannst du dieses Profil als Anfoderungsstern darstellen, der zu deinem Kompetenzstern passt).

Der Kompetenzstern als Persönlichkeitsprofil:

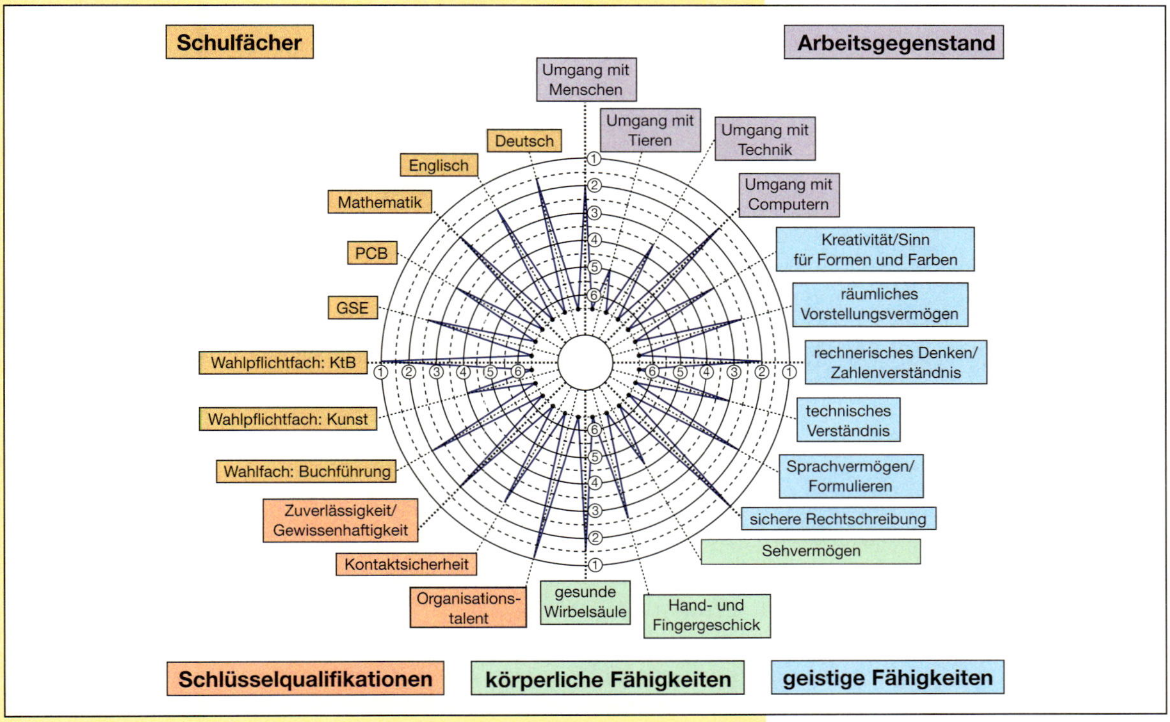

Ausschnitt aus dem Anforderungsprofil einer Industriekauffrau aus der Sicht der Betriebe:

Für wie wichtig halten Betriebe folgende **Kenntnisse und Fertigkeiten** bei der Einstellung neuer Mitarbeiter in diesem Beruf?	Punkte von 20	weniger wichtig	wichtig	sehr wichtig
Moderne Informations-/Kommunikationstechniken	14			
Buchhaltung, Rechnungswesen, Kostenrechnung	12			
Steuern und Versicherungen	4			
Kundenberatung, -betreuung, Gesprächsführung	12			
Einkauf, Beschaffung	11			
Betriebliche Organisation, Büroorganisation	10			
Schriftverkehr, Korrespondenz	11			
Fremdsprachen	9			
Arbeitssicherheit, Unfallverhütung	8			
Umweltschutz	9			

Quelle: Anerkannte Ausbildungsberufe im Urteil der Betriebe, MatAB-Hefte 2.1-2.12/1994 (Industriekaufmann/-frau)

Ihr könnt eine **Berufsinformationsveranstaltung** an der eigenen Schule oder zusammen mit Nachbarschulen planen, organisieren und durchführen. Experten aus der Wirtschaft für eure Wunschberufe kommen zu euch in die Schule. Sie präsentieren diese Berufe durch Vorträge, Fotos, Schaubilder, Filme und praktische Darbietungen. Sie geben Auskunft über betriebliche Erwartungen, erforderliche Ausbildungsreife und Ausbildungschancen.

Wählt für die Veranstaltung einen geeigneten Termin. Es sollten auch eure Eltern daran teilnehmen können. Findet durch Befragung der beteiligten Schüler heraus, zu welchen Ausbildungsberufen Experten nachgefragt werden.

Mögliche Ansprechpartner, die ihr für eine solche Berufsinformationsveranstaltung gewinnen wollt, findet ihr in Betrieben, die Praktikumsplätze für Schüler zur Verfügung stellen, im Bekannten- und Verwandtenkreis oder auch bei den Kammern, Innungen und Verbänden.

Selbstverständlich benötigt ihr für eine derart umfangreiche Aufgabe die Unterstützung eurer AWT-Lehrkraft und der Schulleitung. Der Erfolg hängt aber hauptsächlich von eurem Engagement ab.

In den meisten Regionen Bayerns gibt es seit einigen Jahren auch den umgekehrten Weg. Bei **Ausbildungsmessen** an zentralen Orten könnt ihr euch an zahlreichen Firmenständen zu verschiedenen Berufen informieren. Dabei werden zum Teil auch „lebende Werkstätten" aufgebaut, sodass die Besucher einen realistischen Einblick in den Beruf gewinnen können.

Es macht keinen Sinn, durch die Ausstellung nur wie ein Zuschauer zu gehen. Ihr müsst „ran an die Stände" und eure Fragen stellen. Diese solltet ihr vor dem Messebesuch genau überlegt und schriftlich notiert haben. Nehmt zum Notieren der Antworten Schreibzeug und Schreibunterlage mit.

A

1. Formuliert geeignete Fragen für den Besuch einer Ausbildungsmesse und stellt sie sinnvoll zusammen.

Ausbildungsmesse

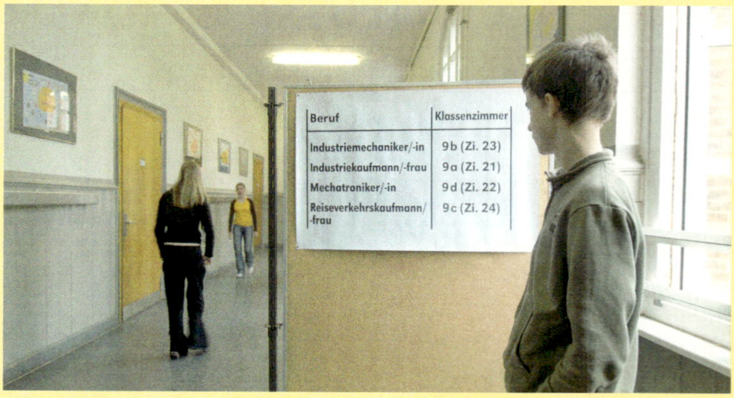

Berufsinformationsveranstaltung

10 Berufswünsche von Mädchen und Jungen

Ausbildungsstatistiken zeigen, dass die Berufswahl von Jungen und Mädchen auch heute noch sehr unterschiedlich ausfällt. Dienstleistungsberufe und sozial pflegerische Berufe werden hauptsächlich von Frauen ausgeübt, während Männer vorwiegend im gewerblich-technischen Bereich beschäftigt sind.

Ausbildungsverträge 2005 männlich

Kraftfahrzeugmechatroniker (HW)	18.880
Koch (IH)	13.355
Kaufmann im Einzelhandel (IH)	13.319
Industriemechaniker(IH)	13.021
Anlagenmechaniker für Sanitär- und Klimatechnik (HW)	9.173
Elektroniker FR Eneergie- und Gebäudetechnik	8.287
Tischler	8.344
Maler und Lackierer FR Gestaltung und Instandhaltung	7.388
Industriekaufmann (IH)	7.211
Kaufmann im Groß- und Außenhandel (IH)	6.777

Ausbildungsverträge 2005 weiblich

Kauffrau im Einzelhandel (IH)	16.123
Artzhelferin	14.418
Friseurin	13.277
Bürokauffrau (IH)	12.874
Verkäuferin (IH)	11.729
Zahnmedizinische Fachangestellte	11.547
Industriekauffrau (IH)	11.087
Kauffrau für Bürokommunikation (IH)	10.576
Hotelfachfrau	9.419
Bankkauffrau	7.230

Quelle: www.bibb.de 11837E

Die Gründe für diese geschlechtsspezifische Wahl sind vielfältig: Einerseits rechnet man den Frauen eher sozial-pflegerische Talente zu, die sie angeblich von „Natur aus“ besitzen. Durch das Ausfüllen der Mutterrolle werde dies bewiesen. Andererseits sagt man Männern mehr Kraft und eine eher technische Begabung nach.

Die geschlechtstypische Arbeitsteilung existiert bereits seit der Zeit der Sammler und Jäger. Bei dieser Betrachtungsweise wird oft übersehen, dass Frauen sehr wohl bei Haus-, Pflege- und Beziehungsarbeit enorme körperliche Leistung erbringen.

Erziehung und gesellschaftliche Tradition der Rollenverteilung haben die geschlechtsspezifische berufliche Trennung Jahrhunderte lang aufrecht erhalten und verfestigt. Auch die geringere Bewertung der Arbeit in frauentypischen Berufen und die daraus resultierende niedrigere Entlohnung sind bis heute nicht beseitigt. Die Benachteilung von Frauen findet ihre Fortsetzung darin, dass sie bei beruflichem Aufstieg oft von Männern ausgegrenzt werden.

Die ursprünglichen hohen körperlichen Belastungen bei typischen Männerberufen in Handwerk und Industrie wurden durch zunehmenden Einsatz von Maschinen und Robotern sowie durch eine humanere Arbeitsplatzgestaltung deutlich verringert. Gelten damit die oben genannten Gründe für die geschlechtsspezifische Arbeitsteilung immer noch? Handwerk und Industrie suchen bereits gezielt weibliche Auszubildende in gewerblichen Berufen.

1. Stellt anhand der Grafik fest, welche typischen Frauenberufe dem gewerblichen Bereich zuzurechnen sind.
2. Stellt fest, welche Top Ten-Berufe der Jungen sich nicht im gewerblich-technischen Bereich befinden.
3. Führt eine Umfrage in eurer Klasse durch, mit der ihr die Berufswünsche von Jungen und Mädchen getrennt ermittelt.
4. Diskutiert folgende Frage und haltet das Ergebnis eurer Diskussion fest: Warum streben Mädchen andere Berufe an als Jungen?

GG Art. 3

(1) Alle Menschen sind vor dem Gesetz gleich.
(2) Männer und Frauen sind gleichberechtigt. Der Staat fördert die tatsächliche Durchsetzung der Gleichberechtigung von Frauen und Männern und wirkt auf die Beseitigung bestehender Nachteile hin.
(3) Niemand darf wegen seines Geschlechtes, seiner Abstammung, seiner Rasse, seiner Sprache, seiner Heimat und Herkunft, seines Glaubens, seiner religiösen oder politischen Anschauungen benachteiligt oder bevorzugt werden. Niemand darf wegen seiner Behinderung benachteiligt werden.

11 Arbeit und Beruf im Praktikum erleben

Ihr habt im letzten Schuljahr bereits Erfahrungen im Betriebspraktikum gemacht. Für einige von euch war dieses Praktikum sehr hilfreich: Der Berufswunsch wurde bestätigt, die Berufsvorstellungen gefestigt und die Erprobung der eigenen Fähigkeiten verlief erwartungsgemäß.

Für andere stellte sich durch das Praktikum heraus, dass sie sich neu orientieren müssen. Sie mussten feststellen, dass der bisherige Wunschberuf nicht zu ihnen passt. Das Praktikum war für sie nicht erfolglos. Sie konnten durch diese wichtige Erkenntnis einen Irrweg bei ihrer Berufswahl vermeiden. Für sie gibt es jetzt eine zweite Chance!

> i
>
> Für die Regelschüler wird das Betriebspraktikum in ihrem letzten Schulbesuchsjahr eine andere Bedeutung haben als für die M-Schüler:
> Die M-Schüler werden das Praktikum noch weitgehend zur Orientierung über mögliche Berufe nach der Mittleren Reife nutzen. Für die Regelschüler dient das Praktikum in erster Linie zur Überprüfung ihrer Berufswahl und zur Erprobung ihrer Fähigkeiten.

Inhaltliche Vorbereitung

Egal, in welcher Situation ihr euch befindet, ob ihr bereits sicher seid im Berufswunsch oder noch immer auf der Suche, das Betriebspraktikum im 9. Schuljahr liefert euch wichtige weitere Erkenntnisse. Denn das Praktikum hat mehrere **Aufgaben**: Im Vordergrund steht die Hilfe bei der **Berufsorientierung**. Ihr sollt auch **grundlegende wirtschaftliche Zusammenhänge** kennen lernen und die Themenbereiche **Umwelt, Technik** und **Menschen** an ihrem Arbeitsplatz erkunden. Im Unterricht erfolgt dazu die nötige Vorbereitung. Herr Stark lässt seine Schüler in arbeitsteiliger Gruppenarbeit Fragen zu den genannten Themenbereichen entwickeln. Diese Fragen bilden in ihren Praktikumsmappen einen Erkundungsleitfaden.

Seit der 5. Klasse habt ihr im AWT-Unterricht Arbeitsplätze beschrieben. Ihr erinnert euch an folgendes Raster:

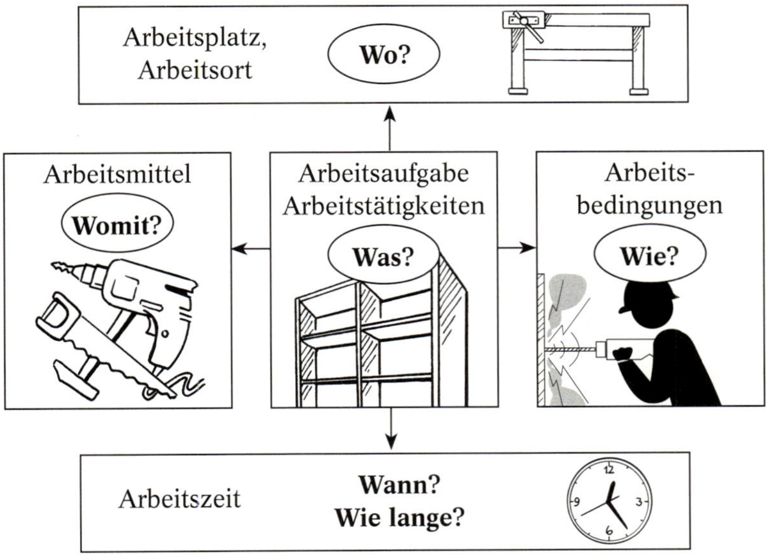

Wenn ihr während des Praktikums **Menschen am Arbeitsplatz** erkundet, dann notiert eure Ergebnisse entsprechend dieser Fragen.

Eine Arbeitsplatzbeschreibung, wie sie hier grafisch dargestellt ist, erfasst nicht den ganzen Beruf. Deshalb kann man für typische Arbeitsaufgaben eines Berufs diese Darstellung mehrfach verwenden.

Wenn man Menschen am Arbeitsplatz beobachtet und befragt, dann kann man diese Erkundung an konkreten Arbeitsaufgaben durchführen.

Für weitergehende Hintergrundinformationen eignen sich die Fragestellungen, die ihr unten auf dem Plakat erkennt.

Das freiwillige Praktikum kann für alle Schüler der Klasse zeitgleich durchgeführt werden. Es ist aber durchaus möglich, dass nicht alle Schüler beteiligt sind, weil Betriebe ihre Praktikumsplätze nicht gleichzeitig zur Verfügung stellen.
Dies bedeutet, dass sich nur ein Teil der Klasse im „normalen“ Unterricht befindet. Die Praktikanten müssen den Unterrichtsstoff eigenverantwortlich nachholen.

„Halb so schlimm, Kopfschmerzen hatte ich schon vorher.“

„Jetzt werden wir drei uns mal unter vier Augen unterhalten.“

Organisatorische Vorbereitung
Zur organisatorischen Vorbereitung gehören die zeitliche Planung und die Weitergabe der Informationen an die Beteiligten, also an Betriebe, Eltern, Nachbarschulen und Schüler.

Zwischen Schüler und Betrieb wird gewissermaßen ein „Vertrag“ geschlossen über das Betriebspraktikum. Es muss klar sein, wer die verantwortlichen Ansprechpartner in Betrieb und Schule sind. Die Beteiligten müssen Bescheid wissen über spezielle Voraussetzungen und Vorschriften, wie z.B. Gesundheitszeugnis oder Sicherheitskleidung, aber auch Arbeitszeiten, Arbeitsweg und Einsatz an verschiedenen Arbeitsorten.

Ihr müsst euch vor Beginn des Praktikums über notwendige Sicherheitsbestimmungen und -maßnahmen informieren. Dein Lehrer kann hierzu nur allgemeine Hinweise liefern. Die besonderen Regeln müssen dir im Betrieb am ersten Praktikumstag vermittelt werden. Hierzu gehören auch Festlegungen zur betrieblichen Ordnung, wie beispielsweise Ausweispflicht, Verhaltensvorschriften, Betriebsgeheimnisse, Umgang mit Kunden usw.

Arbeitssicherheit spielt eine große Rolle. Informiert euch erneut in der Broschüre „Sicher durch das Betriebspraktikum“ der Gemeindeunfallversicherung über sicherheitsbewusstes Verhalten und prägt euch die Gefahren- und Hinweisschilder ein.

Einige wichtige Regeln sollen Dir helfen, Dich im Betrieb sicherheitsbewusst und sicherheitsgerecht zu verhalten:

1. Lass Dich über Gefahren am Arbeitsplatz, besonders an einem Maschinenarbeitsplatz, unterweisen (Notschalter).
2. Trage zweckmäßige Kleidung. Wenn Du an Maschinen arbeitest, muss Deine Kleidung eng anliegen.
3. Uhren, Ringe, Schals, sonstige Schmuckstücke dürfen nicht getragen werden, wenn sie zur Gefahr werden können (z.B. wenn die Gefahr besteht, mit ihnen hängen zu bleiben oder dass sich ein drehendes Teil dahinter verhakt).
4. Lange Haare können eine Gefahr sein. Sichere sie durch Kappe, Band oder Knoten – vor allem bei Maschinenarbeit oder Arbeit mit glühenden Teilen oder Feuer.
5. Informiere Dich über die jeweiligen betrieblichen Unfallverhütungsvorschriften. Es gibt wichtige branchen- und betriebstypische Besonderheiten (z.B. Verbot für bestimmte Personen, Hebebühnen zu betätigen oder an Holzbearbeitungsmaschinen zu arbeiten).
6. Nimm jeden Tipp in Sachen Sicherheit gerne an, vor allem von Profis. Vorgesetzte haben Dir gegenüber ein Weisungsrecht. Ihre Anweisungen sind zu befolgen.
7. Achte auf Verbotsschilder, die „unbefugten Zutritt untersagen“. Das hat nichts mit Geheimniskrämerei, aber viel mit Sicherheit zu tun.
8. Setze nie Maschinen ohne Erlaubnis, Unterweisung und Aufsicht in Gang. Das gilt auch für Maschinen, die Du kennst.
9. Beachte Schilder mit Sicherheitszeichen. Wenn Du ein Schild nicht kennst, frage nach seiner Bedeutung.
10. Informiere Dich, wie Du Dich im Falle eines Unfalls zu verhalten hast.

A

Methodische Vorbereitung
Genauso wie sich ein Leistungssportler vor einem Wettkampf fit macht, seinen Körper aufwärmt und sich geistig auf die kommende Aufgabe einstellt, könnt ihr nicht unvorbereitet euer Praktikum antreten.

Zusätzlich zur inhaltlichen Vorbereitung müsst ihr die Erkundungsmethoden und die Befragungstechniken wieder auffrischen. Dazu zählen: Beobachten, Befragen, Interview führen, Notizen machen, Protokollieren, Skizzieren, Fotografieren.

1. Plant in Kleingruppen Rollenspiele zu den methodischen Fertigkeiten und führt sie in der Klasse durch:
   a) Anfrage nach einer Praktikumsstelle,
   b) Interview eines Mitarbeiters,
   c) Nachfrage, wenn ein Arbeitsauftrag nicht verstanden wurde.

Erkundungsmethoden und Befragungstechniken

Durchführung – im Praktikumseinsatz
Damit dein Praktikum erfolgreich verläuft, musst du jetzt deine Vorbereitung gezielt umsetzen:
- Du musst in der Lage sein, dich in die ungewohnte Situation einzubringen. Gehe auf die Menschen selbstbewusst zu, vermeide aber zu aufdringliches Verhalten.
- Denke daran: Auch die Betriebsangehörigen müssen sich auf dich einstellen. Auch für sie ist es keine alltägliche Situation, ständig einen Praktikanten bei sich zu haben.
- Sicherlich wirst du einem Mitarbeiter zugeordnet, der dich im Betrieb betreut, der sich um dich kümmert, der dein Ansprechpartner sein wird. Halte dich unbedingt an seine Anweisungen und besprich wichtige Ereignisse oder eventuelle Probleme mit ihm. Informiere darüber aber auch deine Lehrer.
- Zeige Interesse an Tätigkeiten, Berufen und Vorgängen im Betrieb.
- Frage höflich nach, wenn du etwas nicht verstehst.
- Versuche selbstständig Kontakt zu Betriebsangehörigen aufzunehmen. Die Mitarbeiter werden dir sicher gern mit Rat und Tat zur Seite stehen.
- Erledige deine schulischen Arbeitsaufträge; sprich Zeitpunkt und Vorgehensweise mit deinem Betreuer ab.

Paolo in der Gärtnerei

Yvonne in der Werkstatt

Lerntipp

Du behältst das am besten im Gedächtnis, was du selbst durchdacht und gemacht hast!
Deshalb ist es gut im Praktikum aktiv zu sein - und danach die Präsentation zu gestalten.

Auswertung des Praktikums

Was ihr im Praktikum gesehen, erfahren und erlebt habt, könnt ihr auf verschiedene Weise darstellen. Eure Erkenntnisse sind für euch ganz persönlich sehr wichtig. Sie bringen euch in eurem Berufsorientierungsprozess entscheidende Schritte weiter. Dies solltet ihr in eurem Berufswahlordner festhalten.
Aber auch eure Mitschüler sollen von euren Erfahrungen profitieren. Umgekehrt gewinnt ihr aus den Erkenntnissen eurer Klassenkameraden über andere Praktikumsbetriebe und -berufe.

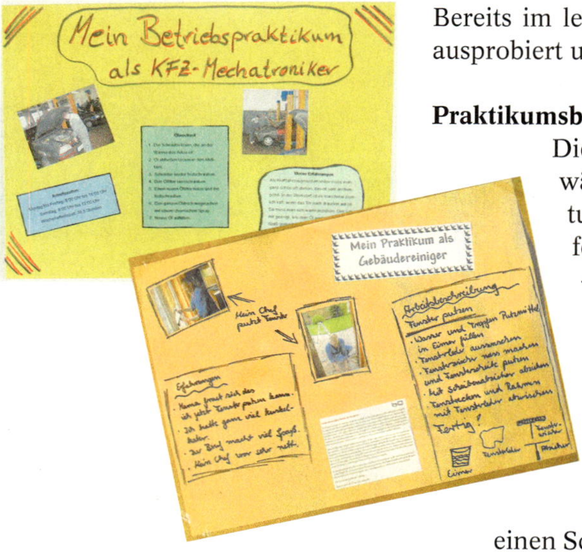

Bereits im letzten Jahr habt ihr folgende Präsentationsformen ausprobiert und genutzt:

Praktikumsbericht

Die Inhalte eines solchen Berichts könnt ihr frei auswählen. So wie die Schwerpunkte bei der Vorbereitung des Praktikums festgelegt wurden, bietet sich folgende Gliederung an:

- Mein Praktikumsberuf
- Wirtschaften im Betrieb
- Betrieb und Umwelt
- Technik im Betrieb
- Menschen am Arbeitsplatz

Kurzreferat in der Klasse

Für diese Informationsform wählt ihr am besten einen Schwerpunkt aus den obigen Themen aus. Eure Mitschüler können euch besser folgen, wenn ihr dieses Referat durch eine Multimedia-Präsentation unterstützt, die ihr am PC erstellt.

Praktikumsausstellung

In der Praktikumsausstellung können verschiedene Exponate dargeboten werden:

- Wandzeitung, die mit Fotos illustriert ist
  - Mein Praktikumsbetrieb
  - Mein Praktikumsberuf
  - Was ich arbeiten durfte
  - Typische Aufgaben
- Werkstücke/Muster, die im Praktikum erstellt wurden
- Prospekte/Informationsmaterial des Betriebs
- Skizzen/Grafiken zur Veranschaulichung von Zusammenhängen, die nicht einfach zu erkennen sind
  - Flussdiagramm eines Herstellungsprozesses
  - Abteilungen des Betriebes
  - Standorte
  - Lieferanten - Kunden

Das Praktikum und deine Berufswahl
Vor mehr als einem Jahr hast du von deinem Berufsberater die Arbeitsmappe „Mach's richtig" erhalten. Im ersten Arbeitsheft „Interessen erkennen – Berufe erkunden" werden fünf verschiedene Typen vorgestellt:

Der **„Ich-weiß-nicht-Typ"** hat sich selbst noch gar nicht richtig erforscht. Weil er überall durchschnittlich ist, merkt er kaum, was ihn besonders interessiert.

Der **„Ich-habe-einen-Traum-Typ"** weiß in seinen träumerischen Vorstellungen zwar, was er werden will. Er hat sich aber noch nicht ausreichend informiert, wie er dieses Ziel erreichen kann.

Der **„Was-denn-sonst-Typ"** hat einen Wunschberuf. Der Weg dorthin ist allerdings versperrt. Mögliche Gründe sind: fehlende Zugangsvoraussetzung, kein Angebot in der Region, hohe Zahl von Mitbewerbern. Es fehlt ihm die Bereitschaft, rechtzeitig nach Alternativen zu suchen.

Der **„Hat-doch-keinen-Sinn-Typ"** gibt zu früh auf. Weil es schwer ist, überhaupt eine Ausbildungsstelle zu finden, macht er sich erst gar nicht die Mühe, für ihn passende Berufe aufzuspüren.

Der **„Schon-am-Ziel-Typ"** hat sich schon sehr frühzeitig auf einen Beruf festgelegt. Er wird Schwierigkeiten bekommen, wenn er für diesen Beruf keine Ausbildungsstelle findet.

Vor dem ersten Praktikum hast du vielleicht zu einem dieser Typen gehört. Jetzt dürfte dies nicht mehr der Fall sein! Du hast deine Interessen erforscht, deine Fähigkeiten erprobt, deine Vorstellungen überprüft und dir hoffentlich auch Alternativen überlegt.
Hast du auch deine Chance genutzt, auf dich aufmerksam zu machen durch Einsatzbereitschaft, Motivation, Neugier und korrektes Verhalten? Vielleicht hast du im Praktikum auch schon erste Gespräche über einen möglichen Ausbildungsplatz geführt. Nach diesem Praktikum solltest du wesentliche Fragen geklärt haben:
- Welche Berufe kommen für mich in Frage?
- Welche Voraussetzungen dafür erfülle ich bereits?
- Wo muss ich mich noch steigern?
- Welche nächsten Schritte sollte ich unternehmen?
- Wie stelle ich mir meinen (beruflichen) Lebensweg vor?
- Bin ich bereit, mich über die Grenzen der Heimatregion hinaus zu orientieren und Freunde und Elternhaus zu verlassen?
- Was muss ich langfristig planen?
- Welche Wege kann ich mir nach der Ausbildung vorstellen? (lifelong learning, Aufstieg, Umschulung, Selbstständigkeit)

Ein chinesisches Sprichwort lautet: „Auch eine lange Reise beginnt mit dem ersten Schritt." Wichtig für deine Berufswegplanung ist die Ausgangsposition. Mit einem guten Schulabschluss verbesserst du deine Startchancen.

12 Bewerben um einen Ausbildungsplatz

Für viele M-Schüler beginnt ebenfalls in der 9. Klasse bereits die Bewerbung um einen Ausbildungsplatz.
Große Unternehmen und Verwaltungen starten ihre Auswahl- und Einstellungsverfahren gut eineinhalb Jahre vor dem Schulabschluss ihrer Bewerber.
Oft finden in den Wintermonaten Einstellungstests, Schnuppertage und **Assessmentcenter** statt.

Nach diesem Betriebspraktikum befindest du dich auf der Zielgeraden. Jetzt musst du noch einige wichtige Fragen beantworten:

- **Wie schreibe ich eine Bewerbung?**
- **Wie gestalte ich meinen Lebenslauf?**
- **Kann ich mich auf Einstellungstests vorbereiten?**
- **Was soll ich beim Vorstellungsgespräch beachten?**

Für alle Fragen zur Bewerbung kannst du auch die Informationsschriften der Berufsberatung – speziell die Hefte aus „Mach's richtig" – gewinnbringend nutzen. Die folgenden Seiten geben dir einen Überblick über notwendige Inhalte einer Bewerbung.
So sieht das Bewerbungsschreiben von Natascha aus:

① Natascha Ruckdeschel
Bamberger Straße 53
96114 Hirschaid
Tel.: 0 95 43 98 73 21
E-Mail: natruck@netweb.de

② Hirschaid, 15. 02. 20..

③ Automotive-Innotec
Industriestraße 42
96114 Hirschaid

④ **Bewerbung um einen Ausbildungsplatz als Mechatronikerin**

⑤ Sehr geehrte Damen und Herren,

⑥ in der aktuellen Wochenendausgabe des Fränkischen Tages habe ich Ihre Anzeige, in der Sie einen Ausbildungsplatz für einen Mechatroniker zum 1. August 20... anbieten, gelesen.

Bereits frühzeitig entdeckte ich mein Interesse für Technik. Mein Vater, der als Zerspanungsmechaniker beruflich tätig ist, hat zuhause eine kleine eigene Werkstatt eingerichtet, in der ich unter seiner Anleitung bereits erste praktische Erfahrungen im Umgang mit Werkzeugen und Geräten sammeln konnte.

⑦ Beim „Girl's Day" und im Betriebspraktikum konnte ich meine Interessen, Neigungen und Fähigkeiten in diesem Tätigkeitsfeld überprüfen. Mein Praktikumsbetreuer bestärkte mich in meinem Berufswunsch.

⑧ Derzeit besuche ich die 9. Klasse der Hauptschule Hirschaid und werde sie im Juli mit dem Qualifizierenden Hauptschulabschluss verlassen. Meine schulischen Leistungen sind durchwegs mindestens gut, wie Sie der beigelegten Zeugniskopie entnehmen können.

Ich würde mich sehr freuen, wenn Sie mich zu einem Vorstellungsgespräch einladen würden.

⑨ Mit freundlichen Grüßen

⑩ *Natascha Ruckdeschel*

⑪ Anlagen
1 Zeugnis
1 Lebenslauf

1. Mit Hilfe des Beispiels könnt ihr alle wesentlichen Punkte einer Bewerbung erkennen. Notiert sie und wendet sie für eure eigene Bewerbung an.
2. In „Mach's richtig digital" findet ihr Hinweise zur „Online-Bewerbung". Ermittelt Gemeinsamkeiten und Unterschiede zum herkömmlichen Bewerbungsschreiben.

Der Lebenslauf

Fester Bestandteil einer jeden Bewerbung ist der Lebenslauf. Er soll dem Empfänger deiner Bewerbung eine erste genauere Vorstellung von dir vermitteln. Du gibst Auskunft über deine Person und über deinen schulischen Werdegang. Selbstverständlich musst du auch den Lebenslauf mit besonderer Sorgfalt schreiben.

In den meisten Fällen verlangen die Betriebe einen tabellarischen Lebenslauf, so wie du ihn im Beispiel von Natascha sehen kannst. Einige Firmen wünschen aber einen ausführlichen Lebenslauf. Dieser wird in vollständigen Sätzen formuliert und mit der Hand geschrieben.

Zum Bewerbungsschreiben und zum Lebenslauf bieten dir der Deutschunterricht, das Fach KtB sowie die Medien der Berufsberatung, wie z.B. Mach's richtig, Hilfen.

Lebenslauf

Name:	Natascha Ruckdeschel
Anschrift:	Bamberger Straße 53 96114 Hirschaid Tel.: 09543 987321 E-Mail: natruck@netweb.de
Geburtsdatum:	14. April 19..
Geburtsort:	Bamberg
Eltern:	Horst Ruckdeschel, Zerspanungsmechaniker Roswitha Ruckdeschel, geb. Zeiss, PTA
Geschwister:	Tobias, 11 Jahre
Schulbildung:	von September 19 .. bis Juli 20..: Grundschule Hirschaid von September 20.. bis Juli 20..: Hauptschule Hirschaid
Schulabschluss:	voraussichtlich Juli 20..
Zeugnis:	voraussichtlich Qualifizierender Hauptschulabschluss
Besondere Kenntnisse:	Wahlfach Informatik und AG Internet
Hobbys:	Schwimmen, Jugendfeuerwehr
Ort und Datum:	Hirschaid, 15. 02. 20..

Natascha Ruckdeschel

1. Schreibe deinen tabellarischen Lebenslauf. Tipp: Speichere ihn elektronisch ab. So kannst du ihn später wiederverwenden und auch ergänzen.

2. Da manchmal auch ein ausführlicher Lebenslauf verlangt wird, solltest du auch einen solchen schreiben. Im Deutschunterricht könnt ihr diese Aufgabe gemeinsam angehen.

Der Einstellungstest
Um einen Ausbildungsplatz bewerben sich mit dir sicher noch andere. Gerade bei vielen Bewerbern lassen die Betriebe diese oft einen Einstellungstest bearbeiten. Diese Tests sind von Betrieb zu Betrieb sehr verschieden, sie weisen allerdings gemeinsame Aufgabenarten auf. Es wird nicht nur schulisches Wissen abgefragt, sondern z. B. auch Wissen zum aktuellen politischen Geschehen. Außerdem werden mit diesen Tests andere Fähigkeiten ermittelt wie Konzentrationsvermögen, Kombinationsgabe, Schnelligkeit usw.

Zur Vorbereitung auf Einstellungstests kannst du eine Broschüre der Berufsberatung nutzen, die typische Aufgaben aus Einstellungstests enthält.

Testaufgaben Allgemeinwissen

Staat/Politik, Wirtschaft, Geschichte und Erdkunde
1. Welche Regierungsform hat die Bundesrepublik Deutschland?
2. Wer ernennt in der Bundesrepublik Deutschland die Bundesminister?
3. Wer wählt in der Bundesrepublik Deutschland den Bundespräsidenten?
4. Wo hat das Europäische Parlament seinen Sitz?
5. Wo haben die Vereinten Nationen (UNO) ihren Sitz?
6. Wer wählt in den Vereinigten Staaten von Amerika (USA) den Präsidenten?
7. Wie nennt man den Preis für ver- oder entliehenes Geld?
8. Was ist eine Inflation?
9. In welchem Jahr war die Machtergreifung Hitlers?
10. Wann begann und wann endete der Zweite Weltkrieg?
11. In welchem Jahr begann die Französische Revolution?
12. Welches Meer liegt zwischen Europa und Afrika?
13. In welches Meer mündet die Donau?
14. Wie heißt der längste Fluss der Welt?
15. Wer gründete die Softwarefirma „Microsoft“?
16. Auf welchen Physiker geht die Relativitätstheorie zurück?
17. Aus welchem nicht mehr unabhängigen Land kommt der Dalai-Lama?
18. Wie heißt der höchste Berg Europas?

Musik, Literatur und Kunst
1. Wer schrieb den Roman „Die Blechtrommel“?
2. Wer schrieb die „Räuber“?
3. Welcher bedeutende Maler und Graphiker wurde 1471 in Nürnberg geboren?
4. Welcher aus Spanien stammende Maler gilt als bedeutendster Vertreter der Modernen Kunst?
5. Welcher Komponist schuf die Oper „Parsifal“?
6. Welches Land bezeichnet man als das Geburtsland des Jazz?

Testaufgaben Analogien

Die Aufgaben bestehen aus drei Wörtern, zu denen Sie ein viertes suchen sollen.
Das vierte Wort muss gerade so zum dritten passen, wie das zweite zum ersten passt.

1. Teller : essen = Sessel : ?
   a) aufstellen b) Bank c) sitzen d) Wohnung
2. Eiche : Baum = Schwalbe : ?
   a) Vogel b) Spatz c) fliegen d) Lebewesen
3. Hund : Hütte = Mensch : ?
   a) Stadt b) Haus c) Katze d) Wiese
4. Wein : Glas = Kaffee : ?
   a) Flasche b) Getränk c) Kanne d) Tasse
5. Wind : Windmühle = Benzin : ?
   a) Treibstoff b) brennen c) Auto d) Gas
6. Schere : schneiden = Zähne : ?
   a) putzen b) beißen c) Mund d) knirschen

So bereitest du dich auf den Test vor:
- Ausgeschlafen zum Test kommen.
- In Ruhe frühstücken und genügend Zeit einplanen.
- Pünktlich sein.
- Schreibzeug nicht vergessen.
- Nicht unter Druck setzen.
- Dem Testleiter konzentriert zuhören.
- Anweisungen befolgen.

Tipps zur Bearbeitung des Tests
- Leichte Aufgaben zuerst bearbeiten.
- Zügig arbeiten.
- Überlegen statt Raten.
- Nicht vom Testumfang erschrecken lassen.

Wenn es nicht geklappt hat
- Die Bedeutung des Tests nicht überbewerten.
- Eigene Stärken bewusst machen.
- Nicht aufgeben, weiter bewerben.

A

1. Löse die Testaufgaben dieser beiden Seiten in deinem Heft.

13 Vorstellungsgespräch

A

1. In „Mach's richtig“ (Heft „Bewerbung um eine Ausbildungsstelle“) wird zum Vorstellungsgespräch diese Frage gestellt: „Was die Betriebe mit ihren Fragen wohl herausfinden?“
Bearbeitet diese Seite.

2. Führt in der Klasse Rollenspiele zum Vorstellungsgespräch durch. Vielleicht kleidet ihr euch auch so wie im „Ernstfall“, denn dadurch nimmt man die Rolle intensiver an.

Versetze dich in die Lage von Schülern vor dem Vorstellungsgespräch. Die meisten sind aufgeregt:

„Hoffentlich fange ich nicht zu stottern an, wenn ich etwas gefragt werde.“

„Es ist leicht gesagt, dass ich cool bleiben soll. Aber was ist, wenn ich Fragen gestellt bekomme, auf die ich absolut nicht vorbereitet bin?“

„Meine Mutter sagt, ich soll nicht in Jeans hingehen. Was ziehe ich bloß an?“

„Wie kann ich meine schwächere Note in GSE erklären?“

„Wie erzeuge ich ein möglichst positives Bild von mir?“

Wie kannst du dich auf das Vorstellungsgespräch vorbereiten?
- Lies deine Bewerbungsunterlagen noch einmal gründlich durch.
- Überlege dir Argumente, mit denen du deine Eignung für deinen Wunschberuf begründen kannst. Notiere sie in Stichpunkten.
- Informiere dich über den Betrieb, z.B. im Internet. Du solltest über folgende Punkte Bescheid wissen:
  - Wie viele Mitarbeiter sind beschäftigt?
  - An welchen Standorten ist das Unternehmen vertreten?
  - Welche Produkte werden hergestellt, welche Dienstleistungen erbracht?
  - Welche Stellung hat der Betrieb in der Region?
  - Welche Ausbildungsberufe werden angeboten?
- Überlege dir eine Antwort auf die Frage, warum das Unternehmen gerade dich einstellen soll.

MACH'S RICHTIG BERUFSWAHL-CHAT

Worauf kommt es in Auswahltests und im Vorstellungsgespräch an?

Du bist zu einem Vorstellungsgespräch eingeladen? Die erste Hürde auf dem Weg zu einem Ausbildungsplatz hast du überwunden. Nun solltest du konzentriert die nächste Aufgabe angehen, die Vorbereitung auf das Vorstellungsgespräch.

Experten aus Berufsberatung und Wirtschaft beantworten deine Fragen. Die Antworten kommen live und sofort über das Internet, zum Beispiel zu folgenden Fragen:

Für das Training des Vorstellungsgesprächs eignet sich das Rollenspiel. Du kannst dich in die Situation hineinversetzen, die dich erwarten wird. Du gewinnst dadurch Erfahrung und Sicherheit für den „Ernstfall". Deine Mitschüler sind kritische Beobachter und geben Tipps und Anregungen, was du gut gemacht hast und was du besser machen solltest.
Die Rolle des Personalchefs übernimmt in der Regel die Lehrkraft oder ein außerschulischer Experte. Sie können die Rolle unterschiedlich spielen: Sie können den Bewerber unter Druck setzen oder ihm helfen.

Regeln:

1. Vorbereitung

- Macht euch bewusst, in welchem Rahmen ein Vorstellungsgespräch abläuft (Kleidung, Frisur, Schmuck, Auftreten, Körperhaltung, Sprache, Höflichkeit, Selbstbewusstsein).
- Bereitet mögliche Fragen vor, die der Gesprächspartner voraussichtlich stellen wird (Hilfe: „Mach's richtig"!).
- Überlegt euch Fragen, die ihr stellen könnt und solltet. (Tipp: Die Frage nach der Höhe der Ausbildungsvergütung ist erlaubt, sollte aber nicht im Vordergrund stehen.)
- Beobachtungsaufgaben für die Mitschüler festlegen (z. B.: Verhalten, Auftreten, Nervosität, Sprache, logische Abfolge).

Vorbereitung

2. Durchführung

- Spielt die Szene ernsthaft: Begrüßung, Vorstellung mit Namen, Anweisungen des Gesprächspartners befolgen, Körperhaltung, Aufmerksamkeit, Blickkontakt, deutliche Aussprache, höfliches Nachfragen usw.
- Rolle der Beobachter gemäß der Aufgabenverteilung wahrnehmen; Notizen machen; das Rollenspiel selbst nicht stören.
- Die Rolle des Personalchefs übernimmt die Lehrkraft oder ein außerschulischer Experte.

Durchführung/Beobachtung

3. Auswertung

- Wie haben sich die Spieler gefühlt?
- Wie realistisch wurde die Rolle gespielt?
- Was lief gut? Was muss verbessert werden?
- Wer hat die Rolle so gespielt, dass er/sie die Stelle bekäme?

Auswertung

4. Spielerwechsel

- Denkbare Varianten:
  - Gleiche Rolle von anderen Spielern; entdeckte Fehler vermeiden.
  - Anderer Beruf, anderer Betrieb, anderer Wirtschaftsbereich; was ändert sich dadurch?

Zu einer Bewerbung gehören:
- Anschreiben
- Lebenslauf
- Passbild
- Zeugniskopie
- Nachweise über Praktika, Kurse etc.

1. Überprüfe mit Hilfe von „Mach's richtig", ob du alle notwendigen Schritte für deine Bewerbung korrekt ausgeführt hast.

2. Wenn du zu einem Vorstellungsgespräch eingeladen wirst, dann spiele mit Freunden oder in der Klasse dies probehalber noch einmal durch.

Bewerbungsunterlagen - komplett?

Wenn du deinen Berufswahlordner sorgfältig führst, dann wird dir diese Frage keine Probleme bereiten. Für eine erfolgreiche Bewerbung muss dir der erste Eindruck im Betrieb gut gelingen. Beachte deshalb bei deinen Bewerbungsschreiben:

- Deine Unterlagen müssen stets aktuell sein. Überprüfe sie, bevor du sie verschickst.
- Alle Unterlagen, die du versendest, müssen sauber und ordentlich sein.
- Die notwendige Form von Bewerbungsschreiben und Lebenslauf muss eingehalten werden.
- Bewerbungsschreiben und Lebenslauf dürfen sich nicht widersprechen.
- Die korrekte Anschrift muss in der richtigen Schreibweise (Firmenadresse, Ansprechpartner) auf Anschreiben und Umschlag stehen.
- Der Umschlag muss ausreichend frankiert sein..

Gut vorbereitet ins Vorstellungsgespräch!

Du kannst dich auf bestimmte Fragen vorbereiten, die in den meisten Vorstellungsgesprächen gestellt werden:

- Warum willst du gerade diesen Beruf erlernen?
- Warum hast du dich bei diesem Betrieb beworben?
- Hast du dich auch woanders beworben?
- Was weißt du über den Betrieb?
- Was weißt du über die Ausbildung oder über den Beruf?
- Wie hast du dich über Beruf und Ausbildung informiert?
- Kennst du auch die Schattenseiten des Berufs?
- Seit wann strebst du diese Ausbildung schon an?
- Kannst du dir Alternativen zu deiner Ausbildung vorstellen?
- Welche Hobbys hast du?
- Wie sind deine Leistungen in der Schule?
- Was sind deine besonderen Stärken?
- Hast du auch Schwächen?

14 Berufsausbildungsvertrag

Nach dem Betriebspraktikum bei der Firma „Haus-total“ kommt Christian in die Klasse und erzählt begeistert: „Hurra, ich habe ‘ne Stelle! Der Meister von Haus-total, Herr Pickel, hat mir zugesagt! Ich darf im kommenden August bei ihm anfangen. Damit ich schneller ausgelernt habe, verzichte ich auf Urlaub. So bin ich schon nach knapp zwei Jahren fertig! Der Chef erlaubt mir auch, dass ich mich erst nächstes Jahr entscheide, ob ich nun Dachdecker oder Spengler werden will. In seinem Betrieb gibt es ja sowieso beide Berufe!“

Seine Klassenkameraden beglückwünschen Christian und wollen seinen Vertrag sehen. Er erwidert jedoch: „Meister Pickel sagt, dass nach alter Handwerkertradition sein Wort und sein Handschlag genügen. Da kann man sich hundertprozentig drauf verlassen.“

Seine Klassenkameraden äußern aber hierzu ihre Bedenken!

A

1. Du weißt, dass ein gewöhnlicher Kaufvertrag auch ohne Schriftform zustande kommt. Nicht jeder Vertrag muss also schriftlich abgefasst werden. Bei einem Berufsausbildungsvertrag jedoch ist die Schriftform verpflichtend. Welche Vorteile bietet dies?

2. Sicher findet ihr rasch alle Fehler, die in dem nebenstehenden Gespräch enthalten sind. Welche Fehler machen Christian und sein Chef?

Was ist ein Vertrag?
Ein Vertrag ist eine verbindliche Vereinbarung zwischen zwei (oder mehr) Vertragspartnern. Sie erklären übereinstimmend, was sie durch diesen Vertrag regeln wollen. Dadurch entsteht ein Rechtsgeschäft. Das bedeutet, dass sich die Partner auf die Einhaltung des Vertrages verlassen können. Durch die Unterschrift bekräftigen sie dies.

1. Auf den Internetseiten der Kammern (Industrie- und Handelskammern; Handwerkskammern …) sind Musterverträge zum Download zu finden. Ladet euch ein Musterformular von der für euch zuständigen Kammer herunter und nehmt sie als Grundlage für die Arbeit zu diesem Thema.

2. Das Bundesministerium für Bildung und Forschung gibt die Broschüre „Ausbildung und Beruf“ heraus. Darin ist ebenfalls ein Mustervertrag enthalten. Außerdem werden die wesentlichen rechtlichen Regelungen übersichtlich dargestellt. Macht für eure Klasse eine Sammelbestellung.

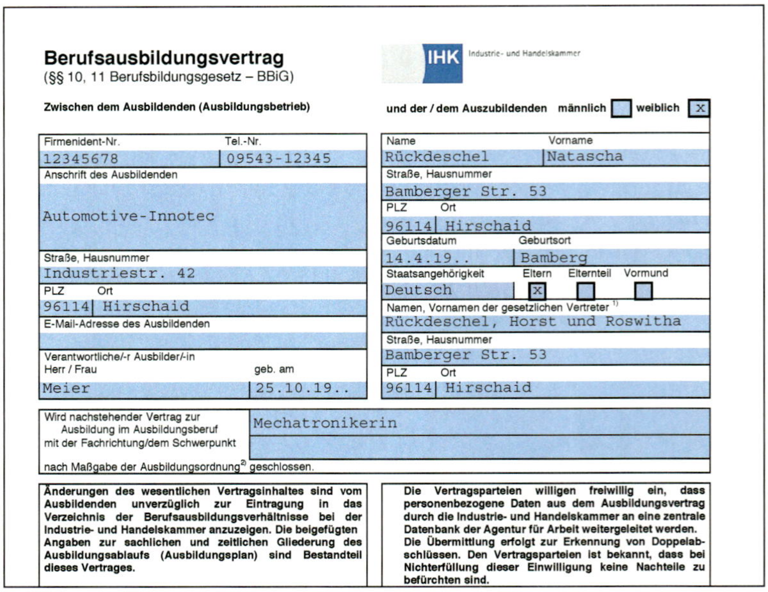
Berufsausbildungsvertrag
(§§ 10, 11 Berufsbildungsgesetz – BBiG)

IHK Industrie- und Handelskammer

Zwischen dem Ausbildenden (Ausbildungsbetrieb)

Firmenident-Nr.: 12345678 | Tel.-Nr.: 09543-12345
Anschrift des Ausbildenden: Automotive-Innotec
Straße, Hausnummer: Industriestr. 42
PLZ / Ort: 96114 | Hirschaid
E-Mail-Adresse des Ausbildenden:
Verantwortliche/-r Ausbilder/-in Herr / Frau: Meier | geb. am 25.10.19..

und der / dem Auszubildenden männlich ☐ weiblich ☒

Name: Rückdeschel | Vorname: Natascha
Straße, Hausnummer: Bamberger Str. 53
PLZ / Ort: 96114 | Hirschaid
Geburtsdatum: 14.4.19.. | Geburtsort: Bamberg
Staatsangehörigkeit: Deutsch | Eltern ☒ Elternteil ☐ Vormund ☐
Namen, Vornamen der gesetzlichen Vertreter [1]: Rückdeschel, Horst und Roswitha
Straße, Hausnummer: Bamberger Str. 53
PLZ / Ort: 96114 | Hirschaid

Wird nachstehender Vertrag zur Ausbildung im Ausbildungsberuf mit der Fachrichtung/dem Schwerpunkt: Mechatronikerin

nach Maßgabe der Ausbildungsordnung[2] geschlossen.

Änderungen des wesentlichen Vertragsinhaltes sind vom Ausbildenden unverzüglich zur Eintragung in das Verzeichnis der Berufsausbildungsverhältnisse bei der Industrie- und Handelskammer anzuzeigen. Die beigefügten Angaben zur sachlichen und zeitlichen Gliederung des Ausbildungsablaufs (Ausbildungsplan) sind Bestandteil dieses Vertrages.

Die Vertragsparteien willigen freiwillig ein, dass personenbezogene Daten aus dem Ausbildungsvertrag durch die Industrie- und Handelskammer an eine zentrale Datenbank der Agentur für Arbeit weitergeleitet werden. Die Übermittlung erfolgt zur Erkennung von Doppelabschlüssen. Den Vertragsparteien ist bekannt, dass bei Nichterfüllung dieser Einwilligung keine Nachteile zu befürchten sind.

Ausschnitt aus einem Berufsausbildungsvertrag

Was regelt der Berufsausbildungsvertrag?

Der Berufsausbildungsvertrag wird zwischen Ausbildendem und Auszubildendem vor Ausbildungsbeginn abgeschlossen. Dann muss er der zuständigen Kammer vorgelegt werden. Sie überprüft, ob er den Vorgaben des Berufsbildungsgesetzes entspricht. Folgende Bestandteile muss der Vertrag enthalten:

1. Namen und Anschriften der Vertragspartner; das sind Ausbildender (= Betrieb) und Auszubildender (= Lehrling);
2. Unterschriften der Vertragspartner (Wenn der Azubi noch nicht volljährig ist, müssen die Erziehungsberechtigten mit unterschreiben.);
3. Art, sachliche und zeitliche Gliederung der Berufsausbildung;
4. Bezeichnung des Ausbildungsberufes;
5. Beginn und Dauer der Berufsausbildung;
6. Ausbildungsmaßnahmen außerhalb der Ausbildungsstätte;
7. Dauer der regelmäßigen täglichen Ausbildungszeit;
8. Dauer der Probezeit;
9. Höhe der Ausbildungsvergütung;
10. Dauer des Urlaubs je Ausbildungsjahr;
11. Voraussetzungen, unter denen der Berufsausbildungsvertrag gekündigt werden kann;

Fallbeispiele zum Berufsausbildungsvertrag: Rechte und Pflichten während der Ausbildung

Patrick hat am Montag Zwischenprüfung. Sein Chef gibt ihm zwar frei, stellt ihn aber vor die Wahl: „Entweder du arbeitest die Zeit am Samstag rein oder ich muss dir das von der Ausbildungsvergütung abziehen."

Die Kfz-Werkstatt wird umgebaut. Nach Dienstschluss werden alle Beschäftigten, auch der Azubi Vitali, verpflichtet, bei den Umbauarbeiten mitzuhelfen.

Andreas arbeitet als Azubi zum Kaufmann im Einzelhandel bei einer kleinen Firma. Vor Weihnachten wird jeder Mitarbeiter gebraucht, da das Geschäft sehr gut läuft. Sein Chef: „Morgen kannst du nicht zur Berufsschule, wir brauchen dich dringend im Betrieb!"

Franziska ist Bäckerlehrling. Sie hasst es, das Berichtsheft zu führen. Ihr Chef hat dafür Verständnis: „Das Berichtsheft ist nicht so wichtig. Du sollst ja schließlich nicht Schriftstellerin sondern Bäckerin werden! Pass lieber im Betrieb und in der Schule ordentlich auf. Das ist besser!"

A

1. In den Fallbeispielen findest du unterschiedliche Verstöße gegen Bestimmungen des Berufsausbildungsvertrags. Die Rechte und Pflichten sind vor allem in den Paragrafen 3 und 4 des Berufsausbildungsvertrags geregelt. Eure Aufgabe besteht darin, in Partnerarbeit die folgenden Fälle gemäß der gesetzlichen Regelungen zu beurteilen. Begründet euer Urteil mit dem entsprechenden Paragrafen aus dem Berufsausbildungsvertrag.

Viola (17) ist Azubi als Bürokauffrau. Sie fragt bei ihrem Chef nach, ob er ihr im Sommer während der gesamten Berufsschulferien Urlaub geben könne: „Ich darf nämlich vier Wochen in einem Hotel auf Gran Canaria in der Küche aushelfen – und kann mir so die restlichen zwei Wochen Urlaub verdienen."

Nilgün hat eine Stelle in ihrem Wunschberuf als Arzthelferin bekommen. Bei Freunden erzählt sie lustige Geschichten, die manchen Patienten in der Praxis widerfahren sind: „Stellt euch vor, die Frau Kistner hat doch tatsächlich …"

Martin steht mit der Pünktlichkeit auf Kriegsfuß. Er ist Azubi im 2. Lehrjahr und sagt sich, dass er es nun schon etwas gemütlicher angehen lassen könne. So kommt er montags oft verspätet zur Arbeit. Auch die Berufsschule besucht er oft unpünktlich. Nach mehrmaliger Mahnung kündigt ihm sein Chef: „Du bist entlassen! Du kannst sofort gehen. Ich will dich nie wieder sehen!"

Sehr häufig gibt es Missverständnisse wegen der ausbildungsbezogenen Tätigkeiten (§ 3 Abs. 7). Dem Azubi dürfen nur solche Verrichtungen übertragen werden, die dem Ausbildungszweck dienen und die seinen körperlichen Kräften angemessen sind.

Dies bedeutet aber nicht, dass du an deinem Arbeitsplatz die notwendigen Pflege- und Reinigungsarbeiten nicht ausführen musst!

A

1. Die Pflichten des Ausbildenden (§ 3) und die Pflichten des Auszubildenden (§ 4) entsprechen einander.
   Die Pflichten des einen sind die Rechte des anderen, sodass man z.B. so formulieren kann: „Der Ausbildende hat die Pflicht, dem Azubi die Kenntnisse und Fertigkeiten zu vermitteln – andererseits hat er das Recht darauf, dass der Azubi seine Lernpflicht erfüllt."
   Umgekehrt kann so formuliert werden: „Der Auszubildende hat die Pflicht, sich zu bemühen, die Kenntnisse und Fertigkeiten zu erwerben – andererseits hat er das Recht auf eine ordnungsgemäße Ausbildung."

   Stelle in gleicher Weise für die beschriebenen Fallbeispiele die Rechte und Pflichten der Partner einander gegenüber.

   Achtung, in manchen Fällen benötigt ihr weitere Paragrafen aus dem Berufsausbildungsvertrag. (Hilfestellung: Viola, Martin)

2. Nennt Beispiele für solche Pflege- und Reinigungsarbeiten, die nicht als ausbildungsfremde Tätigkeiten gelten und begründet eure Ansicht.

15 Jugendarbeitsschutzgesetz

Aus dem Geschichtsunterricht weißt du, dass zu Beginn der Industrialisierung (in der ersten Hälfte des 19. Jahrhunderts) Kinder in Fabriken und Handwerksstuben arbeiteten. Oft mussten sie weit über zehn Stunden pro Tag schuften. Die Folge war, dass viele Kinder gesundheitliche Schäden davon trugen. Deshalb wurde 1839 in Preußen die Arbeit für Kinder unter neun Jahren generell verboten. Ältere Kinder und Jugendliche bis 16 Jahre durften höchstens zehn Stunden täglich arbeiten. Dieses Gesetz galt allerdings nur für Arbeit in Fabriken und Manufakturen.

Heute schützt dich das Jugendarbeitsschutzgesetz sehr viel umfangreicher, damit deine Gesundheit nicht gefährdet wird und deine körperliche und psychische Entwicklung ungestört verläuft. Es schützt dich insbesondere vor Arbeit, die
- zu früh beginnt,
- zu lange dauert,
- zu schwer ist,
- dich körperlich oder psychisch gefährdet,
- für dich ungeeignet ist.

Die wichtigsten Paragrafen des Jugendarbeitsschutzgesetzes beziehen sich auf
- die Arbeitszeit (§ 8; §§ 11–18),
- die Berufsschule (§ 9),
- den Urlaub (§ 19),
- die Art der Beschäftigung,
  - gefährliche Arbeiten (§ 22),
  - Akkordarbeit (§ 23),
  - Arbeiten unter Tage (§ 24).

An die Einhaltung der Bestimmungen des Jugendarbeitsschutzgesetzes sind beide Seiten – der Arbeitgeber und der Jugendliche – rechtlich gebunden. Im Falle eines Verstoßes werden deshalb auch beide bestraft! So darfst du auch dann nicht im Akkord arbeiten, wenn du dadurch gerne mehr verdienen wolltest.

Christa (16) erlernt den Beruf der Modeschneiderin. Ihre Abteilung, in der die Einzelteile zusammengenäht werden, kann einen Auftrag erst ab Mittag bearbeiten, weil die Zuschneiderei nicht nachkommt.

Deshalb soll sie erst um 11:00 Uhr kommen und mit einer einstündigen Pause bis 20:00 Uhr durcharbeiten. Christa hat Zweifel, ob sie diese zeitliche Regelung auch mitmachen darf.

Hat sie recht?

i

Als Kind gilt, wer noch nicht 15 Jahre alt ist.

Jugendlicher ist, wer das 15. Lebensjahr vollendet hat, also bereits 15 Jahre alt ist, bis zur Vollendung des 18. Lebensjahrs.

A

1. Besorgt euch die aktuellen Broschüren, Faltblätter und elektronischen Medien (CD-ROM) zum Jugendarbeitsschutzgesetz, z.B. beim Bundesministerium für Arbeit und Sozialordnung oder beim Bayerischen Staatsministerium für Arbeit und Sozialordnung, Frauen und Gesundheit. Bearbeitet mit diesen Unterlagen die Fallbeispiele.

Fred ist 16 Jahre alt und macht eine Lehre als Bäckerlehrling. In seinem Betrieb ist ein Geselle ausgefallen und nun macht ihm sein Chef den Vorschlag, um 4:00 Uhr morgens mit der Arbeit zu beginnen, um die anfallende Arbeit bewältigen zu können.

Ist dieser Vorschlag mit dem Jugendarbeitsschutzgesetz vereinbar?

Fritz ist 17 Jahre alt und macht eine Lehre als Restaurantfachmann. Die Hauptarbeitsphasen in seinem Ausbildungsbetrieb sind innerhalb eines Tages von 10:00 Uhr bis 13:30 Uhr sowie von 17:00 Uhr bis 21:00 Uhr. Sein Chef hat deshalb die Arbeitszeit genau auf diese Schichtzeiten gelegt.

Ist diese Höchstschichtzeit mit dem Jugendarbeitsschutzgesetz vereinbar?

Jonathan soll noch schnell vor Arbeitsschluss Fässer mit giftigen Substanzen mit dem Gabelstapler ins Lager fahren. „Das hab ich doch noch nie gemacht!" ruft er aus. Sein Chef erwidert: „Stell dich nicht so an! Das ist doch gleich erledigt."

Warum darf Jonathan diese Arbeit nicht ausführen?

A

1. Diskutiert diesen Fall. Wie leicht wird es gelingen, sich in solcher Situation mit dem Chef zu einigen?

Wiederholen und Vertiefen

Berufsausbildungsvertrag

1. Wie lange dauert die Probezeit? (mind./höchst.) § 1 (2)
2. Wann endet das Berufsausbildungsverhältnis, wenn der Auszubildende vor Ablauf der vereinbarten Ausbildungszeit die Abschlussprüfung besteht? § 1 (3)
3. Was muss der Ausbildende dem Auszubildenden vor Beginn der Ausbildung kostenlos aushändigen? § 3 (3)
4. Welche Verrichtungen darf der Ausbildende dem Auszubildenden nur übertragen? § 3 (7)
5. Worüber hat der Auszubildende Stillschweigen zu bewahren? § 4 (6)
6. Wann muss der Auszubildende dem Ausbildenden bei Krankheit oder Unfall eine ärztliche Bescheinigung zuleiten? § 4 (8)
7. Wann wird die Vergütung spätestens gezahlt? § 5 (1)
8. Wie lange wird dem Auszubildenden die Vergütung weitergezahlt, wenn er krank ist? § 5 (5 b)
9. Darf der Auszubildende während des Urlaubs eine dem Urlaubszweck widersprechende Erwerbsarbeit leisten? § 6 (3)
10. Kann eine Kündigung des Ausbildungsverhältnisses auch mündlich erfolgen? § 7 (3)
11. Was muss der Ausbildende dem Auszubildenden bei Beendigung der Berufsausbildung ausstellen? § 8

A

1. Du hast dich hauptsächlich mit den Paragrafen 3 und 4 des Berufsausbildungsvertrags befasst und den Gesetzestext dazu gelesen.
Beantworte nun die Fragen, die sich auf weitere Paragraphen des Berufsausbildungsvertrags beziehen.

2. Ihr habt Fälle zumJugendarbeitsschutzgesetz (JArbSchG) bearbeitet. Bildet Gruppen, entwerft eigene Fälle zur Entscheidung, die ihr einer anderen Gruppe zur Bearbeitung vorlegt. (Vielleicht könnt ihr mehrfach austauschen.)

Die wichtigsten Bestimmungen des Jugendarbeitsschutzgesetzes im Überblick				
Ärztliche Untersuchungen	**Frühester Arbeitsanfang (§ 14)**	**Höchstschichtzeit (§ 12)**	**Spätester Arbeitsschluss (§ 14)**	**Verboten: (§§ 16, 17, 18, 22, 23)**
Erstuntersuchung: Bescheinigung über die ärztliche Untersuchung darf nicht älter sein als 14 Monate **Nachuntersuchung:** Nach 1. Ausbildungsjahr (sonst keine Weiterbeschäftigung)	**grundsätzlich:** 6:00 Uhr Ausnahmen: Landwirtschaft, Bäckereien, Konditoreien 5:00 Uhr **Ausnahmen:** Bäckereien für Jugendliche ab 17 4:00 Uhr	(= die Zeit von Arbeitsbeginn am Arbeitstag bis zum „Feierabend“) **grundsätzlich:** 10 Stunden **Ausnahmen:** Bergbau: 8 Stunden Gaststätten, Landwirtschaft, Tierhaltung, Baustellen: 7 Stunden	**grundsätzlich:** 20 Uhr **Ausnahmen** Landwirtschaft: 21 Uhr Gaststätten, Schausteller: 22 Uhr Schichtbetriebe: 23 Uhr	**Samstagsarbeit** zahlreiche Ausnahmen **Sonntagsarbeit** zahlreiche Ausnahmen **Akkordarbeit** **gefährliche Arbeiten**
	Ununterbrochene Freizeit (§ 13)	**Wochenarbeitszeit (§§ 8, 15)**	**Urlaub (§ 19)**	
	grundsätzlich: 12 Stunden **Ausnahmen:** keine	**grundsätzlich:** 40 Stunden **Ausnahmen:** Landwirtschaft	**Alter bis** 16: 30 Werktage 17: 27 Werktage 18: 25 Werktage	

16 Bedeutung von Arbeit und Beruf

Philipp und Torsten treffen sich im Hallenbad.

Philipp: „Hallo, Torsten! Wie geht es dir?“
Torsten: „Servus! Mir geht's ganz gut. Im BVJ lernen wir verschiedene grundlegende Tätigkeiten. Gerade der Metallbereich macht mir großen Spaß. Das praktische Lernen fällt mir leicht! Und was machst du?“
Philipp: „Ich pauke gerade eifrig für den Quali, den ich mit der Note 2 schaffen muss, um in die M 10 zu kommen.“
Torsten: „Das schaffst du sicher locker. Stell dir vor, was ich heute Nacht geträumt habe. Ich habe im Lotto 20 Millionen Euro gewonnen!“
Philipp: „Das wäre ja toll. Da würdest du sicher nicht mehr arbeiten.“
Torsten: „Doch! Du weißt, dass ich gerne an Fahrrädern schraube. Das macht mir großen Spaß. Darauf würde ich nicht verzichten.“
Philipp: „Du hast recht. Man arbeitet nicht nur, um Geld zu verdienen. Der Mensch kann ohne Arbeit eigentlich nicht leben.“

Der Gedanke ist bestimmt verlockend, dass man in solch einer Situation nicht mehr zu arbeiten bräuchte. Aber wenn du diese Überlegung weiter spinnst, dann wird dir schnell deutlich, dass wir nicht nur arbeiten, um Geld zu verdienen.
In unserer Gesellschaft dient Arbeit für die meisten Menschen in erster Linie dazu, ihren Lebensunterhalt zu sichern, ihre Familie zu ernähren und ein möglichst sorgenfreies Leben führen zu können. Mit ihrer Arbeit erwerben sie Geld oder Güter als Lohn. Fachleute sprechen deshalb von **Erwerbsarbeit**. Für viele Menschen bedeutet die Arbeit im Beruf jedoch mehr. Sie wollen Sinnvolles tun, mit Menschen Kontakt haben, anderen helfen, beweisen, was sie können oder Ansehen erwerben. Im Idealfall überwiegen diese Motive und die berufliche Erwerbsarbeit wird zur Berufung.

A

1. „Der Mensch lebt, um zu arbeiten.“ oder „Der Mensch arbeitet, um zu leben.“
   Sammelt zu beiden Aussagen passende Argumente und diskutiert dazu in einer Pro-und-Kontra-Debatte.
2. Übertragt das Schaubild in euer Heft und ergänzt es um weitere Gesichtspunkte.
3. Das Schaubild stellt die positiven Funktionen von Arbeit für den Menschen dar. Arbeit wird aber auch oft als Belastung empfunden. Findet solche belastenden Faktoren und ergänzt euer Schaubild, indem ihr Pfeile mit diesen Begriffen in entgegengesetzter Richtung einzeichnet.

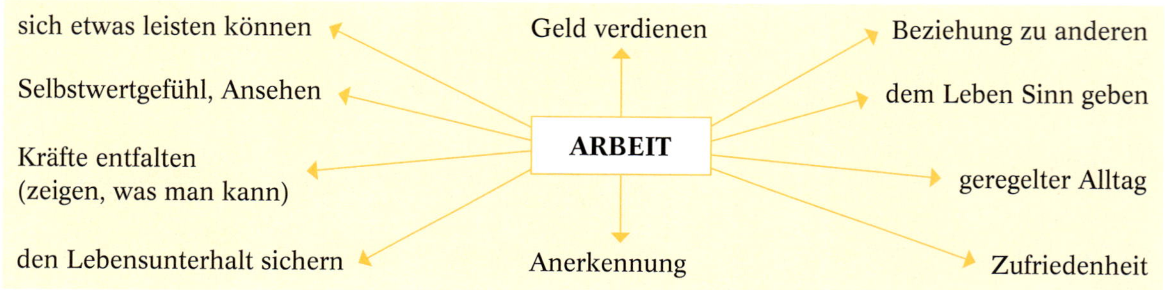

Es ist schon verblüffend: Wenn wir von Arbeit sprechen, dann denken wir in erster Linie an Erwerbsarbeit. Der größte Teil der Arbeit, die in unserer Gesellschaft geleistet wird, ist aber **Nichterwerbsarbeit**, d.h. Arbeit, für die kein Entgelt bezahlt wird.

Im Haushalt fallen viele verschiedene Arbeiten an. Bei der **Hausarbeit** wird produziert und es werden Dienste geleistet.

Bei der Hausarbeit helfen alle zusammen.

Beziehungsarbeit

Pflegearbeit

Viele Menschen engagieren sich in Vereinen oder Organisationen. Sie leisten **ehrenamtliche Arbeit**. Ohne sie wären viele gesellschaftliche Aufgaben nicht zu bewältigen.

Ehrenamtliche Arbeit

A

1. Sämtliche Arbeiten, die im Haushalt anfallen, kann man auch „kaufen". Sucht Beispiele und ermittelt die dafür zu zahlenden Preise. (Ihr erkennt dadurch, was Hausarbeit wert ist!)
2. Wie sind in deiner Familie die Aufgaben im Haushalt verteilt?
3. Es wird zunehmend schwieriger, Menschen für ehrenamtliche Tätigkeit zu gewinnen. Was sind die Gründe dafür?

Erwerbsarbeit
⇩
gegen Entgelt

Haus- und Familienarbeit
⇩
unentgeltlich

ehrenamtliche Arbeit
⇩
unentgeltlich

17 Arbeitswelt im Wandel

Gerhart Hauptmanns Drama „Die Weber“ hat einen historischen Hintergrund. Im Jahr 1844 kam es in Schlesien zu einem spontanen Aufstand der Weber gegen die Ausbeutung durch ihre Arbeitgeber. Dieser Aufstand wurde mit Waffengewalt durch das Militär niedergeschlagen. Gerhart Hauptmann war übrigens selbst als Sohn eines Webers in Schlesien aufgewachsen.

Frau Starke erzählt ihrem Mann beim Abendessen: „Heute sind bei uns im Büro neue Leitungen installiert worden. Deshalb musste für zwei Stunden der Strom abgeschaltet werden. Nur unser zerstreuter Chef hat mal wieder nichts davon gewusst! Er kam mit einem Brief, der ganz dringend einem Boten mitgegeben werden musste. Da blieb mir nichts anderes übrig, als die alte mechanische Schreibmaschine aus dem Keller zu holen und den Brief darauf zu schreiben. Das war eine Umstellung …“

Seit Beginn der Industrialisierung fanden in allen Bereichen der Arbeitswelt immer wieder drastische Veränderungen statt. Gerhart Hauptmann hat in seinem Theaterstück „Die Weber“ eine der ersten Umwälzungen der Arbeitswelt dargestellt: von der handwerklichen Weberei den Wandel zur industriellen Fertigung.
In den siebziger Jahren des letzten Jahrhunderts begann eine „Revolution“ der Drucktechnik. Die Setzer hatten plötzlich durch die Einführung der elektronischen Textverarbeitung keine Zukunft mehr! Mittlerweile sind beinahe alle Berufe betroffen:

Holzarbeiter mit Motorsäge

Harvester

Schreibmaschinensaal 1960

Computerarbeitsplatz 2005

Der Wandel der Arbeitswelt hat zwei Gesichter. Durch die Rationalisierung, also den effektiven Einsatz von Maschinen, fallen Arbeitsplätze weg. Für die Beschäftigten müssen Alternativen gefunden werden. Neue Technologien entlasten aber die Menschen von gefährlichen und körperlich anstrengenden Arbeiten.

1. Wie unterscheidet sich die Arbeit an einer mechanischen Schreibmaschine im Vergleich zur Arbeit am PC?
2. Die Bilder zeigen Beispiele für den Wandel in der Arbeitswelt. Findet weitere Beispiele zu allen Wirtschaftssektoren und stellt den Wandel dar. (Hilfestellung: Maschinen, Tätigkeiten, Belastung, Anzahl der Beschäftigten)
3. Maschinen und neue Technologien verändern oder ersetzen qualifizierte Erwerbsarbeit. Beschreibt in arbeitsteiliger Gruppenarbeit die Unterschiede zu den gefundenen Beispielen.
4. Stellt die Vor- und Nachteile des Wandels der Arbeitswelt in einer Tabelle anschaulich gegenüber.

Neue Techniken erobern die Arbeitswelt

Der Wandel in der Arbeitswelt geht weiter. Dadurch gehen Arbeitsplätze verloren. Neue Entwicklungen schaffen aber auch neue Arbeitsplätze. Aktuell gibt es vielfältige Forschungsfelder für Innovationen, die die Arbeitswelt und die Gesellschaft verändern werden. Beispiele dafür sind:

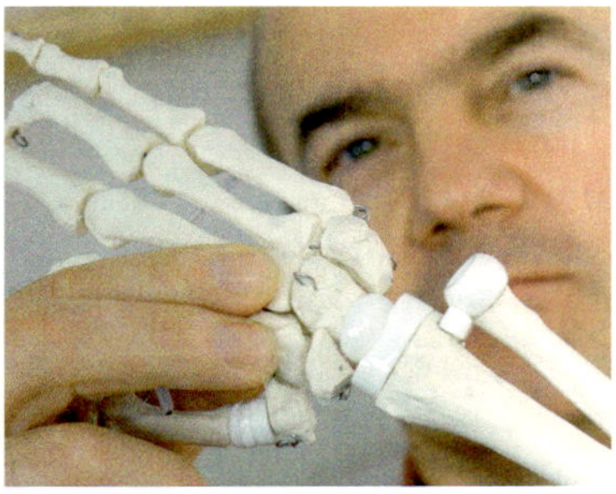

Keramik-Implantate

Keramik ist in der Medizin ein wertvoller **Werkstoff**. Zusammen mit Titan kann er für den Ersatz von Gelenken verwendet werden. Die glatte Oberfläche verhindert Reibung. Medizinische Keramik ist verschleißfrei und wird vom Körper gut vertragen.

Das für zuckerkranke Menschen dringend benötigte Insulin wurde bis vor wenigen Jahren aus der Bauchspeicheldrüse von Tieren gewonnen. Heute stellen genveränderte Bakterien künstliches Insulin massenhaft her. Diese medizinisch sinnvolle Form der **Gentechnik** findet überall Anerkennung.

Herstellung von Insulin

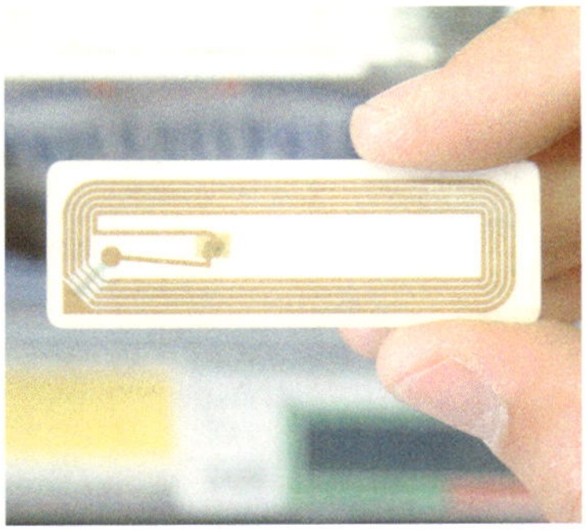

RFID-Chip

Mit **RFID**-Chips werden Artikel gekennzeichnet (RFID = **R**adio **F**requenz **Id**endifikation). Sie werden zunehmend im Bereich des Einzelhandels (automatischer Supermarkt) und auch bei Paketdiensten eingesetzt. Der Chip liefert der Verteilanlage per Funk die notwendigen Daten.

Techniker haben aus der Natur den Lotusblüteneffekt erforscht, abgeschaut und nachkonstruiert. Sie stellen Oberflächen her, die Nässe abperlen lassen und Schmutz abweisen. Sinnvoll ist der Einsatz solcher **Oberflächentechnik** bei Hausfassaden, Dachziegeln, aber auch im Sanitärbereich.

i

Innovation (lat. „Erneuerung") bedeutet für Betriebe die Entwicklung neuer Produktionsformen, neuer Werkstoffe, verbesserter Produkte, verbesserter Arbeitsorganisation. Die Notwendigkeit zur Innovation entsteht daraus, dass Unternehmen Marktvorteile erringen, konkurrenzfähig bleiben und Gewinne erwirtschaften wollen.

A

1. Die genannten Beispiele für innovative Techniken sowie ihre Auswirkungen auf die Arbeitswelt und die Gesellschaft wecken sicher euer Interesse. Recherchiert (z.B. im Internet) weitere Informationen dazu und erarbeitet Kurzreferate mit folgenden Fragen:
   - Welche neue Technik?
   - Entwicklungsstand?
   - Vor- und Nachteile?
   - Gefahren?

2. Es gibt weitere technische Innovationen in der Arbeitswelt. Vielleicht kennt ihr Experten zu folgenden Bereichen:
   - Steuerungstechnik
   - Nanotechnik
   - Lasertechnik
   - Biotechnik
   - Verbundwerkstoffe

   Ladet sie in die Klasse ein oder interviewt sie und berichtet in der Klasse.

Globalisierung (global = weltumspannend) steht für die immer stärker werdende grenzüberschreitende wirtschaftliche Verflechtung von Unternehmen. Sie produzieren an Standorten in allen Erdteilen und erschließen sich dadurch auch die Märkte weltweit. Die Standortwahl richtet sich nach wirtschaftlichen Vorteilen, wie z. B. Lohnkosten, Fachkräfteangebot, gesetzlichen Vorschriften, Steuern, Sozialabgaben und Absatzchancen.

Globalisierung

Der Wandel der Arbeitswelt äußert sich auch in der immer stärkeren weltweiten Verflechtung und durch internationale Zusammenschlüsse von Unternehmen, die dann als „global player“ bezeichnet werden. Deutsche Firmen produzieren beispielsweise außer in Deutschland in Osteuropa, in Asien und in Amerika.

Beschleunigt wurde die Globalisierung vor allem durch den Ausbau globaler Informations- und Kommunikationstechniken (z. B. Internet). Dadurch kann – gerade im Bereich Forschung und Entwicklung – ein Unternehmen rund um die Uhr arbeiten. Wenn ein Mitarbeiter in München um 18 Uhr Dienstschluss hat, dann kann er den aktuellen Entwicklungsstand seines Projekts an den Kollegen in New York mailen. Dieser arbeitet daran weiter und mailt es an den dritten Standort, z. B. in Seoul. Von dort gelangt das Projekt wieder per E-Mail nach München.

Weltreise einer Jeans

Heute haben immer mehr Güter bereits bei ihrer Produktion einen Weg über mehrere nationale Grenzen hinweg hinter sich. Ein Beispiel:

0 km: Die Baumwolle wird in **Kasachstan** oder **Indien** von Hand oder mit der Maschine geerntet und anschließend in die Türkei versandt.

4.800 km: In der **Türkei** wird die Baumwolle zu Garn gesponnen.

15.000 km: In **Taiwan** wird die Baumwolle mit chemischer Indigofarbe aus Deutschland gefärbt.

27.000 km: Aus dem gefärbten Garn werden in **Polen** die Stoffe genäht.

28.600 km: Innenfutter und die kleinen Schildchen mit den Wasch- und Bügelhinweisen kommen aus **Frankreich**, Knöpfe und Nieten aus **Italien**.

42.300 km: Alle Zutaten werden auf die **Philippinen** geflogen und dort zusammengenäht. (Schnittmuster und Design werden per Fax oder E-Mail in die Fabrik auf den Philippinen gesendet.)

54.000 km: In **Griechenland** erfolgt die Endverarbeitung mit Bimsstein.

56.300 km: Die Jeans werden in **Deutschland** verkauft und getragen.

Nach: Globalisierung, Multimedia-CD des DGB-Bildungswerkes 2001.

1. Gibt es in eurer Region Unternehmen, die als „global player“ auftreten? Nennt sie und informiert euch über ihre weiteren Standorte.

2. Globalisierung ist mit Hoffnungen und Ängsten besetzt: Die einen erwarten wirtschaftlichen Reichtum, die anderen bangen um ihren Arbeitsplatz. Diskutiert die Vor- und Nachteile der Globalisierung.

3. Der Weg der Jeans ist in Deutschland meistens noch nicht zu Ende. Durch die Altkleidersammlung, geht die Weltreise weiter. Recherchiert beim DGB-Bildungswerk (im Internet) weitere Angaben zur Weltreise der Jeans.

4. Beschafft euch eine Weltkarte und markiert mit Stecknadeln und Wollfäden die Wege der Jeans um den Globus.

Tertiarisierung
Tertiarisierung meint den zunehmenden Wandel von der Industrie- zur Dienstleistungsgesellschaft. Der Wirtschaftssektor „Dienstleistungen" ist der tertiäre Sektor.
In den letzten 50 Jahren hat sich das Gesicht der deutschen Wirtschaft grundlegend gewandelt. 72 Prozent aller Erwerbstätigen arbeiten heute im Dienstleistungsbereich. Sie handeln und transportieren, reparieren und sanieren, begutachten und beraten, vermitteln und organisieren, helfen und heilen, unterhalten und kommunizieren.
Die Tertiarisierung wirkt auch in den Waren produzierenden Sektor hinein. Beschäftigte in diesem Bereich stellen nicht nur Güter her, sondern leisten zunehmend Dienste.

Partyservice

Im Nahrungsmittelgewerbe leisten die Beschäftigten neben ihrer Tätigkeit als Warenproduzenten vielfältige Dienste für ihre Kunden. Der Metzger bietet einen Partyservice an und liefert fertige Festmenüs frei Haus, wo er auch weitere Service-Aufgaben übernimmt.

Installationsbetriebe erstellen nicht nur die Anlagen und Einrichtungen; sie übernehmen auch die Kontrolle, Wartung und Reparatur dieser Anlagen. Sie schließen häufig einen Wartungsvertrag mit dem Kunden ab.

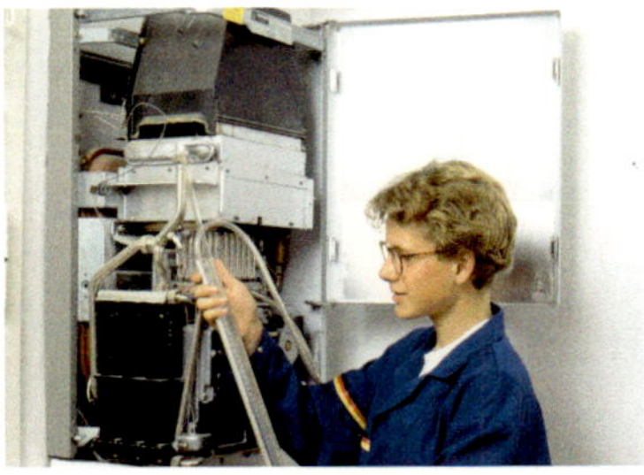
Heizungsbauer wartet Brenner

Wie wirkt sich Tertiarisierung auf den Facharbeiter und seine berufliche Qualifikation aus? Facharbeiter benötigen für ihre **Aufgaben in der Fertigung**, bei der Montage und bei der Wartung immer weniger Muskelkraft. Sie werden durch Werkzeuge, Maschinen und Anlagen entlastet. Dafür müssen Sie eigenständig und eigenverantwortlich planen, ausführen und kontrollieren.
Hinzu kommen neue **Aufgaben als Dienstleistung**. Der Facharbeiter braucht zusätzlich weitere Kompetenzen wie z.B. höfliches und sicheres Auftreten, kundenfreundliche Beratung, sprachliche Gewandtheit und Hilfsbereitschaft. Die Erweiterung der Aufgabenbereiche erfordert vom Facharbeiter hohes Qualitätsbewusstsein, die Fähigkeit zur Selbstorganisation und Teamfähigkeit.

A

1. Wertet das Schaubild aus. Formuliert den Strukturwandel in den Wirtschaftssektoren in kurzen Sätzen.

2. Welche Dienste leistet heute ein Bäcker? Beschreibt diese Dienste. (Fragt vor Ort nach!)

3. Auch in der Urproduktion – z.B. am Bauernhof – werden Dienste geleistet. Damit schaffen sich diese Betriebe weitere Standbeine zum wirtschaftlichen Überleben. Nennt Beispiele.

4. Befragt aus eurem Bekanntenkreis einen Beschäftigten aus dem Waren produzierenden Bereich, der bereits mehrere Jahrzehnte Berufserfahrung besitzt: Über welche Veränderungen der Aufgaben und Tätigkeiten kann er euch berichten?
Prüft, ob dabei ein Wandel zu „tertiären" Aufgaben und Tätigkeiten erfolgt ist.

18 Mobilität – Flexibilität – lifelong learning

1. Entwerft ein Interview, mit dem ihr eure Großeltern zu deren Berufslaufbahn befragt. Tragt die Antworten in der Klasse vor. Vielleicht ladet ihr dazu Opa oder Oma in die Klasse ein.

2. Informiert euch über Zeitarbeitsfirmen und notiert eure Ergebnisse auf einem Plakat. Nennt dabei Vor- und Nachteile für die Arbeitnehmer und Arbeitgeber.

3. Führt eine Pro-und-Kontra-Debatte über Vor- und Nachteile von Telearbeit.

Eure Großeltern können sicher davon berichten, wie ihr beruflicher Lebenslauf aussah: Nach der Schule absolvierten sie ihre Lehre und arbeiteten anschließend vielfach lebenslang im gleichen Betrieb und im gleichen Beruf. Ihre berufliche Karriere bestand häufig – wenn überhaupt – im innerbetrieblichen Aufstieg.
Aufgrund der aktuellen Veränderungen in der Arbeitswelt gibt es kaum mehr solche **Normalarbeitsverhältnisse**. Ursache dafür sind die beschriebenen Entwicklungen: neue Technologien, Globalisierung und Tertiarisierung.
Heutige Arbeitsverhältnisse sind selten dauerhaft. Oft sind sie zeitlich befristet. Vielfach sind es so genannte geringfügige **Beschäftigungsverhältnisse** (z. B. 400-Euro-Jobs). Die Zahl der **Teilzeitarbeitsplätze** steigt. Ein Teil der Arbeitnehmer ist bei **Zeitarbeitsfirmen** beschäftigt, die sie an andere Unternehmen z. B. für ein gewisses Projekt oder einen begrenzten Zeitraum ausleihen.
Zunehmen werden auch neue Formen der Erwerbsarbeit, wie z. B. **freie Mitarbeit** (ohne festes Beschäftigungsverhältnis) oder **Telearbeit**, bei der der Arbeitnehmer am PC zu Hause für die Firma arbeitet und seine Ergebnisse per E-Mail an das Unternehmen schickt.

Welche Auswirkungen haben diese Veränderungen im Alltag?

Aus diesem Gespräch wird deutlich, dass von heutigen Arbeitnehmern durchwegs **Mobilität** und **Flexibilität** verlangt werden.

Was soll damit erreicht werden?
Neue Arbeitszeitmodelle regeln Dauer und Zeitraum der Beschäftigungszeiten. Dies betrifft z.B. die Jahresarbeitszeit, die Einbindung der Wochenenden, die Lage der Schicht und die Abstimmung mit Teilzeitbeschäftigten. Dadurch sollen
- Maschinen und Produktionsanlagen entsprechend der Auftragslage optimal genutzt werden,
- bestehende Arbeitsplätze gesichert werden.

Der rasche Wandel der Arbeitswelt führt zu starken Veränderungen in den Berufen. Von den Arbeitnehmern wird deshalb die notwendige Anpassungsfähigkeit verlangt. Das bedeutet für sie **„lifelong learning“**, also lebenslanges Lernen. Sie müssen sich fortwährend weiterbilden, um mit den veränderten Bedingungen Schritt halten zu können. Wer diese Herausforderung des lebenslangen Lernens nicht annimmt, setzt seinen Arbeitsplatz aufs Spiel.

i

mobil = (lat.) beweglich (geistig, örtlich); berufliche Mobilität bedeutet die Fähigkeit, in andere Aufgaben oder Tätigkeitsbereiche oder sogar in einen anderen Beruf wechseln zu können; außerdem wird darunter die Mobilität bezüglich Arbeitsort bzw. Wohnort verstanden.

flexibel = (lat.) anpassungsfähig, beweglich; Arbeitszeitflexibilität bedeutet Anpassung der Arbeitszeit an die betrieblichen Bedingungen (Auftragslage, Fertigungskapazitäten, Arbeitsplatzgestaltung usw.)

vom Handsatz ...

... über den Maschinensatz ...

... zum Satz am Computer

Der Beruf des Setzers hat einen drastischen Wandel erlebt: Flexibilität und Mobilität sind jedoch kein sicherer Schutz vor Verlust des Arbeitsplatzes.

Arbeitsmarktforscher stellen auch folgende Prognose: Immer mehr Menschen werden in ihrer Berufslaufbahn **Zeiten ohne Erwerbsarbeit** haben. Phasen der Beschäftigung wechseln sich ab mit solchen der Arbeitslosigkeit. Die Wissenschaftler bezeichnen dies als „Patchwork-Berufsbiografie“.
Phasen der Nichterwerbsarbeit haben in erster Linie schwere finanzielle und soziale Auswirkungen für die Betroffenen. Es hilft in dieser Situation aber nicht, wenn man resigniert. So schwer es fällt, man kann diese Phase aber auch als „Chance“ betrachten. Man kann sich beruflich neu orientieren. Dazu muss man motiviert an die neuen Herausforderungen herangehen. Mancher wagt den Sprung in die Selbstständigkeit.

A

1. Ihr kennt sicher den Begriff „Patchwork“ aus dem Unterricht in WtG oder HsB. Erläutert damit den Begriff „Patchwork-Berufsbiografie“ und stellt eine hierzu passende Berufslaufbahn (konkretes Beispiel aus dem Bekanntenkreis) zeichnerisch dar.

2. Interviewt einen Experten der Handwerkskammer oder der IHK zum Thema Existenzgründung.

19 Berufliche Fort- und Weiterbildung

Die beiden Begriffe **Fortbildung** und **Weiterbildung** werden im beruflichen Zusammenhang gleichbedeutend verwendet.
Dabei geht es
- um **Anpassung** an technische und/oder organisatorische Weiterentwicklungen,
- um Weiterbildung zum beruflichen **Aufstieg** oder
- um berufliche **Umschulung**.

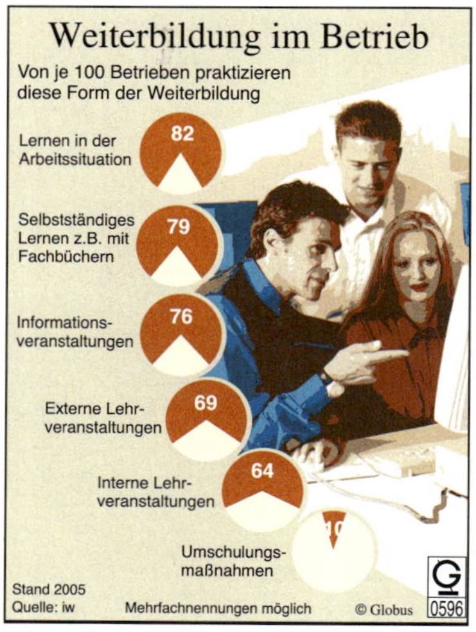

Anpassungsweiterbildung

Ausbildungsmeister Wolfgang Kunze leitet seit nunmehr 25 Jahren die Ausbildungswerkstatt in einem Maschinenbauunternehmen. Er hat dort als Dreher gelernt. Die Bearbeitung der Werkstücke erfolgte an Revolverdrehmaschinen. Bei diesen musste er an Handrädern die Feineinstellung zur spanenden Bearbeitung vornehmen. Heute unterrichtet er die Auszubildenden zum Zerspanungsmechaniker an CNC-Maschinen, bei denen der Arbeitsvorgang im Voraus durch Programmierung festgelegt wird.

alte Drehmaschine

moderne Drehmaschine

Herr Kunze erinnert sich: „Als die erste CNC-Maschine bei uns in der Werkstatt installiert worden ist, waren wir zwar alle sehr neugierig, aber jeder hatte ein mulmiges Gefühl. Wir kannten uns mit der Programmierung nicht aus. Erst nach Einweisungslehrgängen, die im Betrieb und beim Maschinenhersteller durchgeführt wurden, gewannen wir allmählich größere Sicherheit. Die Hauptangst bestand darin, dass wir nach dem Programmstart nicht mehr in den Bearbeitungsablauf eingreifen oder diesen korrigieren konnten. Für mich war die Herausforderung sogar doppelt vorhanden. Ich sollte ja die zukünftigen Facharbeiter in dieser neuen Technik ausbilden, die ich selbst vorher nicht erlernt hatte. In der Zwischenzeit haben wir bereits die dritte Generation an CNC-Maschinen. Dies bedeutete jedes Mal hinzuzulernen. Anpassungsweiterbildung ist heute also eine Selbstverständlichkeit."

Wenn der Betrieb neue Technologien einsetzt oder wenn das Berufsbild sich total wandelt, ist Anpassungsweiterbildung unerlässlich. Die Beschäftigten könnten sonst ihren Beruf nicht mehr ausüben – sie müssen sich an diese Veränderungen anpassen. Dies ist ihr Beitrag zur Sicherung ihres Arbeitsplatzes.

1. Nennt weitere Berufe, bei denen Anpassungsweiterbildung nötig war (oder ist).
2. Wie haben sich die Tätigkeiten, die Arbeitsmittel und die Arbeitsabläufe in diesen Berufen für die Betroffenen verändert? Welche Qualifikationen werden heute von ihnen erwartet?
3. Wertet das Globus-Schaubild aus.

Aufstiegsweiterbildung

Viele Menschen nutzen berufliche Weiterbildungsmaßnahmen, weil sie sich eine bessere berufliche Position versprechen:

Sabine Endres (38), Konditormeisterin: „Mit 15 begann ich meine Ausbildung zur Konditorin. Ich habe die richtige Berufswahl getroffen. Dieser Beruf ist mein Leben. Nach der Gesellenprüfung sammelte ich in meinem Ausbildungsbetrieb noch drei Jahre lang Berufserfahrung. Da ich mich selbstständig machen wollte, besuchte ich ein Jahr lang die Meisterschule, die ich erfolgreich abschloss. So konnte ich meine eigene Existenz aufbauen. In meinem Betrieb habe ich mich auf die Pralinenherstellung spezialisiert. Meine Kunden kommen aus einem großen Umkreis."

Markus Keil (43), Techniker: „Mein Berufsweg begann mit einer Lehre als Zentralheizungs- und Lüftungsbauer. Heute heißt der Beruf Anlagenmechaniker. Nach abgeschlossener Berufsausbildung besuchte ich die Technikerschule, die ich mit dem Staatsexamen zum staatlich geprüften Techniker abschloss. Heute arbeite ich hauptsächlich als Bauleiter für Haustechnik. Bei dieser verantwortungsvollen Tätigkeit verdiene ich mehr Geld als ein Geselle."

Nicole Fuhrmann (34), Handelsfachwirtin: „Ich habe eine Ausbildung als Groß- und Außenhandelskauffrau bei einem Arzneimittelgroßhandel absolviert. Dort blieb ich auch nach der Lehre für weitere fünf Jahre. Weil mein Vater wünschte, dass ich in seinem Speditionsbetrieb eine leitende Aufgabe übernehmen sollte, finanzierte er mir die Weiterbildung zur Handelsfachwirtin an der Fachschule für Wirtschaft in Vollzeit. Jetzt plane und korrigiere ich wirtschaftliche Vorgänge im Betrieb."

A

1. Aus welchen Gründen haben die drei Personen, die hier von ihrer beruflichen Karriere berichten, sich einer Aufstiegsweiterbildung unterzogen?
2. Für alle Berufe gibt es mehrere Möglichkeiten der Aufstiegsweiterbildung. Finde für deinen Wunschberuf Beispiele.
3. Erstellt aus den Einzelergebnissen in der Klasse eine Übersicht.

20 Problemgruppen auf dem Arbeitsmarkt

Viele wünschen sich, im Beruf Karriere zu machen. Nicht jedem gelingt es aber, sich diesen Traum zu erfüllen. Manche bekommen – zumindest für eine gewisse Zeit – überhaupt keinen Erwerbsarbeitsplatz. In der Bundesrepublik Deutschland herrscht schon seit mehreren Jahren eine hohe Arbeitslosigkeit. Der Blick in die Arbeitslosenkartei zeigt, wer besonders von diesem Schicksal betroffen ist.

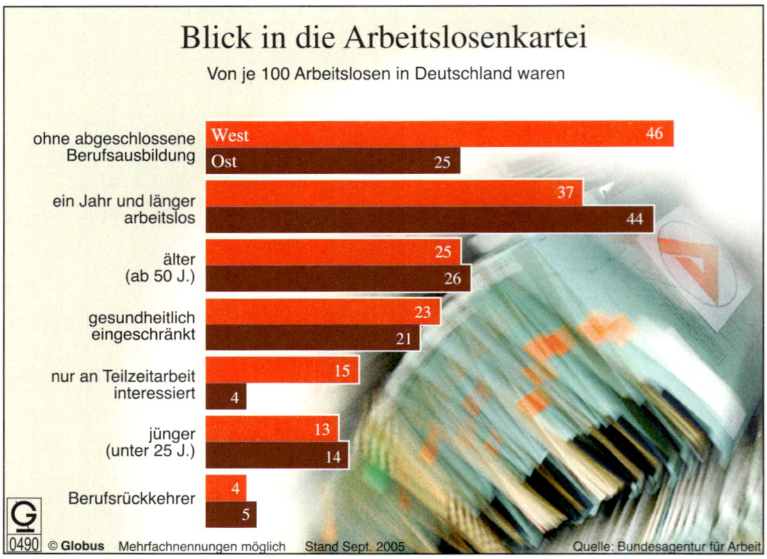

A

1. Im Schaubild werden unterschiedliche Risikogruppen auf dem Arbeitsmarkt genannt. Was kannst du tun, dass du die Hauptrisiken vermeidest?

2. Was kannst du aus den unterschiedlichen Balkenlängen in West und Ost zu den einzelnen Problemgruppen ablesen? (Dein GSE-Lehrer leistet Hilfe.)

3. In dem Schaubild heißt es in der Fußnote: „Mehrfachnennungen möglich". Erkläre, was damit gemeint ist und wie sich dies aus dem Schaubild ablesen lässt.

4. Edeltraut und Daniel kannst du in das Schaubild einordnen. Welcher Problemgruppe ordnest du sie zu? Bei beiden kannst du Mehrfachnennungen vornehmen.

5. Bearbeitet die Beispiele auf der nächsten Seite ebenso.

Edeltraut

„Vor fünf Jahren hatte ich plötzlich Sehschwierigkeiten. Mein Augenarzt stellte eine beginnende Netzhautablösung fest. Mehrere Behandlungsversuche schlugen fehl. Es droht sogar die völlige Erblindung. Meinen Beruf konnte ich nicht mehr ausüben. Es ist fast unmöglich, mit meiner Behinderung einen Arbeitsplatz zu finden."

„Nach der 8. Klasse hatte ich das Glück, dass mich die Baufirma Trammer, bei der ich mein Betriebspraktikum abgeleistet hatte, auch ohne Hauptschulabschluss als Bauhelfer einstellte. Weil die Situation am Bau schlechter wurde, musste Trammer Personal einsparen. Deshalb wurde ich entlassen. Seitdem bin ich arbeitslos."

Daniel

„Seit mein Jüngster im Kindergarten ist, suche ich nach der langen Erziehungspause wieder einen Halbtagsjob in meinem erlernten Beruf. Das Geld wäre dringend nötig, denn meine drei Kinder brauchen ständig neue Sachen. Ganztags zu arbeiten ist in meiner momentanen Situation leider nicht möglich. Es gibt auch sehr wenige Angebote für Gärtner in unserer Gegend. Ich muss wohl nach einer Alternative suchen, auch wenn die vielleicht mit meinem erlernten Beruf nichts zu tun hat."

Susanne

Karl-Heinz

„Die Krise der Bauwirtschaft hat mich bereits vor drei Jahren meinen Arbeitsplatz gekostet. Ich habe mich persönlich ständig um eine neue Stelle bemüht. Aber wer will denn schon uns Alte noch einstellen? Berufserfahrung ist anscheinend heutzutage weniger wert als die niedrigeren Lohnkosten für Jüngere. Auch die Arbeitsvermittlung der Agentur für Arbeit konnte mir nicht weiterhelfen. Dort macht man mir bloß immer wieder bewusst, dass meine Chancen umso mehr schwinden, je länger ich arbeitslos bin – ein richtiger Teufelskreis!"

„Fünfzig Bewerbungen um Ausbildungsstellen habe ich geschrieben. Immer wieder habe ich die Antwortbriefe mit zittrigen Händen geöffnet. Aber stets waren es Absagen! Dabei habe ich mich nicht nur einseitig auf einen Beruf festgelegt, sondern mich um verschiedene Ausbildungsberufe beworben. Ich war halt in dem Jahrgang, wo die Schulabgängerzahlen viel höher lagen als die angebotenen Ausbildungsstellen. Dass ich zahlreiche Leidensgenossen habe, ist nur ein schwacher Trost. Die Aussichten für das nächste Jahr sind nicht viel besser."

Florian

A

1. Welche Arbeitsplätze bieten Sehbehinderten und Blinden Erwerbschancen?
2. Erkundigt euch nach Beschäftigungs- und Berufsmöglichkeiten für Menschen mit anderen Behinderungen.
3. Recherchiert (z.B. im Internet) zur Person Stephen W. Hawking. Welche Behinderung hat er? Welche berufliche Karriere hat er dennoch gemacht?
4. Die Nachfrage nach Teilzeitarbeitsplätzen besteht vor allem bei Frauen. Nennt Gründe dafür.
5. Sucht statistische Zahlen zur Teilzeitarbeit von Männern. (Hilfe: Statistisches Landesamt www.statistik.bayern.de/veroeffentlichungen/00052/ oder Statistisches Bundesamt www.destatis.de. Gebt als Suchbegriff das Wort Teilzeit ein.)
6. Warum sinken die Chancen für Langzeitarbeitslose auf dem Arbeitsmarkt mit zunehmender Dauer der Arbeitslosigkeit?

Wiederholen und Vertiefen

Bedeutung von Arbeit

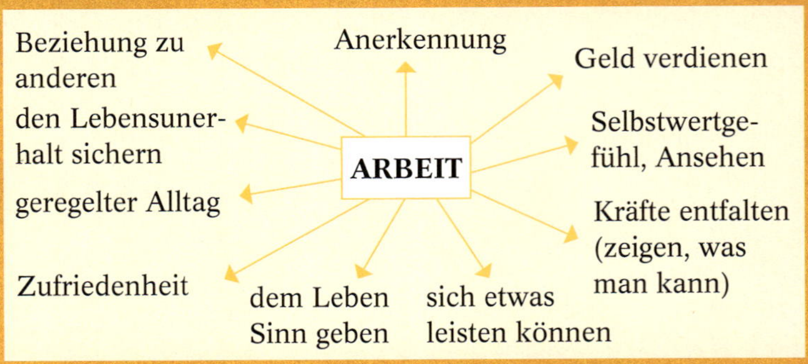

Bedeutung der beruflichen Aus-, Fort- und Weiterbildung

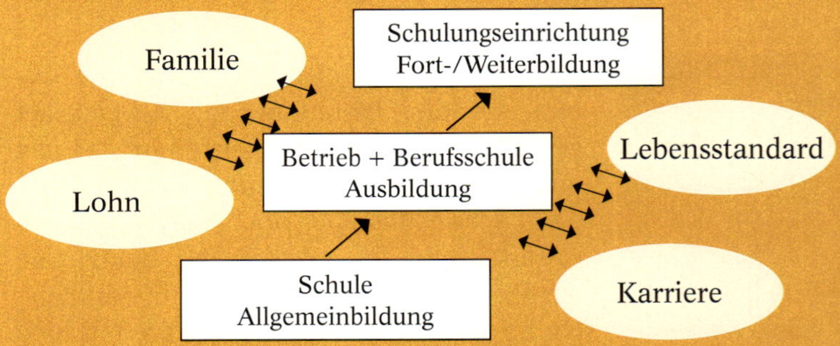

Eine gute Schulbildung und eine Berufsausbildung sind Grundlagen für

- eine selbstständige Lebensgestaltung,
- bessere Chancen auf dem Arbeitsmarkt,
- berufliche Weiterentwicklung.

Die Doppelpfeile weisen auf den Zusammenhang der beruflichen Rahmenbedingungen mit der Lebensgestaltung hin. Veränderungen im Beruf wirken sich stets auf die anderen Bereiche aus.

Bedeutung von Mobilität und Flexibilität

Ihr habt zu diesem Thema folgende Begriffe kennen gelernt:

- Normalarbeitsverhältnis,
- geringfügige Beschäftigung,
- Teilzeitarbeitsplatz,
- Zeitarbeitsfirma,
- freie Mitarbeit,
- Telearbeit,
- lifelong learning,
- Zeiten ohne Erwerbsarbeit,
- Patchwork-Berufsbiografie.

Sie kennzeichnen heutige Berufslaufbahnen im Gegensatz zur lebenslangen Tätigkeit im gleichen Beruf oder Betrieb. In eurer Berufslaufbahn wird Mobilität und Flexibilität verlangt werden.

A

1. In der oberen Grafik ist vor allem die Bedeutung von Erwerbsarbeit für den Einzelnen festgehalten. Welche der genannten Stichpunkte treffen auch auf Nichterwerbsarbeit zu? Welche haben auch Bedeutung für die Gesellschaft?
2. Fehlende Erwerbsarbeit stellt nicht nur ein Problem für den Einzelnen dar, sondern auch für die gesamte Gesellschaft. Begründet diese Aussage und belegt sie mit Beispielen.
3. Nennt Beispiele zu den Wechselwirkungen zwischen den beruflichen und den privaten Bereichen.
4. Stellt in einer Übersicht dar, welchen Motiven und Zielstellungen berufliche Fort- und Weiterbildung dient.
5. Stellt den Zusammenhang einzelner Begriffe zu Mobilität und Flexibilität her. Formuliert in ganzen Sätzen.

II Der Betrieb als Ort des Arbeitens und Wirtschaftens

In der 8. Klasse habt ihr euch in Betriebserkundungen die betrieblichen Organisationsbereiche ***Beschaffung, Produktion*** *und* ***Absatz*** *genauer angesehen. Dadurch konntet ihr einen Überblick über betriebliche Abläufe und Zusammenhänge gewinnen. Auch in diesem Schuljahr werdet ihr wieder eine Betriebserkundung durchführen. Dabei liegt der Schwerpunkt auf dem Bereich* ***Personal- und Rechnungswesen****.*

1 Rückblick: Die Organisationsbereiche eines Betriebes

Du erinnerst dich an die Erkundungen der 8. Klasse. Du hast erfahren, dass ein Betrieb in verschiedene Bereiche aufgeteilt ist. Sicherlich sind folgende Fragen aufgetaucht und beantwortet worden:
- Welche Produkte werden hergestellt?
- Wie wird produziert? (Produktionsmittel, Fertigungsverfahren)
- Was muss zur Produktion beschafft werden?
- Woher kommen die Materialien und Rohstoffe, um die Produkte herstellen zu können?
- Wie viele Arbeitskräfte werden eingesetzt?
- Wie ist der Verkauf organisiert?
- Wo und in welchem Umfang wird Werbung betrieben?

Ihr habt erkannt, dass es drei betriebliche Grundfunktionen gibt: Beschaffung, Produktion, Absatz. Auf eine dieser Grundfunktionen habt ihr euren Erkundungsschwerpunkt gelegt.

Die Ergebnisse der Erkundung hast du zusammen mit deinen Klassenkameraden im Unterricht besprochen und ausgewertet. Vielleicht habt ihr dazu sogar Plakate, Fotos, kleine Bücher oder einen Film entworfen, um eure Resultate zu präsentieren. Das werdet ihr auch in diesem Schuljahr tun.

Vielleicht fragst du dich, worin denn der Unterschied zwischen der Betriebserkundung in der 8. und der in der 9. Klasse besteht. Jeder Betrieb muss nicht nur Aufgaben aus den Bereichen Beschaffung, Produktion und Absatz bewältigen, sondern sich auch mit weiteren betrieblichen Grundfunktionen – dem **Personal-** und **Rechnungswesen** – auseinander setzen.

Zum Personal- und Rechnungswesen stellen sich die Verantwortlichen im Betrieb eine Reihe interessanter Fragen:

A

1. Tragt die Ergebnisse eurer Betriebserkundungen der 8. Klasse zusammen und wertet sie aus (Wo seid ihr gewesen? Welchen Schwerpunkt habt ihr gewählt? Was war gelungen, was muss verbessert werden?)

2 Welchen Betrieb werden wir erkunden?

Bei den bisherigen Betriebserkundungen hast du erfahren, dass es sehr vielfältige berufliche Tätigkeiten und unterschiedliche Betriebe gibt. Diese können den verschiedenen dir bekannten Wirtschaftssektoren zugeordnet werden.
Die Auswahl des für eine Erkundung in Frage kommenden Betriebs ist nicht immer leicht. Sie hängt von verschiedenen Gesichtspunkten ab, beispielsweise von der Bereitschaft der Verantwortlichen eine Schülergruppe in den Betrieb zu lassen, aber auch von der Entfernung des Betriebs zur Schule.

Die Klasse 9b einer bayerischen Hauptschule überlegt sich zusammen mit ihrem Klassenleiter, Herrn Kempf, welche Betriebe für ihre Erkundung in Frage kommen. „In der 8. Klasse haben wir die Bäckerei Moser erkundet. Unser Erkundungsschwerpunkt war dabei der Bereich Produktion. Jetzt brauchen wir andere Betriebe, die für unsere Erkundungen geeignet sind."
„Wieso **mehrere** Betriebe?" fragt Patrick. „Ich denke, wir erkunden als Klasse **einen** Betrieb."
Herr Kempf entgegnet: „Im Unterschied zur 8. Klasse kommen als Erkundungsschwerpunkte das **Personalwesen** und das **Rechnungswesen** hinzu. Diese Bereiche werdet ihr **gruppenweise** erkunden. Dabei ist es zweitrangig, ob ihr für eure Erkundungen einen Handwerks- oder einen Industriebetrieb auswählt. Es ist unwichtig, ob ihr euch für eine Erkundung in der Urproduktion oder im Dienstleistungsbereich entscheidet. Für alle Betriebe gilt, dass sie Aufgaben des Personalwesens und des Rechnungswesens zu bewältigen haben."

A

1. Schreibe zu jedem Sektor typische Betriebe auf.
2. Notiere weitere Gesichtspunkte für die Auswahl des zu erkundenden Betriebs.

3 Grundaufgaben des Betriebs: Personal und Finanzen

Personalplanung
Personalbeschaffung
Personalführung
Personalverwaltung
Personalentwicklung
Personalbetreuung

Mitarbeitergespräch

1. Stellt im Rahmen eurer Erkundung fest, welche Ausbildung die Beschäftigten haben, die im Personalwesen arbeiten.

2. Überlegt euch noch weitere Fragen zu den Teilbereichen des Personalwesens.

3. Wie ist das Personalwesen in dem von euch erkundeten Betrieb organisiert? Sind alle Bereiche vorhanden? Wer betreut welchen Bereich?

3.1 Das Personalwesen

Jeder Betrieb benötigt Personal für die unterschiedlichen Abteilungen. Dabei muss zum Beispiel Folgendes organisiert werden:

Personalplanung/Personalbedarf
- Bilden wir selbst aus?
- Können wir unsere Auszubildenden übernehmen?
- Wie viele Mitarbeiter werden in den einzelnen Abteilungen benötigt?
- Müssen Stellen geschaffen oder abgebaut werden?

Personalbeschaffung
- Wie kommen wir an das Personal, das von der Personalplanung ermittelt wurde (z.B. Inserate im Stellenmarkt einer Zeitung, Vermittlung durch die Bundesagentur für Arbeit, ...)?
- Wie gestalten wir das Einstellungsverfahren?

Personalführung
- Welche qualifizierten Mitarbeiter können als Führungskräfte eingesetzt werden?
- Wie kommen betriebliche Vereinbarungen zustande?
- Wer trägt für getroffene Entscheidungen die Verantwortung?

Personalkosten/Personalverwaltung
- Nach welchen Gesichtspunkten werden die Mitarbeiter entlohnt?
- Welche Sozialleistungen werden für die Mitarbeiter gezahlt?
- Wie erfolgt die Lohnberechnung?
- Welche Lohnkosten fallen für eine Arbeitsstunde an?
- Wie hoch sind die Lohnkosten insgesamt?

Personalentwicklung
- Wie können die Mitarbeiter weitergebildet werden?
- Wo findet die Weiterbildung statt?
- Welche Ziele werden vereinbart?
- In welche Führungspositionen können Mitarbeiter aufrücken?

Personalbetreuung
- Können den Mitarbeitern bestimmte Serviceangebote gemacht werden, um die Motivation zu erhalten bzw. zu erhöhen (z.B. verbilligte Kinokarten, einmalige Gutscheine, private Nutzung des Fuhrparks, Kinderbetreuung, ...)?
- Werden die Mitarbeiter über die Vorgänge im Betrieb informiert (z.B. durch Mitarbeiterzeitung, spezielle Homepage für Mitarbeiter)?

3.2 Das Rechnungswesen

Für jeden Betrieb sind **Kosten, Erträge** und **Preiskalkulation** zentrale Fragen. Diese Bereiche werden unter dem Überbegriff **Rechnungswesen** zusammengefasst. Das Rechnungswesen verschafft der Betriebsleitung einen Überblick über die Situation im Betrieb und liefert die Grundlage für künftige Entscheidungen. So müssen sich die Verantwortlichen zum Beispiel fragen:

- Ist es im Augenblick machbar und sinnvoll, **Kapital** für Neuanschaffungen (etwa von Maschinen) und Umweltmaßnahmen (z.B. Einbau eines Rußfilters in den Schornstein) zu investieren?
- Wie ist die **Kostenentwicklung** in den einzelnen Betriebsbereichen (beispielsweise Personalkosten, Materialkosten usw.)?
- Können geplante **Investitionen** vollständig aus **Eigenmitteln** des Betriebs finanziert werden oder wird **Fremdkapital** (z.B. in Form von Krediten) eingesetzt?
- Zu welchen Preisen können die Produkte **marktgerecht** angeboten werden? Der Betrieb hat ein Interesse daran, einen hohen Verkaufserlös zu erzielen. Er muss jedoch auch darauf achten, dass die Produktpreise nicht zu hoch sind und somit die Nachfrage schmälern.
- Wie hoch sind die **Abschreibungen**? Wenn Maschinen ständig verwendet werden, nutzen sie ab und veralten. Sie können dann abgeschrieben werden.

Damit solche und ähnliche Fragen beantwortet werden können, gibt es in den Betrieben eine **Gewinn- und Verlustrechnung**: Diese wird jeweils für ein Geschäftsjahr aufgestellt. In ihr werden Aufwand und Ertrag gegenübergestellt.

Gewinn- und Verlustrechnung

Aufwand	Ertrag
– Löhne – Materialeinsatz – Abschreibungen – Zinsen für Fremdkapital – …	– Umsatzerlöse – Zinserträge – …
Gewinn	**Verlust**
Summe	Summe

(**Gewinn** oder **Verlust**)

Schema für eine Gewinn- und Verlustrechnung

Abschreibungen: Alle Betriebsmittel, z.B. Maschinen und Computer, verlieren durch ihre Nutzung an Wert. Aus steuerlichen Gründen müssen die Anschaffungskosten auf die vermutliche Nutzungszeit (z.B. auf fünf Jahre) verteilt werden. Der Betrieb darf den jährlichen Abschreibungsbetrag steuerlich geltend machen. Auf diese Weise kann ein Ersatz finanziert werden.

Investition bzw. investieren: Einsatz von Geld zur Erhaltung, Verbesserung und Vermehrung von Produktionsmitteln (z.B. Maschinen) sowie Lagerbeständen.

1. Erkläre den Zusammenhang zwischen Preisgestaltung, Angebot und Nachfrage.
2. Erkundige dich in einem Kreditinstitut nach Möglichkeiten der Fremdfinanzierung (Kreditaufnahme, …).

4 Der Umweltschutz

EMAS
GEPRÜFTE INFORMATION
D-000-00000

Umweltzertifikat

Kein Betrieb kann seine Entscheidungen völlig frei treffen, sondern muss eine Reihe von gesetzlichen Bestimmungen beachten: Unfallverhütungsvorschriften, Arbeitszeitgesetz, Betriebsverfassungsgesetz, Arbeitsstättenverordnung usw. Auch der Umweltschutz spielt eine große Rolle. Für alle Betriebe gilt seit 1996 das **Kreislaufwirtschafts- und Abfallgesetz**. Die Betriebsleitung überlegt, wie sie die Bestimmungen des Gesetzes umsetzen kann.

Jeder Betrieb sollte auf die genaue Einhaltung der Umweltbestimmungen achten. Bei Verstößen leidet sein Ansehen und er bekommt Absatzschwierigkeiten. Umweltschutz im Betrieb betrifft alle Bereiche, also Beschaffung, Produktion, Absatz, Personal- und Rechnungswesen.

Viele Betriebe verpflichten sich, die Umweltschutzmaßnahmen einzuhalten und zu verbessern. Damit sie zeigen können, wie gut ihnen dies gelingt, beauftragen sie ein unabhängiges Institut mit der Überprüfung, ob die Umweltschutzbestimmungen eingehalten werden. Mit diesem Zertifikat (z.B. EMAS = „**E**co-**M**anagement and **A**udit **S**cheme") können die Betriebe für sich und ihre Produktion werben oder auf bestimmte Umwelteigenschaften ihres Produktes hinweisen.

Umweltschutz im Betrieb

Abfallbeseitigung

Abfälle werden umweltgerecht entsorgt (z.B. gehören Öldosen nicht in den Restmüll!)

Sorgsamer Umgang mit Rohstoffen

Nachhaltigkeit; keine Verschwendung von Energie, Wasser, …)

Abfallverwertung

Abfälle werden wieder verwendet (Recycling)

Abfallvermeidung

Bei der Produktion soll möglichst wenig Abfall entstehen.

Produktverantwortung

Bei der Herstellung und beim späteren Gebrauch des Produkts soll Müll vermieden werden.

Luftreinhaltung

(Verwendung moderner Umwelttechnologien, z.B. Filteranlagen in Schornsteinen)

A

1. Überlegt, wie in den betrieblichen Bereichen Umweltschutz praktiziert werden kann. Findet Beispiele.
2. Fragt bei eurer Erkundung nach den Maßnahmen zum Umweltschutz.

+

3. Wie kann der Staat weiter dazu beitragen, dass die Betriebe umweltgerecht wirtschaften?
4. Vernichtet Umweltschutz Arbeitsplätze oder sichert er sie? Sammelt Argumente für beide Positionen und diskutiert sie in der Klasse.
5. Informiert euch im Internet oder durch ein Lexikon über den Begriff „Nachhaltigkeit".

5 Die Mitarbeiter im Betrieb

Der Erfolg eines Betriebs hängt in erster Linie von den Mitarbeitern ab. Motivierte Arbeitskräfte, die gerne ihrer beruflichen Tätigkeit nachgehen, arbeiten gewissenhafter, erbringen eine höhere Leistung, sind seltener krank und fallen dadurch im Produktionsprozess weniger aus. Dies hat zur Folge, dass die Qualität der Produkte höher ist und die Personalkosten gesenkt werden können. Der Betrieb ist wettbewerbsfähiger.

Die Geschäftsführung hat ein Interesse daran, die Arbeitsbelastung, den Arbeitsschutz und die Arbeitssicherheit so zu gestalten, dass die Arbeitnehmer körperlich und seelisch keine Beeinträchtigungen davon tragen.

Zur Motivation der Mitarbeiter trägt ferner bei, dass sie die Möglichkeit haben sich weiterzubilden und beruflich aufzusteigen. Sie können mehr Verantwortung übernehmen, erhalten einen höheren Lohn und sichern in einer entsprechenden Position ihren Arbeitsplatz.

A

1. Durch welche Arbeitsplatzbedingungen kann der Betrieb zur Motivation der Mitarbeiter beitragen? Schreibe Beispiele auf.

2. Informiere dich in deiner Erkundung über Maßnahmen des Arbeitsschutzes und der Arbeitssicherheit.

3. Befrage einen Mitarbeiter nach seinem beruflichen Werdegang (Berufsausbildung, ausgeübter Beruf, Zufriedenheit, Zukunftsaussichten, …).

Voller Ungeduld fiebern die Schüler der Klasse 9b ihrer Erkundung entgegen. „Hoffentlich geht es bald los“, meint Barbara. „Moment“, entgegnet Herr Kempf, „ein wichtiger Punkt zum Personalwesen fehlt noch. Die meisten Mitarbeiter sind dadurch zusätzlich motiviert, dass sie bei manchen betrieblichen Entscheidungen mitbestimmen und mitwirken können. Außerdem werden bei Konflikten ihre Interessen durch gesetzliche Bestimmungen gewahrt.“

6 Mitverantwortung durch Mitwirkung und Mitbestimmung

1. Notiert Beispiele für Interessen des Arbeitgebers und des Arbeitnehmers. Überlegt, warum es notwendig ist einen innerbetrieblichen Interessensausgleich herzustellen.

2. Fragt bei eurer Erkundung nach der Jugend- und Auszubildendenvertretung. Welche Voraussetzungen müssen gegeben sein, damit sie eingerichtet werden kann?

3. Informiert euch bei der Erkundung über die Aufgaben des Betriebsrats.

Arbeitgeber und Arbeitnehmer haben in der Regel unterschiedliche Interessen. Aus diesem Grund kommt es in den Betrieben mitunter zu Konflikten. Meist bemühen sich beide Seiten, aufgekommene Spannungen ruhig und mit Hilfe von Kompromissen beizulegen. Auf diese Weise entsteht ein für alle Beteiligten zufrieden stellender Ausgleich. Manchmal ist dieser Weg nicht möglich oder führt nicht zum Erfolg. In solchen Fällen kann sich jeder Arbeitnehmer an den **Betriebsrat** oder an die **betriebliche Jugend- und Auszubildendenvertretung** wenden. Diese Einrichtungen haben die Aufgabe bei Konflikten die Interessen des Arbeitnehmers zu vertreten und eine Lösung zu finden. Damit sind sie für ein positives Betriebsklima und für die Motivation der Beschäftigten mitverantwortlich.

Die Mitwirkung und Mitbestimmung der Arbeitnehmer sind im **Betriebsverfassungsgesetz (BetrVG)** geregelt. Mitwirkungsrechte bedeuten, dass der Betriebsrat informiert und angehört werden muss. Bei der Mitbestimmung darf er darüber hinaus mitentscheiden.

Die wichtigsten Bestimmungen sind im Folgenden aufgeführt.

§ 89 BetrVG: Betriebsrat Er wacht über die Einhaltung von Gesetzen, Verordnungen, Unfallverhütungsvorschriften, Tarifverträgen und Betriebsvereinbarungen.	***§ 87 BetrVG: Recht zur Mitbestimmung in sozialen Angelegenheiten*** Der Betriebsrat bestimmt mit bei der *Arbeitszeit- und Pausenregelung und Lohnangelegenheiten,* bei der Aufstellung des *Urlaubsplans* und bei *Sozialeinrichtungen* im Betrieb (z.B. Kantine).	***§§ 92/102 BetrVG: Recht zur Mitbestimmung in personellen Angelegenheiten*** Der Betriebsrat muss vom Arbeitgeber über *Personalplanung* und *Personalbedarf* sowie über *Maßnahmen zur Ausbildung* unterrichtet werden. Der Betriebsrat muss bei *Kündigungen* angehört werden.
§§ 106/111 BetrVG: Recht zur Mitberatung in wirtschaftlichen Angelegenheiten Die Betriebsleitung muss mit dem Betriebsrat über geplante *Betriebsänderungen* beraten, wenn sich daraus *Nachteile* für die Belegschaft ergeben (z.B. Betriebsstilllegung, Betriebsverlegung, Zusammenschlüsse mit anderen Betrieben u.a.)	***§§ 1/8 BetrVG: Mitglieder des Betriebsrats*** In Betrieben mit mindestens *fünf wahlberechtigten* Arbeitnehmern (über 18 Jahre) kann ein Betriebsrat gewählt werden, wenn mindestens *drei wählbare* Arbeitnehmer beschäftigt werden. Wählbar ist, wer mindestens *sechs* Monate im Betrieb arbeitet.	***§ 60 BetrVG: Betriebliche Jugend- und Auszubildendenvertretung*** – *Jugendvertretung*: In Betrieben mit mindestens fünf Arbeitnehmern, die noch nicht 18 Jahre alt sind. – *Auszubildendenvertretung*: In Betrieben mit Auszubildenden, die noch nicht 25 Jahre alt sind.

Grundlagen für die Mitbestimmungs- und Mitwirkungsrechte der Arbeitnehmer

7 Die volkswirtschaftliche Bedeutung eines Betriebs

Im Wirtschaftssystem der Bundesrepublik Deutschland entscheidet jeder Betrieb selbst, was er produzieren will. Er entscheidet auch, wann, wo und mit welchen Mitteln etwas hergestellt wird. Natürlich will jeder Betrieb dabei so viel Gewinn wie möglich machen. Das Gewinnstreben ist für jeden Betrieb – und somit auch für unsere Volkswirtschaft – ein wichtiger Antrieb. Die Betriebe dürfen dabei nicht nur an sich denken. Sie müssen sich auch klar machen, dass sie eine wichtige Bedeutung für das Land haben, in dem sie tätig sind. Vom Erfolg des Unternehmens hängen auch die Arbeitsplätze und die Steuereinnahmen des Staates ab.
Bei der Auswahl des **Standorts** spielen für die Betriebe folgende Überlegungen eine wichtige Rolle:

1. Was passiert, wenn sich ein Betrieb nicht wie angekündigt an einem Ort ansiedelt oder sogar Mitarbeiter kündigt? Überlegt euch negative Folgen.

2. Fragt bei eurer Erkundung nach den Gründen für die Auswahl des Unternehmensstandorts. Überlegt der Betrieb eventuell anderswo zu produzieren?

Arbeitsplätze Gibt es in der Region qualifizierte Arbeitskräfte? Sind genügend Arbeitskräfte vorhanden?	**Lohnkosten** Wie hoch sind die Lohnkosten in der Region? Welche Lohnzusatzkosten müssen bezahlt werden?	**Allgemeine Kosten** Was kosten in der Region die Grundstücke? Wie hoch sind die Energiepreise?
Verkauf von Waren Gibt es in der Region genügend Kunden, die unsere Produkte kaufen? Wie ist die Kaufkraft in der Region?	**Gesetze** Gibt es bestimmte Gesetze, die unsere Produktion beeinflussen? Haben wir Auflagen zu erfüllen, die Kosten verursachen?	**Politische Lage** Herrscht in dem Land oder der Region eine stabile politische Lage? Bekommen wir von der Regierung Unterstützung oder Vergünstigungen?
Rohstoffe Gibt es in der Region Rohstoffe und Material für unser Produkt? Wie teuer sind die Rohstoffe? Wie hoch sind die Transportkosten?	**Verkehrsanbindung** Ist unser Betrieb für die Lieferanten gut zu erreichen? Können wir unsere Produkte schnell zu den Kunden bringen (gibt es einen Bahnhof, Flughafen, Autobahn, Hafen)?	**Lebensqualität** Bietet die Region die Voraussetzung für zufriedene Mitarbeiter (Einkaufsmöglichkeiten, kulturelle und sportliche Angebote)?

Wenn ein Betrieb entscheidet, sich an einem Ort niederzulassen, so hat dies Auswirkungen auf den Staat bzw die Region:
- Die Menschen haben Arbeitsplätze und verdienen Geld, das sie ausgeben können.
- Je mehr Leute Geld haben und es ausgeben, desto mehr andere Betriebe werden an diesem Ort ansässig werden.
- Je mehr Menschen Arbeit haben und Geld ausgeben, desto höher sind die Steuereinnahmen des Staates (z.B. Lohnsteuer, Mehrwertsteuer, ...).
- Bekommt der Staat oder die Region Steuern, können gemeinschaftliche Aufgaben besser erfüllt werden: Kindergärten, Schulen, Krankenhäuser, ...

3. Informiert euch in dem zu erkundenden Betrieb nach dem Steueraufwand für Staat und Kommunen.

Lernerfolg durch Selbstständigkeit

1. Erstelle einen Erkundungsbogen, auf dem alle Fragen und Informationen zum Betrieb stehen.

Vorbereitung der Erkundung mit der Leittextmethode

Als Schüler der 9. Klasse hast du bereits viele Erkundungen zusammen mit der Klasse durchgeführt. Du weißt aus den letzten Jahren, wie man eine Erkundung vorbereitet, durchführt und auswertet. Als M-Schüler sollst du darüber hinaus selbstständig lernen und deinen Lernweg auch selbst organisieren können. Ein gutes Mittel, dies zu beweisen, ist die Erkundung.
Die Betriebserkundung in der 9. Klasse soll als Gruppe – ohne Lehrer – durchgeführt werden. Bei der Leittextmethode bekommst du einen **Text, der dich leitet** und dir bei den verschiedenen Schritten hilft. Der folgende Text ist kein Leittext, sondern zeigt dir lediglich Beispiele, welche Bereiche ein Leittext abdecken könnte.

1. Information
- Arbeitet in der Gruppe nochmals die Inhalte der Seiten 66 bis 73 durch.
- Sucht nach einem geeigneten Betrieb, bei dem ihr eure Erkundung durchführen könnt.

2. Planung und Entscheidung
- Fragt bei einem Betrieb, ob ihr dort eure Gruppenerkundung durchführen könnt.
- Besprecht in der Gruppe, wer die Ergebnisse festhält und in welcher Form dies geschehen soll (notieren, ...)
- Die Seite 75 hilft euch bei der Vorbereitung.
- Entscheidet euch in der Gruppe, welchen Schwerpunkt eure Erkundung haben soll und welche Fragen ihr stellen wollt.
- Haltet die wesentlichen Fragen und Erkundungsschwerpunkte als Gedächtnisstütze schriftlich fest.

3. Durchführung
- Führt die Erkundung selbstständig durch. Protokolliert die Ergebnisse in Stichpunkten und Skizzen.
- Die Seite 76 gibt euch nochmals Tipps zur Durchführung.

4. Auswertung
- Sammelt und besprecht eure Ergebnisse. Welche Fragen hattet ihr und welche Antworten habt ihr erhalten? Welche Erfahrungen habt ihr gemacht?

5. Präsentation
- Präsentiert die Ergebnisse euren Mitschülern (Film, Referat, Plakat, Power-Point-Präsentation, etc.).
- Gestaltet eine Ausstellung, z. B. für einen Elternabend.

8 Wir bereiten unsere Gruppenerkundung vor

Die Schüler der Klasse 9b teilen sich nun in Gruppen auf. Die Gruppen verschaffen sich unter Zuhilfenahme der Gelben Seiten, des Internets und Anzeigen in der örtlichen Presse einen Überblick über Betriebe in der Nähe und notieren Namen bzw. Telefonnummern auf Kärtchen. Anschließend überlegt jede Gruppe, welche der ausgewählten Betriebe letztlich für die Erkundung in Frage kommen.
Im anschließenden Unterrichtsgespräch präsentiert jede Gruppe ihre Auswahl. Es entsteht folgende Übersicht:

1. Entscheidet euch in der Gruppe, welchen Erkundungsschwerpunkt ihr wählt.

Gruppenerkundung der Klasse 9b				
Gruppe 1	**Gruppe 2**	**Gruppe 3**	**Gruppe 4**	**Gruppe 5**
Fritz, Mehmet, Josef, Sergej, Markus	Hanna, Susanne, Ayse, Fatma, Verena	Stefan, Sabine, Thomas, Benny, Carolina	Michaela, Merve, Sandra, Thorsten, Peter	Barbara, Jürgen, Axel, Patrick, Tommy
Autohaus Meier	Maschinenbaubetrieb Huber und Söhne	Sparkasse	Landschaftsgärtnerei Schering	Metzgerei Liebold

Jede Erkundungsgruppe stellt folgende Überlegungen an:
- Wie erreichen wir den Betrieb? (Verkehrsanbindung)
- Wer ist unser Ansprechpartner im Betrieb? (Betriebsinhaber, Mitarbeiter)
- Welche Termine kommen für unsere Gruppenerkundung in Frage? (Abstimmung mit anderen Erkundungsgruppen)
- Wie erfolgt die Kontaktaufnahme? (persönlich, telefonisch, per E-Mail)

Zur organisatorischen Vorbereitung gehört, dass sich jede Gruppe um die benötigte Ausrüstung kümmert.

Ausrüstung für eine Erkundung

2. Entwickelt einen Telefonzettel mit folgenden Stichpunkten:
- Gesprächsdatum
- Namen des Gesprächspartners
- Telefonnummer
- Terminvorschläge
- sonstige Fragen zur Gruppenerkundung

3. Erarbeitet einen Erkundungsbogen (evtl. im KtB-Unterricht) mit folgenden Inhalten:
- Adresse des Betriebs
- Erkundungsdatum
- Fragen zum Betrieb
- Fragen zu den Beschäftigten
- Fragen zum Erkundungsschwerpunkt (Personalwesen, ...)

9 Wir gehen in den Betrieb

Erkundung im Autohaus

A

1. Was gehört zu einer angemessenen Verhaltensweise bei der Betriebserkundung? Schreibt Stichpunkte auf und besprecht sie.

2. Notiert die wichtigsten Gesprächsregeln für eure Gruppenerkundung.

„Eure Erkundungen stellen für die Betriebe eine Belastung dar, weil der gewohnte Arbeitsablauf gestört wird“, sagt Herr Kempf. „Die Verantwortlichen erwarten, dass ihr motiviert seid und gründlich vorbereitet in die Erkundungen geht. Damit die Vorbereitung nicht durch falsches Verhalten zunichte gemacht wird, müsst ihr rücksichtsvoll und höflich sein sowie die Gesprächsregeln beachten.“

Es ist klar, dass die dargestellten Überlegungen der Klasse 9b nur Anregungen sind. Vielleicht werdet ihr in eurer Klasse zu ähnlichen, vielleicht aber auch zu ganz anderen Fragen und Erkenntnissen kommen. Wichtig ist, dass ihr bei der gesamten Vorbereitung keinen wesentlichen Punkt vergesst. Überprüft dies anhand einer eigenen Kontrollliste (Checkliste).

Bei einer Betriebserkundung sind folgende Techniken zur Informationsgewinnung von Bedeutung:

- **Fragen**, d.h. du stellst dem Mitarbeiter vorbereitete oder spontan auftretende Fragen;

- **Beobachten**, d.h. du beobachtest genau sowie zielgerichtet und hakst bei Unklarheiten nach;

- **Notieren**, d.h. du schreibst die Antworten zu den gestellten Fragen auf und machst dir Notizen zu deinen Beobachtungen.

Fragen, Beobachten, Notieren

10 Wir werten unsere Erkundung aus

Jede Betriebserkundung verliert an Wert, wenn sie nicht ausgewertet wird. Du weißt, dass jede Erkundung anders verläuft und an dieser Stelle nur allgemeine Tipps zur Nachbereitung gegeben werden können. Es ist sinnvoll, die Nachbereitung einer Betriebserkundung in drei Schritten vorzunehmen.

Schritt 1: Die Zusammenfassung der Ergebnisse
Die Erkundungsgruppen tragen die erhaltenen Informationen der gesamten Klasse vor. Zum besseren Verständnis ist es hilfreich, wenn ihr Mittel zur optischen Veranschaulichung eurer Ausführungen verwendet, z.B.:
- Tafelanschrift,
- Overheadfolie,
- Plakat,
- Beamer.

Videofilm

Schritt 2: Die Darstellung der Ergebnisse
Wenn die Resultate vorgetragen, besprochen und zusammengefasst worden sind, müssen sie in geeigneter Weise dargestellt (präsentiert) werden. Ihr habt folgende Präsentationsmöglichkeiten:
- Videofilm,
- Wandzeitung,
- Bericht für die Lokalzeitung,
- Bericht in Buchform,
- Bericht für die Schulhomepage,
- digitale Fotoserie,
- Referat,
- Beitrag für den Jahresbericht der Schule.

Es versteht sich von selbst, dass ihr nach den örtlichen Gegebenheiten und vorhandenen Möglichkeiten die für eure Darstellung der Ergebnisse geeigneten Präsentationsmöglichkeiten abwägen und auswählen müsst. Vergesst dabei nicht, auch andere Schülergruppen (z.B. die Parallelklasse) einzubeziehen.

Referat

Schritt 3: Was war gut, was können wir besser machen?
In einem letzten Schritt blickt ihr zurück und vergleicht eure Erwartungen sowie die Vorbereitung mit den tatsächlichen Ergebnissen. Dabei bringt ihr nicht nur die gelungenen Punkte zur Sprache, sondern auch das, was ihr hättet besser machen können. Für diesen Schritt könnt ihr einen Mitarbeiter des erkundeten Betriebs in die Klasse einladen. Fragt ihn, wie er und seine Kollegen die Erkundung beurteilen. Ihr könnt auch einen Brief schreiben, in dem ihr euch für die Möglichkeit der Erkundung bedankt und euer abschließendes Vorgehen kurz darstellt. Ein beigelegtes Klassenfoto schafft bei den Verantwortlichen des erkundeten Betriebs eine bleibende Erinnerung.

Jahresbericht

Wiederholen und Vertiefen

Die betrieblichen Grundfunktionen sind: Beschaffung, Produktion, Absatz, Personalwesen und Rechnungswesen.

Personalentwicklung als wichtiger Bereich für den Betrieb:
Die Personalentwicklung beginnt bereits bei den Einstellungstests, bei denen durch spezielle Verfahren die besten Mitarbeiter herausgefunden werden.

↓

Anschließend erfolgt eine genaue **Einarbeitung** bzw. **Ausbildung** in dem jeweiligen Bereich, damit sich der neu Eingestellte sehr gut auskennt. Dies gilt auch für Auszubildende.

↓

Damit er sich ständig verbessert, kommen **Trainings, Fortbildungen** und **Weiterbildungen** hinzu. Vielleicht wird der Mitarbeiter sogar gecoacht.

↓

Dies alles dient dazu, dass die Beschäftigten in einem Betrieb möglichst gute Arbeit leisten. Das heißt, sie müssen ihre Arbeit immer schneller, sauberer und genauer ausführen können. Für den Betrieb ist dies sehr wichtig, weil er nur so im harten Wettbewerb und Konkurrenzdruck bestehen kann.

Bedeutung der Personalkosten für den Betrieb:
Damit ein Betrieb im Konkurrenzkampf bestehen kann, darf er die Produkte, die er verkaufen möchte, nicht zu teuer anbieten. Er sollte aber auch bedenken, dass er mit den Einnahmen aus dem Warenverkauf u.a. seine Mitarbeiter bezahlen muss. Die Lohnkosten sind für den Betrieb ein hoher Kostenfaktor. Zusätzlich zum Grundlohn fallen meist folgende Ausgaben an:
- Zuschläge für Akkordarbeit, Nachtarbeit, Schichtarbeit, ...
- Arbeitgeberanteil an den Sozialversicherungen
- Lohnfortzahlung im Krankheitsfall
- Urlaubs- und/oder Weihnachtsgeld
- Vermögenswirksame Leistungen

Viele dieser Ausgaben sind durch Tarifverträge und Gesetze festgelegt und **müssen** somit bezahlt werden. Da viele Betriebe in anderen Ländern diese Kosten für die Mitarbeiter nicht zahlen müssen, können sie ihre Produkte billiger anbieten und haben somit auf dem Markt mehr Chancen.

Coaching

ist die professionelle Beratung und Begleitung einer Person oder Gruppe durch einen Coach. Der Coach kann ein Experte, älterer Mitarbeiter oder der Chef sein. Zusammen mit dem Coach (Trainer) kann man Vorgänge, Probleme oder bestimmte Arbeiten betrachten und gemeinsam nach Verbesserungen und Lösungsmöglichkeiten suchen.

1. Betriebe achten darauf, dass ihre Mitarbeiter über Schlüsselqualifikationen verfügen. Informiere dich über diesen Begriff und erläutere ihn.
2. Überlegt euch Folgen für Betriebe und den Staat, wenn Betriebe aus anderen Ländern ihre Produkte in Deutschland günstiger anbieten können.
3. Wiederholt in der Klasse, was ihr bei euren Gruppenerkundungen zu den Bereichen Personalentwicklung und Personalkosten erfahren habt.

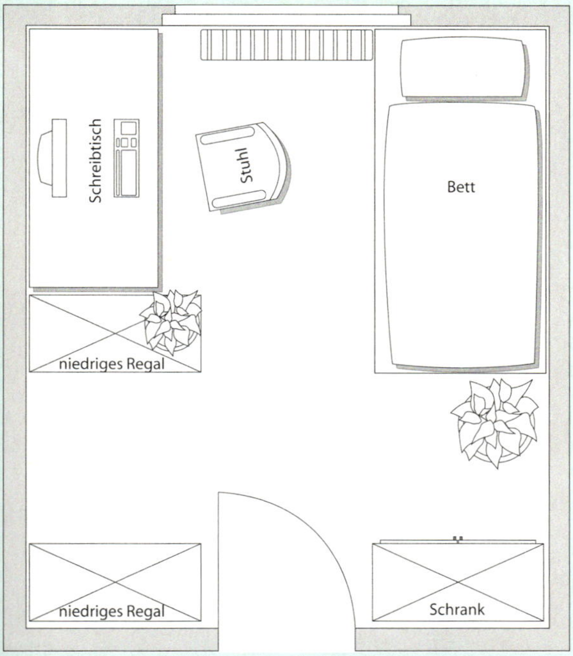

III Projekt: Wohnen – Wunsch und Wirklichkeit

Wohnen und Arbeiten sind zwei Bereiche, die sich gegenseitig beeinflussen. Welche Wohnung man sich leisten kann und welchen Wohnort man wählt, wird entscheidend durch Arbeit und Beruf mitbestimmt. Dieses Thema wird ganz sicher in deiner unmittelbaren Zukunft für dich bedeutsam.
Als Projekt erfordert es die Zusammenarbeit über die Fächergrenzen hinweg sowie mit außerschulischen Experten.

1 Deine erste Wohnung

Projekt starten
Projekt durchführen
Projekt präsentieren
Projekt auswerten

Mit dem Thema „Wohnen – Wunsch und Wirklichkeit" wird euch ein Projektrahmen vorgegeben. Eure Aufgabe ist es, aus den vielfältigen Möglichkeiten die auszuwählen, die euch besonders interessieren. Ihr könnt unterschiedliche Informationsquellen, Kooperationspartner und Experten nutzen. Ihr müsst die Arbeitsaufgaben unter euch verteilen. Bereits zu Beginn des Projektes sollt ihr euch darüber Gedanken machen, wie und wem ihr das Projektergebnis präsentieren wollt.
Dieses Projekt betrifft deine unmittelbare Zukunft.
- Welche Funktionsbereiche hat eine Wohnung?
- Was musst du bei der Wohnungssuche beachten?
- Wie möchtest du deine Wohnung einrichten?
- Welche Kosten kommen auf dich zu, wenn du eine eigene Wohnung beziehst?
- Wie solltest du deinen Einzug planen und organisieren?

Deine Wünsche an Wohnen und Leben
Die meisten von euch haben ein eigenes Zimmer. Wahrscheinlich hast du gemeinsam mit deinen Eltern Einrichtung, Ausstattung und Gestaltung deines Zimmers geplant und umgesetzt. Sicher gibt es auch Meinungsverschiedenheiten darüber, was als ordentlich und als sinnvoll in deinem Jugendzimmer gilt.
Deine eigene Verantwortung nimmt zu, wenn du deine erste eigene Wohnung beziehen wirst. Wahrscheinlich sehnst du dich danach, auf eigenen Füßen zu stehen. Andererseits bedeutet dieser Schritt, dass du alle Entscheidungen meist eigenverantwortlich treffen und die Konsequenzen daraus tragen musst. Du wirst feststellen, dass die Entscheidung in einem Lebensbereich sich immer auch auf andere Lebensbereiche auswirkt. Lebensplanung, Partnerschaft, Beruf und Mobilität stehen in engem Zusammenhang.

Jugendlicher in seinem Zimmer

A

1. In deinem Zimmer möchtest du eventuell manches verändern. Zeichne dein „Wunschzimmer" entweder im Grundriss oder als Schrägbild.

2. Wie stellst du dir deine erste eigene Wohnung vor? Du kannst deine Vorstellungen unterschiedlich gestalten, z.B.:
   - als Zeichnung,
   - als Collage,
   - als Fantasiebeschreibung,
   - als Modell (im Schuhkarton),
   - als technische Zeichnung (CAD) im Grundriss oder perspektivisch,
   - elektronisch mit besonderer Software (3D).

Was muss eine Wohnung leisten?
Eine Wohnung muss mehrere Funktionen erfüllen: Sie muss Raum geben zum Arbeiten, Kochen, Essen, Waschen, Schlafen, Entspannen, zur Körperpflege, für Unterhaltung, Besuch, Feiern usw.

Für diese verschiedenen Funktionen gliedert sich eine Wohnung in eigene Zimmer mit entsprechendem Mobiliar. Manche Zimmer leisten mehrere Aufgaben gleichzeitig, so kann man z. B. in einer großen Küche kochen, essen, evtl. Wäsche waschen, sich unterhalten und Besuch empfangen. Für die Spezialisierung der Räume müssen Ver- und Entsorgungsanschlüsse vorhanden sein. Küche, Bad und WC benötigen z. B. Wasseranschluss; die Telefondose oder der Internetzugang werden sinnvollerweise im Arbeitszimmer platziert. Eine zeitgemäße Wohnung geizt in keinem Zimmer mit Steckdosen. Ähnliches gilt für Antennenanschlüsse. Das Zukunftshaus verfügt über einen so genannten **EIB**: Von einer Schaltzentrale aus können alle Funktionen gesteuert werden.

Die Wohnungssuche
Deine Vorstellungen und Erwartungen an deine erste Wohnung werden wohl noch bescheiden sein. Eine Wohnung mit eigenen Zimmern für sämtliche Funktionen ist für dich allein weder sinnvoll noch bezahlbar.

Wenn du deine erste Wohnung suchst, dann spielt es aber trotzdem eine Rolle, wie sie ausgestattet ist, wie groß sie ist, wo sie liegt, was sie kostet und wie lange du voraussichtlich darin wohnen wirst.

Selina hat ihre Ausbildung zur Kauffrau im Einzelhandel erfolgreich beendet und wurde von ihrem Ausbildungsbetrieb übernommen. Sie hat ein festes regelmäßiges Einkommen in Höhe von 1.559,– € brutto monatlich. „Netto bleiben mir jeden Monat 970,– €. Jetzt kann ich mir eine eigene Wohnung leisten." sagt sie. Sie studiert den Immobilienteil ihrer Heimatzeitung. Zwei Inserate erscheinen ihr interessant:

1-Zimmer-Apartement, Erstbez., Stadtmitte, 35 m², KM 250,– €, + NK 90,– € EBK, Balk., an NR ab 1.5. zu verm., Kaut.: 2 MM, Tel. ||||||

Schöne 1-Zi.-Wohnung, mit Küchenzeile, ÖPNV-Anbindung, ruhige Lage, 44 m², mit Gartennutzung, 190,– € + 80,– € NK, Tel. ||||||

Projekt starten
Projekt durchführen
Projekt auswerten
Projekt präsentieren

i

EIB: Europäischer Installations-Bus: Damit können alle Gebäudefunktionen (wie Licht, Heizung, Lüftung, Klima) gemeinsam und vernetzt gesteuert werden.

Beispiel: Wird ein Fenster geöffnet, fährt die Heizung automatisch herunter.

BUS: Zweidrahtleitung, über die Daten zwischen einzelnen Systemkomponenten (Mikroprozessoren) übertragen werden.

„BUS" ist nach Omnibus benannt: (lat. omnibus = für alle): Jeder kann ihn nutzen, zu seiner Zeit; mehrere gemeinsam; Start- und Zielort können verschie-den sein.

A

1. Erstelle einen Wunschlebenslauf für dich.
2. Sucht im Immobilienteil eurer Tageszeitung gebräuchliche Abkürzungen und stellt sie in einer Tabelle mit der ausgeschriebenen Bedeutung übersichtlich dar.

A

1. Wie würdest du dich an Selinas Stelle entscheiden? Stelle die Vorzüge und Nachteile der beiden Wohnungsangebote einander gegenüber, bewerte, welche Gesichtspunkte für dich überwiegen und triff letztlich deine Entscheidung.

Selina ruft bei den angegebenen Telefonnummern an und vereinbart einen Besichtigungstermin. Dabei stellt sich heraus, dass sich die zweite Wohnung im Nachbarort, ca. fünf Kilometer vom Stadtrand entfernt, befindet.

Der Vergleich beider Wohnungen ist gar nicht so leicht möglich. Die Stadtwohnung befindet sich im sechsten Stock eines Hochhauses, gegenüber dem Aufzug. Das Hochhaus selbst liegt an einer Hauptdurchgangsstraße, die Fenster sind aber gut Schall isoliert. Die Einbauküche ist sehr komfortabel und enthält sogar eine kleine Geschirrspülmaschine. Da die Wohnung in der Stadtmitte liegt, könnte Selina in fünf Minuten zu Fuß zu ihrer Arbeitsstätte gelangen.
Die Wohnung auf dem Land liegt am Dorfrand. Zur Bushaltestelle sind es zehn Minuten zu Fuß. Zur Gartennutzung erklärt ihr die Vermieterin, dass sie jederzeit die Terrassenmöbel und den Grill verwenden darf. Die Wohnung ist relativ groß, die Küchenzeile mit Elektroherd und Kühlschrank ist zehn Jahre alt.

Eine Checkliste als Hilfe
Selina ist bei der Wohnungssuche und -bewertung überlegt vorgegangen. Sie hat eine Checkliste erstellt unter der Fragestellung:

Was muss ich bei der Wohnungssuche tun und beachten?
- Lage der Wohnung
  - Wie weit ist der Weg zur Arbeit?
  - Wie hoch ist die Lärmbelastung?
  - Welchen Ruf hat die Wohngegend?
  - Welche besonderen Umwelteinflüsse kann ich feststellen?
  - In welchem Stockwerk befindet sich die Wohnung?
  - Wie gut ist die Verkehrsanbindung? (ÖPNV; Straßen, Parkplatzangebot)
  - Welche öffentlichen Einrichtungen sind vorhanden? (Geschäfte, Ämter, Kirche, Schule usw.)
- Größe der Wohnung
  - Zahl der Räume (auch Keller, Dachboden)
  - Fläche
- Einrichtung/Ausstattung (z. B. Küche, Waschmaschine)
- Renovierungszustand (Wand und Boden)
- Welche Heizungsart wird verwendet?
- Wie hoch sind die Kosten (Miete; Nebenkosten, Kaution)
- Können Balkon/Garten mitgenutzt werden?
- Erster Eindruck: Sind Vermieter/Nachbarn sympathisch?

Stadtwohnung

Wohnung am Dorfrand

Kann ich mir die Wohnung wirklich leisten?
Selina hat sich für die Stadtwohnung entschieden, vor allem wegen der Nähe zur Arbeitsstelle. Die höheren Mietkosten gleicht sie durch die gesparten Fahrtkosten aus. Vor der Unterschrift unter den Mietvertrag überlegt sie nochmals gründlich, ob sie sich die Wohnung bei ihrem Nettoeinkommen von 970,– € tatsächlich leisten kann.

Sie weiß, dass das statistische Bundesamt für verschiedene Haushaltstypen ausgerechnet hat, mit welchen Ausgaben pro Monat durchschnittlich gerechnet werden muss. Sie informiert sich anhand der Aufstellung für allein lebende Menschen und vergleicht diese mit ihren bereits feststehenden Kosten:

Kostenstellen	**Statistik**	**meine Kosten**
Warmmiete (Miete + Nebenkosten + Heizung)	329,– €	340,– €
Strom	53,- €	??
Kabelanschluss	15,– €	15,– €
Essen, Trinken, Tabak	177,– €	??
Kleidung	69,– €	??
Körperpflege, Kosmetika, Friseur	53,– €	??
Fahrtkosten (Auto bzw. ÖPNV)	50,– €	niedriger!!
Rundfunkgebühr, Zeitung, Bücher	67,– €	??
Essen gehen, Geschenke	55,– €	??
Rücklagen für: Reisen, Möbel, Hausrat, Reparaturen	55,– €	??
Versicherungen (Hausrat, Haftpflicht, usw.)	25,- €	??
Telefon	33,– €	??
Summe	**981,- €**	???

Selina ermittelt mit dieser Aufstellung, dass sie sich die Wohnung wohl gerade so leisten kann. Weil ihre Eltern ihr für Notfälle Unterstützung zusagen, unterschreibt sie schließlich den Vertrag.

A

1. **Achtung!** Ehe ihr diese Seite mit den statistischen Angaben des Bundesamtes detailliert lest, solltet ihr zu den Kostenstellen eine Schätzung abgeben, die ihr dann mit den Statistikwerten vergleicht.
2. Bei welchen Kostenstellen könnte Selina realistisch einsparen?
3. Würdest du an Selinas Stelle den Mietvertrag unterschreiben? Begründe!

Mietvertrag

A

1. Erkundigt euch, was Malerarbeiten für eine Wohnung der genannten Größenordnung kosten.

2. Was kostet das Material, wenn man die Malerarbeiten selbst ausführt?

3. Stellt mit Hilfe eines Katalogs eines Mitnahmemöbelmarkts fest, welche Ausgaben Selina für ihre Möbel haben wird.

i

Kaution

Der Vermieter verlangt zu Beginn des Mietverhältnisses eine Sicherungsleistung für den Fall, dass beim Auszug Schäden behoben werden müssen.

Der Einzug muss gut geplant sein

Selina hat sich entschieden. Nun muss sie den Einzug planen. Aus ihrem Jugendzimmer wird sie Bett, Schrank und Schreibtisch in die Wohnung mitnehmen. Von ihrem Gesparten kann sie sich im Mitnahmemöbelmarkt einen Esstisch, vier Stühle und eine Sitzgarnitur mit einem niedrigen Beistelltisch leisten. Ihre Eltern schenken ihr zum Einzug die Vorhänge und Gardinen mit den passenden Leisten sowie einen Teppich, der im Wohnbereich bei der Sitzgruppe ausgelegt werden soll. Auch ihre Großeltern zeigen sich großzügig: Sie bezahlen die Kaution in Höhe von zwei Monatsmieten. Da Selina als Erste diese Wohnung bezieht, muss sie keine Renovierungsarbeiten leisten. Dadurch spart sie deutlich Kosten. Im Mietvertrag steht, dass Selina ab nächstem Monatsersten Miete zahlen muss. Deshalb möchte sie so rasch wie möglich einziehen. Sie stellt wieder eine Checkliste zusammen, die ihr hilft, sämtliche Aufgaben auch rechtzeitig zu erledigen:

Checkliste für den Umzug:

- Festsetzung des Umzugtermins
- Fahrzeug zum Transport der Möbel besorgen (Bekannte?)
- Helfer organisieren (Eltern, Freunde ...)
- neue Möbel einkaufen / abholen
- Installationsarbeiten in der Wohnung (Lampen, Garderobe ...)
- Umzugskartons für Schrankinhalt
- Werkzeug für den Selbstaufbau
- Verpflegung der Helfer vorbereiten
- Einzugsfeier!!!

Umzug

2 Projektarbeit

Jetzt seid ihr dran! Ähnlich wie Selina sollt ihr euch sachkundig machen auf dem Wohnungsmarkt eurer Gemeinde. Dazu könnt ihr die Aufgaben verteilen; nicht alle denkbaren werdet ihr in eurem Projekt bearbeiten. Wählt aber nicht nur die einfachsten aus. Im Folgenden könnt ihr Beispiele für mögliche Projektaufgaben nachlesen.

Projekt starten
Projekt durchführen
Projekt auswerten
Projekt präsentieren

Miet- und Nebenkosten ermitteln
Selinas Beispiel hat gezeigt, dass die Kosten des Wohnens unterschiedlich sein können. In den meisten Städten werden Mietspiegel oder Mietenübersichten veröffentlicht, damit man vergleichen kann, ob die eigene Miete im normalen Rahmen liegt. Mit diesen Vergleichszahlen lassen sich Wuchermieten vermeiden.

A

1. Fragt bei eurer Gemeinde entweder persönlich oder im Internet nach Mietspiegel oder Mietenübersicht und ermittelt die Durchschnittsmietpreise für eure Wunschwohnung.

2. Wählt aus dem nebenstehenden Schaubild Extremwerte aus und versucht herauszufinden, warum die Mieten an diesen Orten so hoch bzw. niedrig sind.

Wohnungsmarkt erkunden
In der Tageszeitung eurer Region gibt es allwöchentlich einen Immobilienmarkt. Ihr könnt die Mietangebote z. B. so vergleichen:

Auf drei unterschiedlichen Spalten werden jeweils die gleichen Annoncen aufgeklebt, sortiert nach Miethöhe, Wohnungsgröße und Ausstattung (siehe Seite 86). Dann werden die zusammengehörenden Anzeigen mit verschieden farbigen Wollfäden verbunden.

Als zweite Möglichkeit wird ein Koordinatensystem zu Mietpreis und Wohnungsgröße gezeichnet. Die Qualität der Ausstattung lässt sich bei der jeweiligen Anzeige mit der Anzahl von Stecknadeln (drei für gehobene, zwei für durchschnittliche und eine für minimale Anforderungen) darstellen.

Tageszeitungen

Wohnungsgröße

Sofort frei: 2-Zi.-DG-Whg. mit EBK + Bad, ca. 73 ^{2}, KM 380,– € + NK ☎ [redacted]

Sonnige 2-Zi.-Whg. in [redacted] mit gr. Balkon, 69 m^2, 340,– € + NK, ab sof. ☎ [redacted]

Suche Nachmieter für helle, ruhige 2-Zi. Whg, m. Balkon, 58 m^2, zentrumsnah, Neubau, ab 15.05. o. 01.06. KM 350,– € + NK 120,– € (inkl. TG) ☎ [redacted]

Sonnige 2-Zi.-Whg. Stadtnähe, 55 m^2, EG, Garten, Wohnzi., Parkett, neue EBK, ZH, Keller, gr. Garage, 390,– € + NK ☎ [redacted]

Sonnige DG-Whg., ca. 55 m^2 neu renoviert, neues Bad, EBK, Stadtteil Jakobshof, 300,– € + 100,– € NK Garage möglich, keine Haustiere NR, ab 01.06. ☎ [redacted]

Miethöhe

Sonnige 2-Zi.-Whg. Stadtnähe, 55 m^2, EG, Garten, Wohnzi., Parkett, neue EBK, ZH, Keller, gr. Garage, 390,– € + NK ☎ [redacted]

Sofort frei: 2-Zi.-DG-Whg. mit EBK + Bad, ca. 73 ^{2}, KM 380,– € + NK ☎ [redacted]

Suche Nachmieter für helle, ruhige 2-Zi. Whg, m. Balkon, 58 m^2, zentrumsnah, Neubau, ab 15.05. o. 01.06. KM 350,– € + NK 120,– € (inkl. TG) ☎ [redacted]

Sonnige 2-Zi.-Whg. in [redacted] mit gr. Balkon, 69 m^2, 340,– € + NK, ab sof. ☎ [redacted]

Sonnige DG-Whg., ca. 55 m^2 neu renoviert, neues Bad, EBK, Stadtteil Jakobshof, 300,– € + 100 € NK Garage möglich, keine Haustiere NR, ab 01.06. ☎ [redacted]

Ausstattung

Sonnige DG-Whg., ca. 55 m^2 neu renoviert, neues Bad, EBK, Stadtteil Jakobshof, 300,– € + 100 € NK Garage möglich, keine Haustiere NR, ab 01.06. ☎ [redacted]

Suche Nachmieter für helle, ruhige 2-Zi. Whg, m. Balkon, 58 m^2, zentrumsnah, Neubau, ab 15.05. o. 01.06 KM 350,– € + NK 120,– € (inkl. TG) ☎ [redacted]

Sonnige 2-Zi.-Whg. Stadtnähe, 55 m^2, EG, Garten, Wohnzi., Parkett, neue EBK, ZH, Keller, gr. Garage, 390,– € + NK ☎ [redacted]

Sofort frei: 2-Zi.-DG-Whg. mit EBK + Bad, ca. 73 ^{2}, KM 380,– € + NK ☎ [redacted]

Sonnige 2-Zi.-Whg. in [redacted] mit gr. Balkon, 69 m^2, 340,– € + NK, ab sof. ☎ [redacted]

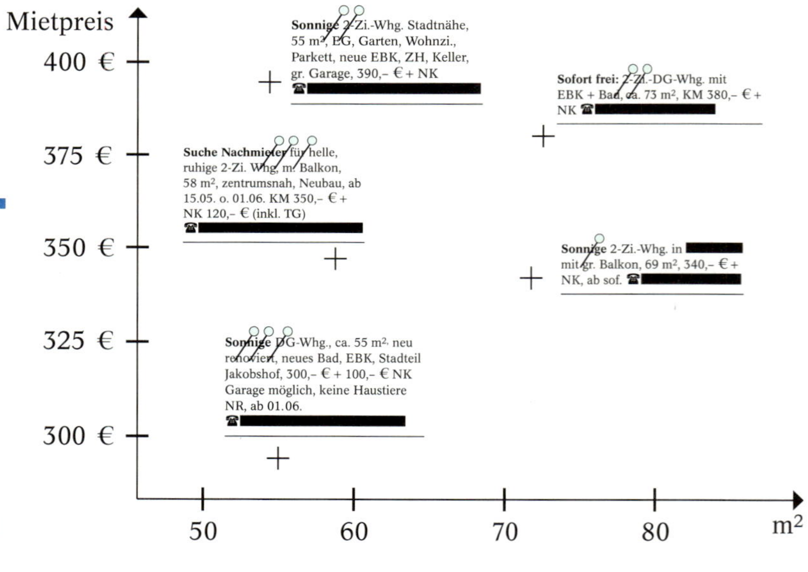

Nicht immer ist die größte Wohnung am teuersten. Ein Vergleich lohnt sich!

1. Erstellt auf Plakaten einen Vergleich von Mietangeboten in eurer Gemeinde/Region wie in den Beispielen gezeigt.
2. Stellt aus Möbelkatalogen eine „Erstausstattung“ für eure Wunschwohnung zusammen und berechnet die Anschaffungskosten.

3. Wohnen und Umweltschutz – Recherchiert zum Begriff „nachhaltiges Wohnen“ und stellt ein Informationsplakat zusammen.

Einrichtungsratgeber

Gerade bei der ersten eigenen Wohnung kommen auf dich Kosten zu, an die du vielleicht nicht sofort denkst. Du benötigst neue Möbel, aber auch Bodenbeläge, Vorhänge und Gardinen, Beleuchtungskörper und Tapeten. Stellt einen „Einrichtungsratgeber“ zusammen. Die Informationen erhaltet ihr entweder von Experten oder aus Büchern, Zeitschriften oder im Internet.

Recht und Versicherungen zum Thema Wohnen
Als Mieter gehst du mit dem Vermieter ein Rechtsverhältnis ein, das gegenseitige Pflichten und Rechte beinhaltet. In einer Expertenrunde z. B. mit Vertretern des Mietervereins und des Haus- und Grundbesitzervereins könnt ihr euch zu den dazu drängenden Fragen Antworten geben lassen.

Kooperation im Projekt
Bei eurem Projekt braucht ihr Kooperationspartner, z. B. außerschulische Experten, aber auch Partner innerhalb der Schule.

Das Fach GtB dient der gesamten Klasse als Informationsquelle z. B. für das Lesen von Wohnungsgrundrissen, für das Wissen um die verschiedenen Funktionsbereiche einer Wohnung und für das Entwickeln und Zeichnen von Modellen am Computer mit CAD-Programmen oder mit besonderer Einrichtungs-Software. Im Fach Kunst könntet ihr den Schwerpunkt auf die Ausgestaltung legen.

In KtB nutzt ihr die speziellen Kenntnisse bei der Tabellenkalkulation dazu, Haushalts- und Finanzierungspläne aufzustellen und durchzurechnen. Dazu gelingt euch sicher auch die Kooperation mit Mathematik. Denn nicht selten werden im Quali derartige Aufgaben gestellt.

A

1. Erstellt einen Fragenkatalog für eine derartige Expertenrunde zu Rechten und Pflichten des Wohnens und zu Versicherungsfragen.
2. Wie kommt ihr an Antworten, wenn es euch nicht gelingt, eine derartige Expertenrunde zu organisieren?
3. Besprecht mit den Lehrkräften aus den Fächern GtB, KtB, Mathematik und Kunst, welche Aufgaben von welchem Fach geleistet werden können.
4. Informiert euch im BGB über die Rechte und Pflichten eines Mieters.

3 Projektauswertung und Präsentation

Projekt starten
Projekt durchführen
Projekt auswerten
Projekt präsentieren

Das kennt ihr bereits aus den bisherigen Projekten der vergangenen Schuljahre: Zum Abschluss müsst ihr euer Projekt bewerten. Geeignete Fragestellungen lauten: „Was lief gut? Was misslang? Was würden wir anders machen? Welche Ergebnisse können wir vorlegen? Wie und wem stellen wir die Ergebnisse vor?"

Ihr habt an Selinas Beispiel gesehen, dass nicht sämtliche Wünsche an die Wohnung sofort umgesetzt werden können. Wahrscheinlich ist dies euch auch selbst während eurer Projektarbeit bewusst geworden.

A

1. Vergleicht eure Traumvorstellungen zur ersten eigenen Wohnung mit den im Projekt gewonnen Erkenntnissen: Welche Wünsche an die Wohnung waren zunächst vorhanden und wie sehen eure Ergebnisse nun aus? Wo müsst ihr voraussichtlich Kompromisslösungen finden?

Selinas Wünsche und die Wirklichkeit

Jedes Projekt soll mit einer Präsentation der Ergebnisse abgeschlossen werden, denn dies trägt dazu bei, dass ihr euch der Lerninhalte zu dem erarbeiteten Thema nochmals richtig bewusst werdet. Zu euren gewählten Projektschwerpunkten habt ihr verschiedene Möglichkeiten der Präsentation. Euch fallen über diese Anregungen hinaus sicher noch weitere ein:

- erstellt Informationsplakate zum Mietspiegel in eurer Stadt,
- gestaltet eine Fotoausstellung von der Expertenrunde mit Erläuterungstexten,
- liefert Informationen für die Homepage eurer Schule oder für die Schülerzeitung zu Rechtsfragen des Wohnens,
- erstellt eine Statistik über die (mittelfristige) Entwicklung von Mietpreisen in eurem Ort.

IV Projekt – Wir testen Handys

In diesem Kapitel erfahrt ihr etwas über die Beurteilung der Qualität von Waren und Dienstleistungen. Am Beispiel von Handys werdet ihr Funktion, Qualität, Preise und Kundenfreundlichkeit verschiedener Anbieter testen. Dazu sollt ihr euch geeignete Gesichtspunkte überlegen und Testverfahren entwickeln. Eure Testergebnisse präsentiert ihr den Mitschülern.

1 Welches Produkt testen wir?

Projekt starten
Projekt durchführen
Projekt auswerten
Projekt präsentieren

In den letzten beiden Schuljahren habt ihr im Rahmen von Projekten selbst Produkte hergestellt und sie anschließend verkauft. Dabei habt ihr als Hersteller (**Produzenten**) am Wirtschaftsgeschehen teilgenommen. In diesem Schuljahr sollt ihr einen anderen Gesichtspunkt des Wirtschaftslebens genauer betrachten: die Seite der Verbraucher (**Konsumenten**).

Als Verbraucher ist es für euch notwendig, dass ihr im Alltag Waren und Dienstleistungen vergleicht und kritisch prüft. So könnt ihr weitgehend sicher sein, dass ihr ein gutes Produkt zu einem angemessen Preis bekommt: Qualität und Preis stehen in einem vernünftigen Verhältnis. Damit ihr euch vorstellen könnt, wie ein Test von Waren oder Dienstleistungen durchgeführt wird, begleitet ihr die Klasse 9b mit ihrer Klassenleiterin Frau Schmitt.

A

1. Findet weitere Gesichtspunkte für die Auswahl des Testprodukts.
2. Sammelt Ideen für Dienstleistungen, die ihr testen könnt.
3. Überlegt, welchen Beitrag die Fächer der berufsbezogenen Praxis (HsB, GtB, KtB) zum Projekt leisten können.
4. Wertet die Grafik aus und notiert wesentliche Aussagen.

Die Klasse bei der Suche nach einem geeigneten Testobjekt

Die Klasse 9b überlegt zusammen mit Frau Schmitt, welche Waren oder Dienstleistungen sie testen will und kann. Sie stellen sich folgende Fragen:

- Haben wir die Möglichkeit, das Produkt zu testen?
- Nutzen wir das Produkt täglich?
- Ist es für alle Schüler in der Klasse interessant?
- Kann man das Produkt überall kaufen?
- Haben wir bereits Erfahrungen mit dem Produkt?
- Welche Kosten entstehen uns durch den Test?
- Gefährden wir beim Test Gesundheit oder Umwelt?

Die Klasse entscheidet sich für den Test von Handys.

2 Wir informieren uns über den Handymarkt

Bevor die Klasse 9b mit dem Handytest beginnt, informiert sie sich darüber, welche Mobiltelefone auf dem Markt sind. Dabei spielen u.a. folgende Gesichtspunkte eine wichtige Rolle:
- Marken und Modelle
- Funktionen (Fotohandy, SMS, E-Mail usw.)
- Anbieter und Kosten (Anschaffungskosten, Tarife, ...)

Die Schüler entwerfen im Deutschunterricht einen Fragebogen, der im Fach KtB mit einem Textverarbeitungspro-gramm erstellt wird. Mit Hilfe dieses Fragebogens verschaffen sie sich einen Überblick über den Handymarkt.
Für die Durchführung der Befragung teilt sich die Klasse in verschiedene Gruppen auf. Jede Gruppe nutzt unterschiedliche Informationsquellen: Angebote im Elektronikmarkt, Befragung von Mitschülern, Information im Geschäft eines Netzbetreibers und das Internet bzw. Prospekte.

Information im Elektronikmarkt	Befragung von Mitschülern	Information im Geschäft eines Netzbetreibers	Information über Internet/ Prospekte
Gruppe 1	Gruppe 2	Gruppe 3	Gruppe 4

Nach Abschluss der Befragung und Auswertung der Fragebögen hat sich die Klasse einen Überblick darüber verschafft, welche Mobiltelefone aktuell auf dem Markt sind. Dies ist die Grundlage für den späteren Test der verschiedenen Handys.

Welche Handys gibt es?
1. Welche Handymarken und -modelle sind aktuell?
2. Welche Funktionen hat ein modernes Handy?
3. Welche Kosten fallen an? (Anschaffung, Tarife, ...)
4. ...

A

1. Die aufgelisteten Fragen sind nur Beispiele. Ergänzt sie durch eigene Vorschläge.
2. Erstellt einen eigenen Fragebogen und führt die Erhebung wie im Beispiel durch.

Befragung im Handyladen

Befragung auf dem Pausenhof

3 Wir überlegen uns Bewertungskriterien

Die Klasse 9 b hat sich darüber informiert, welche Handymarken und -modelle auf dem Markt sind.

Das Wort **Kriterium** bedeutet so viel wie Prüfstein, unterscheidendes Merkmal, Gesichtspunkt oder Kennzeichen.

„Nach welchen Gesichtspunkten testen wir eigentlich?“, fragt Klaus.
Frau Schmitt meint: „Das werden wir klären. Darüber hinaus können wir uns mit Dienstleistungen rund um das Handy beschäftigen. Dazu gehört die Beratung beim Kauf ebenso wie der Service beim Wechsel eines Tarifs.“

Die Schüler überlegen sich geeignete Bewertungskriterien für Mobiltelefone und damit zusammenhängende Dienstleistungen der Anbieter. Daraus wollen sie geeignete Verfahren zum Testen entwickeln.

Die Klasse 9b überlegt sich Testkriterien

Die Suche nach Testkriterien fällt den Schülern aber schwer. Frau Schmitt weist deshalb auf die Broschüre, „Jugend & Konsum“ der STIFTUNG WARENTEST hin. Darin werden u.a. folgende Testkriterien vorgeschlagen:

Produkt	Dienstleistung
Ausstattung und technische Merkmale (z.B. Größe, Gewicht, Kameraauflösung, MP3)	Verständlichkeit von Gebrauchsanweisungen (Herstellerangaben)
Bedienerfreundlichkeit (z.B. Tastengröße, Menüsystem)	Beratung beim Kauf (Freundlichkeit, Fachwissen)
Akkubetrieb (z.B. Lade- und Betriebsdauer)	Beratung bei Tarifwechsel
Telefonieren (z.B. Sprachverständlichkeit, Empfang)	Beratung und Hilfe bei Funktionsstörungen/Defekten
Funktionen und Handhabung	Lage/Verkehrsanbindung und räumliche Nähe des Anbieters
Preis-Leistungs-Verhältnis	Kosten für die Inanspruchnahme der Beratung

Die STIFTUNG WARENTEST ist ein 1964 gegründetes, neutrales Institut zur Prüfung von Waren und Dienstleistungen. Es hat seinen Sitz in Berlin.

Die Jugendlichen diskutieren die vorgeschlagenen Testkriterien. Dabei bringen sie ihre eigenen Erfahrungen im Umgang mit Mobiltelefonen und Anbietern ein. Sie beschreiben ihr eigenes Handy oder ihr „Traumhandy“ und erstellen einen persönlichen Anforderungskatalog: Was soll es können? Wozu soll es benutzt werden? Wie soll es aussehen?

4 Wir führen den Test durch

Nachdem sich die Schüler der Klasse 9b gründlich über Testkriterien informiert haben, planen sie die Durchführung des Tests. Dabei legen sie auch die Testschwerpunkte fest.

„Wo bekommen wir die Test-Handys her?“, fragt Sabrina.

Um Kosten zu sparen, einigt sich die Klasse darauf, eigene Handys zum Test zur Verfügung zu stellen.

„Bevor wir mit dem Test beginnen können, müssen wir uns über die Bewertungsmöglichkeiten klar werden“, meint Frau Schmitt.

Die Schüler diskutieren verschiedene Vorschläge der Bewertung (Noten, Punkte usw.) und einigen sich folgendermaßen:

●●● sehr gut	●● gut	● zufriedenstellend	○ schlecht

Im Unterrichtsgespräch erkennen die Jugendlichen, dass es sinnvoll ist, wenn sich die Klasse in Gruppen aufteilt. Jede Gruppe übernimmt einen Testschwerpunkt. Die Gruppe 1 beschäftigt sich zum Beispiel mit Ausstattung und mit technischen Merkmalen der Handymodelle. Zum Test verwendet die Gruppe folgendes Muster:

Gruppe 1: Ausstattung und technische Merkmale
- Beurteilt die Ausstattung des Handys (Was kann es alles? z.B. E-Mail, MP3-Musik, Displaygröße in Pixel usw.)
- Messt die Größe der Handys mit dem Lineal. Legt die Handys einzeln auf eine Waage.
- Tragt die Ergebnisse in die nachfolgende Tabelle ein:

Projekt starten
Projekt durchführen
Projekt auswerten
Projekt präsentieren

Die Klasse 9b verschafft sich den Durchblick

A

1. Legt eure Testschwerpunkte fest. Die Auswahl der Klasse 9b kann euch helfen.
2. Überlegt euch ein sinnvolles Bewertungssystem.
3. Informiert euch über professionelle Testverfahren, z.B. bei der STIFTUNG WARENTEST oder der örtlichen Verbraucherberatung.

Modell	E-Mail	MP3	Displaygröße	Größe/Gewicht
Modell 1	○	●●	○	10 x 4 cm/250 g
Modell 2	…	…	…	…
…	…	…	…	…

Mit einem **Warentest** werden die Qualität und die Preise einzelner Waren untersucht und verglichen. Die Verbraucher werden so über das vorhandene Warenangebot aufgeklärt.

Die anderen Gruppen der Klasse 9b beschäftigen sich u.a. mit folgenden Testschwerpunkten:
- Bedienerfreundlichkeit (z.B. Tastengröße, Menüsystem)
- Beurteilung von Gebrauchsanweisungen (Wie verständlich sind die Gebrauchsanweisungen unserer Handys?)
- Beratung beim Kauf (Ist das Verkaufspersonal freundlich? Wie gut berät es uns?); die Schüler dieser Gruppe suchen zum Testen verschiedene Anbieter auf.

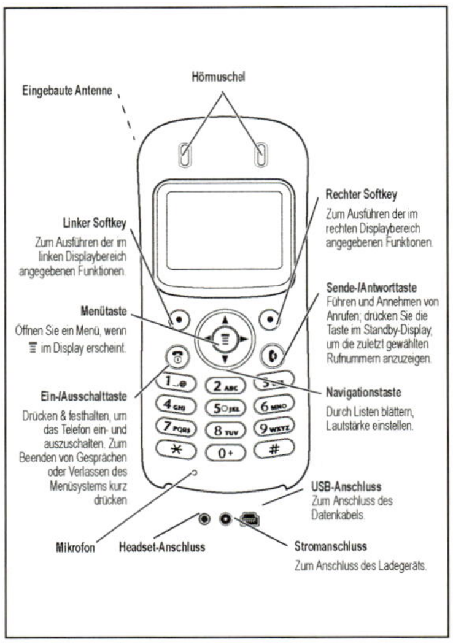

Gebrauchsanweisung

Kamera-Handys

1. Erarbeitet Aufträge (z.B. im Deutschunterricht) zu den einzelnen Testschwerpunkten. Entwerft einen Testbogen wie Gruppe 1.

2. Übt in einem Rollenspiel das Beratungsgespräch beim Handyanbieter.

3. Ladet einen Experten (z.B. aus der Verbraucherberatung) ein und befragt ihn über seine Arbeit. Erarbeitet (z.B. im Deutschunterricht) geeignete Fragen.

Professionelle Einrichtungen testen Waren und Dienstleistungen. Die meisten Warentests gliedern sich in vier Bereiche:
- Technische Prüfung
- Praktische Prüfung
- Prüfung der Handhabung
- Umweltverträglichkeit

Die STIFTUNG WARENTEST testet aus Kostengründen viele Produkte nicht selbst, sondern beauftragt wiederum geeignete und unabhängige Spezialinstitute. Diese kaufen Produkte anonym im Handel ein und nehmen Dienstleistungen verdeckt in Anspruch.

Für die Prüfung von Dienstleistungen greift man im Wesentlichen auf folgende Methoden zurück:
- Beobachten und Erfassen des Verbraucherverhaltens
- Befragen der Anbieter
- Einsatz von Testern, die sich als Kunden ausgeben und das Angebot prüfen

5 Wir beurteilen unsere Handys

Nach Abschluss der Testphase stellen die Sprecher der einzelnen Gruppen ihre Ergebnisse vor. Jede Gruppe hat – bezogen auf ihre Testschwerpunkte – eine Rangfolge einzelner Handys beziehungsweise Handymarken erstellt. Die Gruppenergebnisse wurden schriftlich festgehalten. Jede Gruppe hat ihr „Tophandy“ ermittelt.

„Aufgrund der Gruppenberichte können wir noch keine umfassende und endgültige Bewertung der Handys vornehmen“, meint Frau Schmitt.

Die Klasse erkennt, dass auch die Resultate der übrigen Gruppen in das Gesamturteil einfließen müssen.Die Schüler berechnen auf der Grundlage der Gruppenbewertungen den Mittelwert für die Rangfolge der einzelnen Handys. Dazu wird die von der jeweiligen Gruppe vergebene Platzierung des Handys an der Tafel notiert. Alle Platzierungen werden addiert und durch die Anzahl der Gruppen dividiert. So entsteht für jedes Handy eine Bewertungszahl. Auf dieser Basis erhalten die Jugendlichen eine Rangfolge aller getesteten Mobiltelefone. Sie diskutieren die Frage, ob sie ihr eigenes Handy nochmals kaufen oder aufgrund der durchgeführten Bewertungen ein anderes Produkt vorziehen würden.

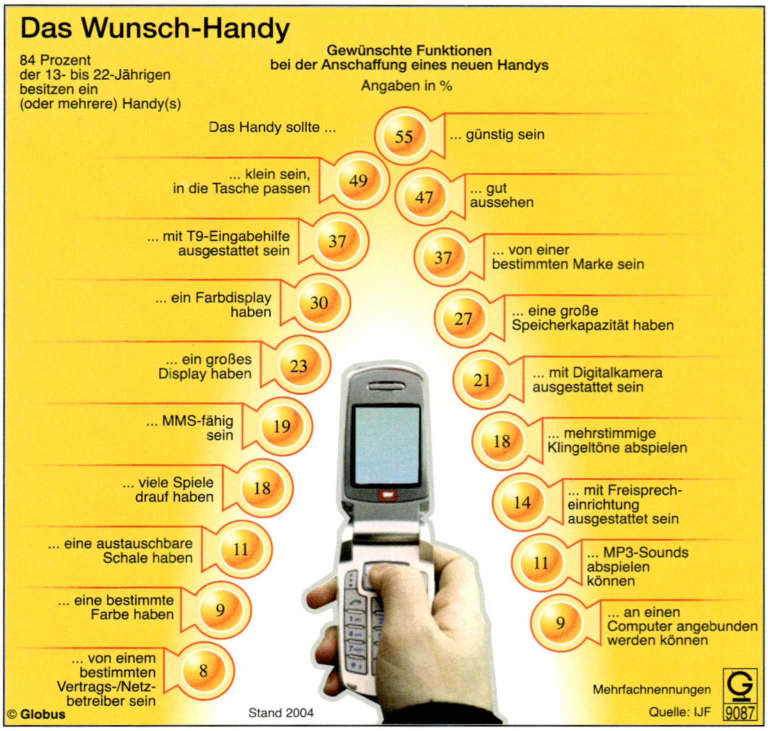

Hinweis: Um ein objektives Testurteil zu erhalten, müssen alle vorhandenen Handys von jeder Gruppe getestet werden.

Gruppe 1:
Ausstattung und technische Merkmale

Unser Tophandy ist
Modell 4.
Gründe:
- geringes Gewicht
- großes Display
- viele Spiele
- handlich, aber nicht zu klein
- ...

1. Erstellt auf der Grundlage eurer Testergebnisse eine Rangfolge für eure Gruppe.

2. Bildet eine endgültige Rangfolge der getesteten Mobiltelefone auf der Grundlage aller Gruppenbewertungen.

Nach Abschluss der Auswertung überlegt die Klasse, wie sie die gewonnenen Erkenntnisse weiter verwenden kann. Die Jugendlichen schlagen vor, ihre Testergebnisse in einer Ausstellung bzw. in der Schülerzeitung zu veröffentlichen. Außerdem wollen sie für die am besten bewerteten Handys Einkaufsratgeber erstellen.

„Auch professionelle Warentester fassen die Ergebnisse ihrer Untersuchungen in einem Gutachten zusammen", sagt Frau Schmitt.

Die Klasse besorgt sich eine Ausgabe der Zeitschrift „test" der STIFTUNG WARENTEST, in der die Testergebnisse für Mobiltelefone veröffentlicht sind. Im Unterrichtsgespräch werden Gemeinsamkeiten und Unterschiede des Testverfahrens herausgearbeitet.

test-QUALITÄTSURTEIL	100 %	GUT (2,2)	GUT (2,2)	GUT (2,2)
test-Kommentar		Normale Bauform, auffälliges, schwarz-weißes Gehäuse, Radio integriert.	Klapphandy im schwarz-roten Look, schwer, Radio, ansteckbare Stoffummantelung mitgeliefert.	Schiebehandy mit guten Telefoneigenschaften, Megapixelkamera, integrierter MP3-Spieler.
TELEFONIEREN	30 %	gut (2,1)	gut (2,0)	gut (1,9)
Sprachqualität Hören / Sprechen		O/O	O/+	+/O
Funktion im D-Netz / E-Netz		+/+	+/+	+/++
Handhabung Wählen und Telefonieren		+	+	+
Display Telefon		O	+	++
TEXTNACHRICHTEN (SMS)	10 %	gut (2,2)	gut (2,0)	gut (2,1)
FOTOFUNKTION (MMS)	10 %	befriedig. (3,0)	befriedig. (2,7)	gut (2,5)
Qualität Display / Kamera		O/O	O/+	O/O
MMS Empfangen / Senden		++/+	+/+	+/+
Fototransfer zum Computer		⊖	O	+
AKKUBETRIEB	20 %	gut (2,1)	gut (2,3)	gut (2,5)
Betriebsdauer Telefon D-Netz in Stunden		O 4,9	+ 5,2	+ 6,0
Betriebsdauer Telefon E-Netz in Stunden		+ 5,9	+ 6,1	+ 6,1
Stand-by Dauer		++	O	+
Betriebsdauer helles Display in Stunden		+ 8,0	+ 7,1	O 5,1
Ladedauer		+	+	+
BENUTZERFÜHRUNG	5 %	gut (2,2)	gut (2,1)	gut (2,2)

Abschließend macht sich die Klasse 9b noch Gedanken darüber, inwieweit die Testergebnisse objektiv sein können. Die Jugendlichen erkennen, dass in bestimmten Teilbereichen – z.B. Aussehen, Tastengröße, Menüführung – jeder Benutzer unterschiedliche Vorstellungen bezüglich seines Tophandys haben kann. Dies kann zu verschiedenen Bewertungen führen.

A

1. Schreibt eure Testerfahrungen als Empfehlungen für die Verbraucher auf (Einkaufsratgeber).
2. Sammelt Ideen zur Darstellung eurer Testergebnisse.
3. Beschafft euch eine aktuelle Ausgabe der Zeitschrift „test" der STIFTUNG WARENTEST, in der die Testergebnisse von Handys veröffentlicht sind.

Das Gruppenpuzzle

Projekt starten
Projekt durchführen
Projekt auswerten
Projekt präsentieren

Bei eurem Projekt habt ihr Mobiltelefone unter verschiedenen Gesichtspunkten getestet. Dazu hat sich die Klasse in Gruppen aufgeteilt. Um den Informationsaustausch zwischen den Gruppen zu erleichtern und die Gruppeninformationen zu einem Gesamtbild zusammenzubringen, bietet sich das **Gruppenpuzzle** an. Es verläuft in drei Phasen.

Phase 1: Bildung von Stammgruppen (Expertengruppen)
Die Klasse teilt sich in Gruppen auf. Jede Gruppe ist mit bestimmten Themenschwerpunkten befasst, z. B. Aufbau/Handhabung, Größe/Gewicht eines Handys. Somit werden diese Gruppenmitglieder „**Experten**" für bestimmte Bereiche. Sie bearbeiten vorgegebene Themen, die sie so aufbereiten müssen, dass sie ihre Mitschüler informieren können.

Vorbereitung

Phase 2: Bildung von Mischgruppen
Nun werden die Gruppen so zusammengesetzt, dass in jeder neuen Gruppe ein Vertreter der Stammgruppen sitzt. Auf diese Weise ist in jeder Gruppe ein Schüler mit einem „Spezialgebiet" vertreten. Es findet der Austausch der Ergebnisse zwischen den einzelnen Gruppen statt. Am Ende dieses Abschnitts weiß jeder Schüler über die Testergebnisse aller Gruppen Bescheid.

Phase 3: Reflexion in der Klasse
Die abschließende Gesamtbewertung aller Handys wird in der Klasse gemeinsam besprochen und vertieft. Noch anstehende Fragen werden diskutiert und geklärt.

Durchführung/Beobachtung

Welche Vorteile hat diese Methode?
- jeder ist aktiv eingebunden
- jeder muss zunächst die Inhalte erarbeiten
- jeder muss dann andere informieren
- keiner steht vor der ganzen Klasse

Auswertung

6 Wir blicken zurück

Welches Produkt ist das beste?

1. Als Verbraucher (Konsument) solltest du Waren sowie Dienstleistungen vergleichen und kritisch prüfen. Auf diese Weise erhältst du ein gutes Produkt zu einem angemessenen Preis.

2. Als Verbraucher benötigst du Hilfen, um dich im vielfältigen Waren- und Dienstleistungsangebot zurechtzufinden. Da du nicht alle Produkte selbst testen kannst, helfen dir die Angebote von professionellen Einrichtungen – zum Beispiel der Verbraucherzentrale und der STIFTUNG WARENTEST.

Verbraucher-
zentrale
Bayern e.V.

Verbraucherzentrale
Bayern e.V. 5 39 87-0
Mozartstr. 9
80336 München
Umweltberatung 5 39 87-24
Ernährungsberatg. 5 39 87-26
Rechtsberatung 5 39 87-21

3. Zum Testen von Waren und Dienstleistungen sind bestimmte Testverfahren und Beurteilungskriterien erforderlich.

4. Die Testergebnisse sind weitgehend objektiv und werden in Zeitschriften (z. B. „test“) sowie im Internet veröffentlicht.

5. Für die Hersteller (Produzenten) sind die veröffentlichten Testergebnisse Grundlage für die Weiterentwicklung ihres Angebots.

A

1. Informiert euch über die STIFTUNG WARENTEST (Aufgaben, Aufbau, Zeitschriften, …).
2. Die STIFTUNG WARENTEST schreibt jedes Jahr einen Wettbewerb „Jugend testet“ aus. Beschafft euch hierüber Informationen und überlegt, ob ihr teilnehmt.
3. Diskutiert über Nutzen und Sinn verschiedener Handyfunktionen. Bedenkt dabei auch die Kosten.
4. Gibt es außer der STIFTUNG WARENTEST noch weitere Testorganisationen? Informiert euch darüber.

V Aufgaben und Bedeutung der Geldinstitute

Banken *und* **Sparkassen** *sind aus unserem Alltag nicht wegzudenken. Sie bieten vielfältige Dienstleistungen an, die ihr zum Teil jetzt schon selbst beanspruchen könnt. In diesem Kapitel beschäftigt ihr euch auch mit den Chancen und Risiken von Geldanlagen und Krediten.*

1 Die Aufgabenbereiche der Geldinstitute

EDV ist die Abkürzung für elektronische Datenverarbeitung und bedeutet, dass Daten in den Computer eingegeben, gespeichert und weiterverarbeitet werden.

Bäcker Moser zählt nach Geschäftsschluss die Tageseinnahmen zusammen, bringt sie zu seiner Bank und gibt sie dort in den Nachttresor. Am nächsten Tag werden die eingeworfenen Beträge von einem Mitarbeiter der Bank aus dem Tresor genommen und dem Konto der Bäckerei Moser gutgeschrieben.

Herr Moser ist nicht der Einzige, von dem die Bank Geld erhält: Viele Unternehmen, private Haushalte und Gemeinden zahlen Geld ein. Einen Teil dieser **Einlagen** verleiht die Bank wieder in Form von **Krediten** an Familien, Betriebe und öffentliche Haushalte.

Dies sind nur zwei Beispiele aus dem umfangreichen Aufgabengebiet einer Bank oder Sparkasse. Banken und Sparkassen werden unter den Oberbegriffen **Geldinstitute** oder **Kreditinstitute** zusammengefasst.

Herr Moser am Nachttresor

Die folgende Übersicht zeigt dir die vielfältigen Aufgabenbereiche von Geldinstituten.

Bargeldloser Zahlungsverkehr
z. B.
- Girokonto
- Überweisung
- EC-Karte

Bereitstellung von Krediten
z. B.
- Dispositionskredit
- Anschaffungsdarlehen
- Hypothek

EDV-Service
z. B.
- Online-banking
- Electronic Cash
- elektronischer Zahlungsverkehr

Geldanlage
z. B.
- Sparbuch
- Aktien
- Festgeld

Dienstleistungen
z. B.
- Nachttresor
- Geldautomat
- Kontoauszugsdrucker

Auslandsgeschäft
z. B.
- Auslandsüberweisung
- Bereitstellung von ausländischen Zahlungsmitteln

1. Welche Geldinstitute findest du in deinem Wohnort?
2. Welche Leistungen eines Geldinstituts nutzt du bzw. deine Familie?
3. Was sind öffentliche Haushalte?

2 Die Abwicklung des Zahlungsverkehrs

Bäcker Moser hat nicht nur Einnahmen, sondern auch Ausgaben: Lohnkosten für die Mitarbeiter, Kosten für die Rohstoffe (Mehl, Butter, Salz, ...), Energiekosten (Strom, Gas), Telefongebühren usw. Diese Kosten begleicht Herr Moser jeden Monat bzw. dann, wenn die Rechnungen eintreffen. Für die Abwicklung dieses Zahlungsverkehrs hat Herr Moser verschiedene Möglichkeiten: **Überweisung, Dauerauftrag, Lastschrift.**

Damit Bäcker Moser diese Möglichkeiten nutzen kann, benötigt er ebenso wie seine Geschäftspartner ein **Girokonto**. Über dieses „laufende" Konto können alle Geldgeschäfte erledigt werden.

i

Giro (aus dem Italienischen): Kreislauf (des Geldes auf dem Konto)

Es werden Geldbeträge auf dem Girokonto gutgeschrieben bzw. wieder abgebucht. Ein Kreislauf entsteht.

2.1 Überweisung

Herr Moser erhält von der Firma Müllers Mühle eine Rechnung in Höhe von 650 Euro für eine Mehllieferung. Er begleicht sie mit einem Überweisungsauftrag.

Die Überweisung ist eines der am häufigsten verwendeten Instrumente des bargeldlosen Zahlungsverkehrs. Sie kann immer dann verwendet werden, wenn sowohl derjenige, der zahlen muss (Zahlungspflichtiger), als auch derjenige, der das Geld bekommt (Zahlungsempfänger), ein Girokonto haben. Bei der Überweisung wird ein Betrag von dem einen Konto **abgezogen** (Girokonto Moser) und bei dem anderen Konto **gutgeschrieben** (Girokonto Müllers Mühle). Der Fachmann nennt diesen Vorgang **„umbuchen"**.

A

1. Jeder, der am bargeldlosen Zahlungsverkehr teilnehmen will, braucht ein Girokonto. Erkundige dich in einer Bank oder Sparkasse, wie die Eröffnung eines Girokontos abläuft.

2. Welche Angaben sind für eine Überweisung notwendig? Die Abbildung hilft dir.

Müllers Mühle

Bäckerei Moser
Musterstraße 1

12345 Musterhausen

Rechnung-Nr.: 915

Ihre Kundennummer: 01457

Wir lieferten Ihnen:

				€
			Mehl	607,48
			+ 7 % Umsatzsteuer	42,52
			Gesamtbetrag	**650,00**

Lieferung ab Werk;
Zahlung innerhalb 10 Tagen 3 % Skonto, innerhalb 60 Tagen rein netto
USt-IdNr. DE 753048987 Steuernr. 132/1795/2470

Schreibmaschine: normale Schreibweise!
Handschrift: Blockschrift in GROSSBUCHSTABEN, Kästchen beachten!
Bitte kräftig durchschreiben!

Überweisungsauftrag an
123 456 78

Empfänger: Name, Vorname/Firma (max. 27 Stellen)
MUELLERS MUEHLE

Konto-Nr. des Empfängers
2355577

Bankleitzahl
70845000

bei (Kreditinstitut)
SPARKASSE MUSTERHAUSEN

€ Betrag
650,00

Kunden-Referenznummer – noch Verwendungszweck, ggf. Name und Anschrift des Auftraggebers – (nur für Empfänger)
RECHNUNG 915

noch Verwendungszweck (insgesamt max. 2 Zeilen à 27 Stellen)

Kontoinhaber: Name, Vorname/Firma, Ort (max. 27 Stellen, keine Straßen- oder Postfachangaben)
BÄCKEREI MOSER

Konto-Nr. des Kontoinhabers
1270008374

20

Bank-Verlag Köln 48.822 So (06/97) BG 03.99

12.12.20.. Moser
Datum Unterschrift

Die Rechnung wird mit einer Überweisung bezahlt.

Phishing (engl. fishing = abfischen) ist eine Form der Täuschung. Der Online-Nutzer erhält eine E-Mail, die wie eine offizielle E-Mail seiner Bank aussieht. Darin wird er gebeten, seine Konto- und Zugangsdaten mitzuteilen. Achtung! Eine Bank sendet niemals eine solche E-Mail!

1. Welche Voraussetzungen müssen erfüllt sein, damit man Bankgeschäfte von zu Hause aus erledigen kann?
2. Programmpasswort und PIN legst du selbst fest. Wie kannst du dich davor schützen, dass jemand diese beiden erfährt?
3. Suche im Internet nach Programmen, mit denen das Online-Banking simuliert und geübt werden kann.

Programmpasswort

2.2 Online-Banking

Frau Schatz, die Filialleiterin eines Supermarktes, erspart sich das Ausfüllen des Überweisungsauftrags und den zeitaufwändigen Weg zu ihrer Sparkasse. Sie nutzt die Möglichkeit des Online-Bankings und erledigt ihre Bankgeschäfte zu Hause am Computer. Im Unterschied zu Herrn Moser füllt Frau Schatz keinen Überweisungsvordruck mehr aus, den sie dann unterschreiben und zur Bank bringen muss. Frau Schatz hat über das Internet direkten Zugriff auf ihr Girokonto. Sie kann die Daten für die Überweisung von zu Hause aus selbst eingeben.

Beim Online-Banking wird **Sicherheit** besonders groß geschrieben. Der Zugang zu einem Online-Konto ist durch eine persönliche Geheimzahl (PIN = persönliche Identifikationsnummer) geschützt. Für jeden Auftrag, den Frau Schatz eingibt, muss sie eine einmal gültige Transaktionsnummer (TAN) angeben. Hierzu hat die Sparkasse ihr eine Liste bereitgestellt.

Das Online-Banking bietet Frau Schatz eine Reihe von Möglichkeiten. Unabhängig vom Wochentag und von der Uhrzeit kann sie Überweisungen erledigen, ihren Kontostand abfragen, Daueraufträge einrichten, ändern oder löschen. Mit einer entsprechenden Sondervereinbarung ist es ihr auch möglich, Wertpapieraufträge zu erteilen, also zum Beispiel Aktien zu kaufen und zu verkaufen.

Frau Schatz beim Online-Banking.

Herr Moser: „Wenn ich daran denke, was monatlich alles zu bezahlen ist!“

2.3 Dauerauftrag

In der Bäckerei Moser fällt an jedem Monatsanfang eine Reihe von Zahlungen an, z.B. Versicherungsprämien, Miete für die Bäckerei. Damit Herr Moser nicht für jede Zahlung eine eigene Überweisung ausfüllen muss, erteilt er seiner Bank einen **Dauerauftrag**. Das bedeutet, dass die Bank zu einem bestimmten Termin – zum Beispiel jeweils zum Monatsanfang – immer **den gleichen Betrag** auf das Konto eines bestimmten Zahlungsempfängers überweist. Das geht so lange, bis Herr Moser seiner Bank mitteilt, dass der Dauerauftrag beendet ist.

Ich möchte einen Dauerauftrag

X einrichten
☐ ändern
☐ widerrufen/löschen

Kontoinhaber

DynamicCash-Konto-Nr.: 123456
Dauerauftrags-Nr.: 789012

Vorname, Name	Straße und Hausnummer	PLZ und Wohnort	Kontoinhaber
Moser, Bernd	Musterstr. 1	12345 Muster-hausen	Bernd Moser

Betrag: EUR 600,-
Verwendungszweck: Miete Bäckerei

Empfänger

Vorname, Name: Mayer, Hugo
Straße und Hausnummer: Hauptstraße 45
PLZ und Wohnort: 12345 Musterhausen

Kontonummer	Bankleitzahl	Kreditinstitut	Kontoinhaber
456123	25055588		Hugo Mayer

2.4 Lastschrift

Zahlungen, die regelmäßig anfallen und immer die gleiche Höhe haben, werden per Dauerauftrag erledigt. Wenn der **Betrag** von Monat zu Monat **unterschiedlich** ist (z. B. bei der Telefonrechnung), wird die Rechnung über das **Lastschriftverfahren** beglichen. Der Zahlungspflichtige (z. B. die Familie Moser) ermächtigt den Zahlungsempfänger (z. B. die Telefongesellschaft), bestimmte Zahlungen zu Lasten seines Girokontos einzuziehen. Dauerauftrag und Lastschrift erleichtern der Familie Moser die Abwicklung ihres Zahlungsverkehrs.

A

1. Was haben Dauerauftrag und Lastschrift gemeinsam, wo liegen die Unterschiede?

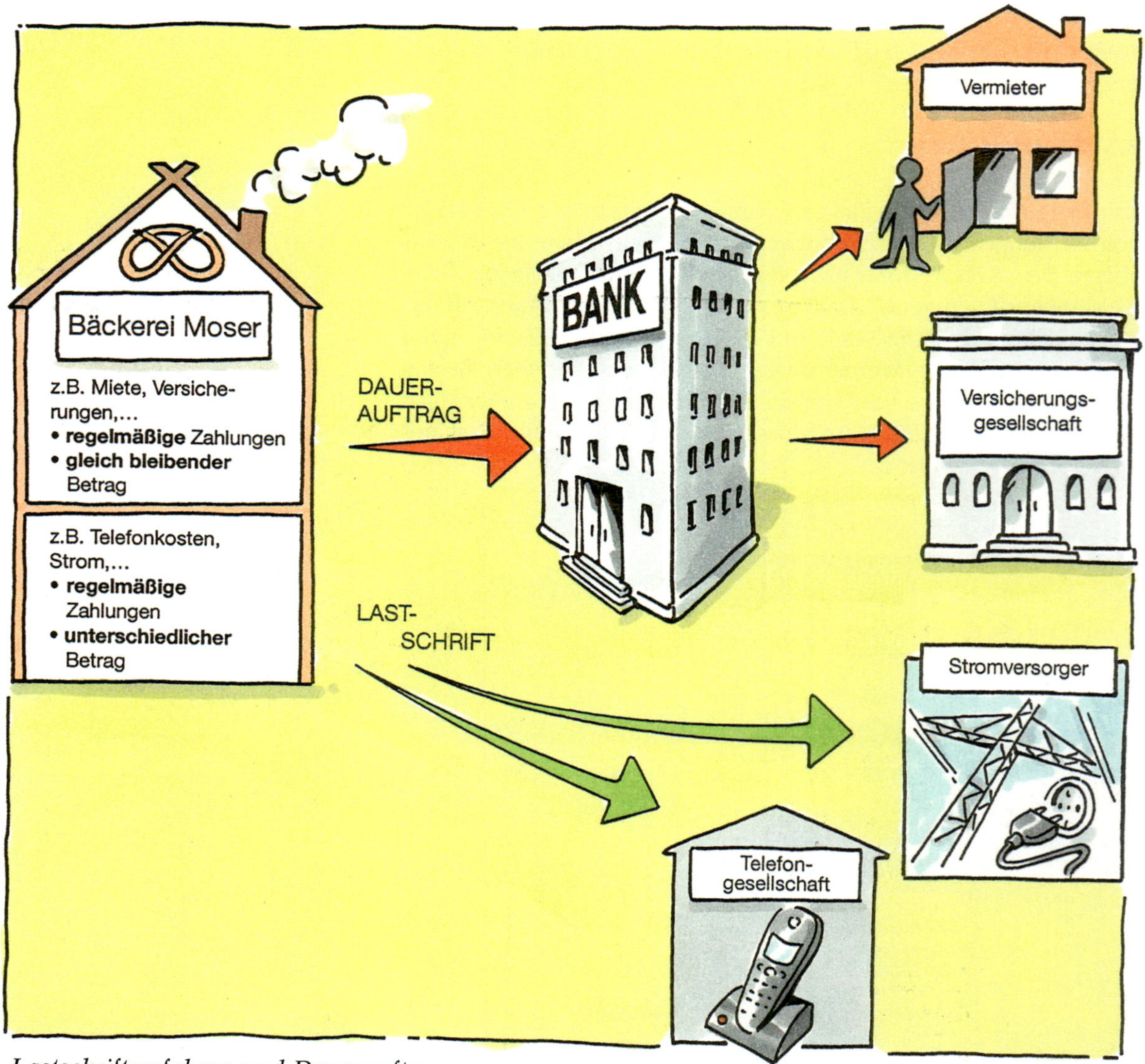

Lastschriftverfahren und Dauerauftrag

2.5 Bargeldlose Zahlung mit Karten

Philipps Mutter bezahlt mit Karte

In manchen Geschäften kann man mit einer EC-Karte zahlen, ohne seine PIN eingeben zu müssen. Es reicht eine Unterschrift auf einem Lastschriftbeleg. Dieses Verfahren ist aber die Geschäfte sehr unsicher.

Philipp wünscht sich zum 15. Geburtstag einen MP3-Player. An einem Samstagvormittag geht er mit seinen Eltern in die Stadt. Nach längerer Suche werden sie in einem Elektronikmarkt fündig. Philipps Mutter bezahlt den MP3-Player an der Kasse mit ihrer Karte. Philipp fragt sich, wie das funktioniert.
Es gibt unterschiedliche Karten. Das Verfahren des Bezahlens mit einer EC-Karte und PIN ist meistens gleich. Der Kontoinhaber, Philipps Mutter, hat eine Karte mit elektronisch lesbarem Magnetstreifen. Bei diesem Verfahren, das Electronic Cash genannt wird, benötigt der Kontoinhaber neben der Karte auch eine persönliche Identifikationsnummer (PIN). Diese vierstellige Geheimzahl ersetzt die Unterschrift des Karteninhabers.
An der Kasse des Elektronikmarkts wird der Kaufbetrag eingegeben. Dann schiebt Philipps Mutter ihre Karte in das Lesegerät und tippt über die Tastatur die Geheimzahl ein. Die Zahlung erfolgt und der Betrag wird vom Konto abgebucht.

1. Warum sollte man seine Geheimzahl auswendig wissen und sie z.B. nicht auf einen Zettel schreiben, den man in der Geldbörse aufbewahrt?
2. Welche Gefahren hat die Zahlung mit Karte?
3. Die Zahlung mit Karte ist für den Kunden bequem, aber nicht kostenlos. Informiert euch bei einer Bank oder Sparkasse über die anfallenden Gebühren.

Bezahlen mit EC-Karte

Bank- und Kreditkarten

Mit der **Kunden- oder Servicekarte** können am Automaten Geld abgehoben und Kontoauszüge ausgedruckt werden.

Bei der **Geldkarte** wird auf die Kundenkarte ein Chip aufgebracht, der mit maximal 200 € aufgeladen werden kann. Kleinere Beträge können damit bargeldlos bezahlt werden (z.B. das Busticket am Automaten).

Wenn man volljährig ist und ein regelmäßiges Einkommen hat, bekommt man zur Kundenkarte eine **EC-Funktion** und kann im In- und Ausland Geld abheben sowie in Geschäften bargeldlos bezahlen.

Die **Kreditkarte** funktioniert genau wie die EC-Karte. Der Betrag wird hier später per Lastschrift vom Konto abgebucht. Voraussetzung ist aber ein bestimmtes Mindesteinkommen.

Es gibt verschiedene Karten, die man für die bargeldlose Zahlung nutzen kann: **Kunden- oder Servicekarte, Geldkarte, EC-Karte, Kreditkarte**.

Die Bezahlung mit Karte bietet Vorteile:
- Der Kunde kann für einen von seiner Bank festgelegten Höchstbetrag einkaufen, solange sein Konto gedeckt ist.
- Die Abrechnung ist sowohl für den Kunden als auch für das Geschäft einfach und bequem.
- Dem Händler werden die Zahlungen garantiert.
- Das Electronic Cash-Verfahren bietet weitestgehende Sicherheit, da kein Bargeld im Umlauf ist.

Der Verlust einer Karte muss der kontoführenden Bank oder Sparkasse sofort gemeldet werden. Die Karte wird dann für die weitere Nutzung gesperrt.

Bei Verlust der Karte, oder wenn man Missbrauch feststellt, verständigt man über diese einheitliche Telefonnummer eine Zentrale, die dann sofort die Sperrung der Karte veranlasst: 01805 021021 oder Sperr-Notruf 116 116.

3 Der Euro gilt nicht in jedem Land

Matthias möchte in den Sommerferien mit einer Jugendgruppe in die Türkei fliegen. Für den zweiwöchigen Aufenthalt hat er 100 Euro als Taschengeld angespart. Damit möchte Matthias unter anderem auch Geschenke kaufen. „Du weißt aber schon, dass du mit Euro in der Türkei nicht bezahlen kannst", meint sein Vater. „Der Euro gilt nicht in jedem Land."
Einige Tage vor Beginn der Reise geht Matthias zu seiner Bank und tauscht die 100 Euro in Türkische Lira um.

Zu den Dienstleistungen der Banken und Sparkassen gehört es, **ausländische Zahlungsmittel** bereitzuhalten bzw. zu besorgen. Dabei wird zwischen **Sorten** und **Devisen** unterschieden:
- Ausländische Währungen werden als Devisen bezeichnet.
- Für Bargeld (Münzen und Geldscheine) verwendet man den Begriff Sorten.

Matthias bekommt für 100 Euro nicht immer den gleichen Betrag in Türkischen Lira. Die Höhe hängt vom Wechselkurs ab. Das ist der Preis, der für ausländische Währungen in Deutschland bezahlt werden muss. Für die einzelnen Währungen (Devisen) wird der Wechselkurs täglich aus Angebot und Nachfrage neu ermittelt. Wenn die Nachfrage nach Türkischen Lira sehr groß ist, erhält Matthias für seine 100 Euro weniger Geld in türkischer Währung. Dies ist zum Beispiel dann der Fall, wenn in der Urlaubszeit viele Leute in die Türkei reisen. Das gilt natürlich auch für andere ausländische Währungen.

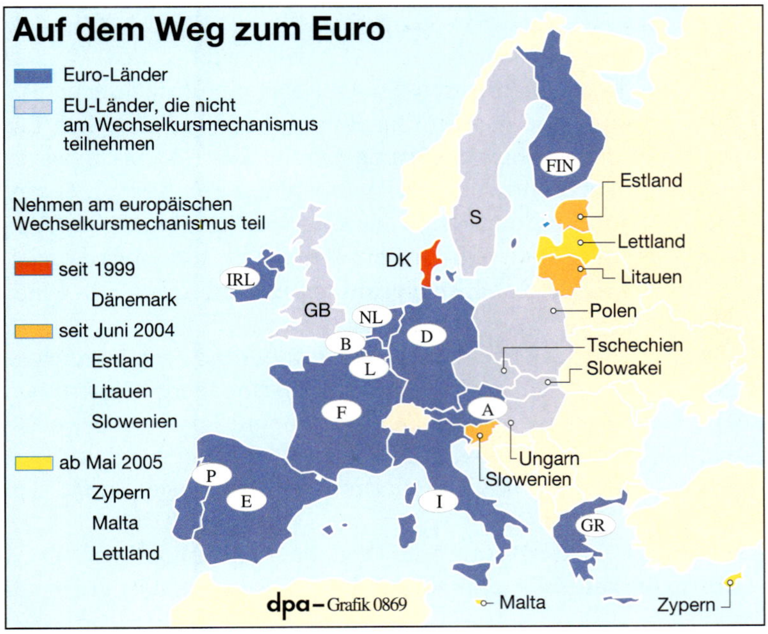

1. Seit der Einführung des Euro am 1. Januar 1999 gilt in vielen europäischen Ländern das gleiche Zahlungsmittel. Welche Vorteile hat dies?

2. Erkundigt euch in einem Geldinstitut, ob es vorteilhafter ist, Euro in Türkische Lira in Deutschland oder in der Türkei umzutauschen.

4 Wozu sparen wir?

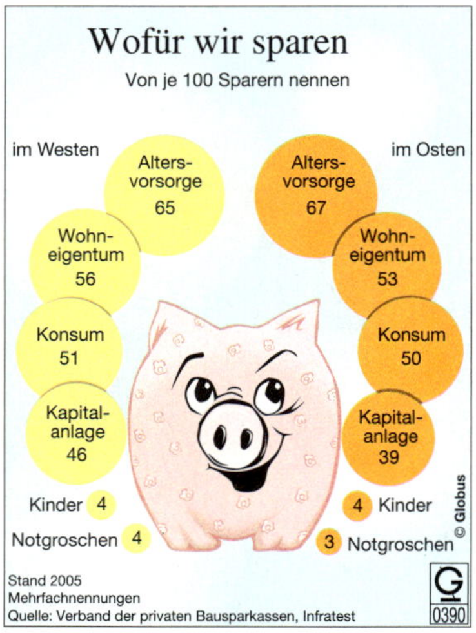

Kinder, Erwachsene und Familien haben regelmäßige Einkünfte. Deine Eltern haben jeden Monat ein bestimmtes Einkommen zur Verfügung. Davon müssen sie die Ausgaben für Miete, Kleidung, Essen, Auto, Taschengeld für die Kinder usw. bezahlen. Wenn deine Eltern ihr Einkommen sofort ausgäben, wären größere Anschaffungen nicht möglich. Deshalb müssen sie zum Beispiel für ein neues Auto oder eine Waschmaschine regelmäßig einen Teil ihres Einkommens zurücklegen, also sparen.

Die Möglichkeit zum **Sparen** hängt wesentlich vom zur Verfügung stehenden **Einkommen** und den festen **Ausgaben** (z.B. Miete, Auto, Kleidung) ab. Darüber hinaus spielt aber auch die Sparbereitschaft des Einzelnen eine Rolle.

Einkommen – Ausgaben = Sparbetrag

Bis vor wenigen Jahren waren die Arbeitnehmer durch die gesetzliche Rentenversicherung für den Ruhestand gut abgesichert. Die sich verändernde Lebenserwartung (immer mehr Menschen werden immer älter) führt zu einer angespannten Finanzsituation der Rentenversicherung und damit zu einer geringeren Absicherung des Einzelnen. Aus diesem Grund wird das längerfristige **Vorsorgesparen** für den eigenen Ruhestand immer wichtiger.

Es gibt verschiedene Möglichkeiten, sein Geld günstig anzulegen. Deshalb ist es wichtig, dass man unterschiedliche Sparformen kennt. Bei der Auswahl der Geldanlage sind folgende Gesichtspunkte zu berücksichtigen:

- **Ertrag (Rendite)**: Welche Form der Geldanlage bringt den höchsten Gewinn?
- **Sicherheit**: Wie riskant ist die Form der Geldanlage?
- **Verfügbarkeit**: Wie schnell kann ich auf das Geld wieder zugreifen?

A

1. Ein in der Grafik häufig genanntes Sparziel ist die Bildung von „Notgroschen“. Erkläre dieses Sparziel.
2. Schreibe deine Sparziele auf.
3. „Sparen ist altmodisch. Heute bekommt man alles auf Kredit.“ Setzt euch kritisch mit dieser Meinung auseinander.
4. Schlage im Lexikon den Begriff „Rendite“ nach.
5. Ständige Verfügbarkeit und hohe Rendite schließen einander aus. Erkläre diesen Sachverhalt.

5 Wichtige Formen der Geldanlage

Wie du bereits erfahren hast, gibt es unterschiedliche Sparformen, das heißt unterschiedliche Formen der Geldanlage, z. B.:

Termin-/Festgeld
- Das Geld wird für einen bestimmten Zeitraum fest angelegt bzw. es muss von der Bank zu einem bestimmten Termin zurückgezahlt werden (z.B. nach drei Monaten).
- Während der Laufzeit kann nur durch Kündigung über das Geld verfügt werden, hierbei entsteht allerdings ein Zinsverlust, der recht hoch sein kann.
- Der Zinssatz ist relativ hoch.

Sparbuch
- Einzahlungen sind regelmäßig und unregelmäßig möglich.
- Abhebungen sind jederzeit möglich. Bei Beträgen ab einer bestimmten Höhe besteht eine Kündigungsfrist von drei Monaten.
- Der Zinssatz ist relativ niedrig.

(Kapital-) Lebensversicherungen
- Es wird regelmäßig Geld eingezahlt. Am Ende der Laufzeit oder im Todesfall wird eine bestimmte, vorher vereinbarte Kapitalsumme ausgezahlt.
- Der Zinssatz ist relativ niedrig und es gibt für neu abgeschlossene Verträge keine Steuervorteile mehr.

Bausparvertrag
- Abschluss überwiegend wegen des Kaufs oder der Renovierung einer Immobilie (z. B. Eigentumswohnung, Haus).
- Der Bausparvertrag wird über eine bestimmte Summe abgeschlossen. Ist ein Teil dieser Summe angespart, bekommt der Bausparer die komplette Summe. Der nicht angesparte Betrag wird als zinsgünstiges Darlehen gewährt.
- weiteres Merkmal: Förderung durch den Staat (Wohnungsbauprämie)

Prämiensparen
- Der Sparer kann die Höhe der monatlichen Sparrate und die Laufzeit selbst bestimmen.
- Je länger der Vertrag läuft, desto höher wird die jährliche Sparprämie.

Aktien
- Aktien sind Anteilspapiere an Unternehmen, das heißt, den Aktienbesitzern (Aktionären) gehört ein Teil des Unternehmens.
- Aktien werden an der Börse gehandelt. Der Wert wird durch Angebot und Nachfrage ermittelt.

Festverzinsliche Wertpapiere
- Sie sind Anteile an privaten und staatlichen Einrichtungen. (Beispiele: Pfandbrief, Bundesschatzbriefe)
- Festverzinsliche Wertpapiere garantieren einen festen Zinssatz für die gesamte Laufzeit.

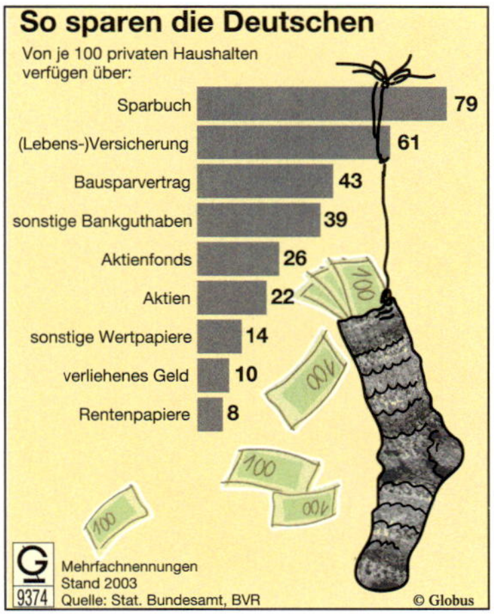

1. Informiere dich über „Vermögenswirksame Leistungen“.

2. Vergleiche die im Text genannten Formen der Geldanlage in einer Tabelle nach folgendem Muster:

Sparform	Ertrag	Sicherheit	Verfügbarkeit
Sparbuch	gering	hoch	hoch
…	…	…	…

3. „Bausparen mit 15 Jahren? Wie uncool!“ Nimm zu dieser Aussage Stellung.

4. Informiere dich über den Begriff „Immobilien“.

5. Erkundige dich bei einem Experten über die Immobilie als Form der Geldanlage.

6 Geldinstitute stellen Kredite zur Verfügung

Das Wort „Kredit“ kommt vom lateinischen Begriff „credere“ und bedeutet so viel wie „glauben/vertrauen“. Der Kreditgeber (Gläubiger) vertraut darauf, dass der Kreditnehmer (Schuldner) den Kreditbetrag plus Zinsen zum vereinbarten Zeitpunkt zurückzahlt.

Endlich ist es soweit. Iris ist 18 geworden und hat die Führerscheinprüfung bestanden. Jetzt will sie sich so schnell wie möglich ein Auto kaufen. Sie hat sich bei verschiedenen Autohändlern erkundigt: Ein zuverlässiger Gebrauchtwagen ist für etwa 4.000 Euro zu haben. Auf ihrem Sparbuch hat sie 1.500 Euro, von denen sie 1.200 Euro abheben möchte. Der restliche Kaufpreis muss über einen Kredit finanziert werden.

Iris informiert sich bei ihrer Bank über Kredite. Sie erfährt, dass es im Wesentlichen zwei **Arten von Krediten** gibt: den **Dispositionskredit** und den **Ratenkredit**.
Beim Dispositionskredit hat der Bankkunde die Möglichkeit, sein Girokonto ohne weitere Rücksprache bis zu einem festgelegten Betrag zu überziehen, wofür er jedoch hohe Zinsen zahlt. Dies bedeutet, er gibt mehr aus, als auf dem Konto zur Verfügung steht.
Beim Ratenkredit wird eine bestimmte Summe zur Verfügung gestellt, die innerhalb einer festgelegten Zeit (Laufzeit) in bestimmten Teilbeträgen (Raten) plus Zinsen zurückzuzahlen ist.
Da Iris ihr Girokonto nicht bis zu einer Höhe von 2.800 Euro überziehen kann, entscheidet sie sich für den Ratenkredit. Hierzu macht ihr die Bank folgende drei Angebote:

	Betrag	Laufzeit	Zinssatz	monatl. Belastung
Angebot 1	2.800,-- €	12 Monate	4,9%	ca. 245 €
Angebot 2	2.800,-- €	18 Monate	5,5%	ca. 165 €
Angebot 3	2.800,-- €	24 Monate	6,3%	ca. 125 €

Bevor Iris sich für eines der Angebote entscheidet, überprüft sie ihre Einnahmen und Ausgaben.

monatl. Einnahmen	monatl. Ausgaben	monatl. Kosten für das künftige Auto
Nettolohn 955 € Nachhilfe 30 € Taschengeld der Patentante 20 €	Abgabe für Wohnen/Essen 150 € Vergnügen/Kleidung/Parfüm usw. 190 € Handy 30 € Sparauftrag 50 € VL-Sparvertrag 40 € Betrag für Notfälle 25 €	Versicherung 95 € Kfz-Steuer 10 € Benzinkosten ca. 80 €
1.005 €	485 €	185 €

Iris bleiben im Monat ungefähr 335 Euro übrig. Sie könnte auf jedes der drei Bankangebote zurückgreifen.

A

1. Zusätzlich zum Zinssatz fallen bei Ratenkrediten einmalig Bearbeitungsgebühren an. Erkundige dich bei Banken bzw. Sparkassen nach den derzeit gültigen Bearbeitungsgebühren.
2. Auf welches Bankangebot würdest du zurückgreifen? Begründe.
3. Erkundigt euch nach weiteren Kreditformen, beispielsweise zur Finanzierung von Wohneigentum.
4. Diskutiert und berechnet in Mathematik, bis zu welcher Höhe sich Iris ein Auto kaufen kann.
5. Informiert euch im Internet über Kreditangebote verschiedener Banken.

Iris hat den Kredit zur Finanzierung ihres Autos aufgenommen. So wie sie nehmen viele private Haushalte Kredite auf, um zum Beispiel ein Haus oder eine Wohnung zu erwerben. Auch der Kauf von Möbeln oder anderen Einrichtungsgegenständen erfolgt mitunter über einen Kredit. Man spricht dann von einem **privaten Kredit**.

Ein Kredit ist an bestimmte Voraussetzungen gebunden:
- Der Kreditnehmer muss volljährig und voll geschäftsfähig sein.
- Er muss über einen festen Arbeitsplatz verfügen.
- Er muss ein regelmäßiges Einkommen haben.

Kreditverträge müssen schriftlich abgefasst und können innerhalb einer Woche nach Unterzeichnung widerrufen werden.

Die Bank sichert sich vor der Vergabe eines Kredits ab:
- Sie informiert sich über die finanziellen Verhältnisse des Kreditnehmers (Weitere Schulden? Sparguthaben?).
- Kreditfinanzierte Gegenstände (z.B. Auto) gehen in das Eigentum des Kreditgebers (z.B. Bank, Sparkasse) über. Der Kreditnehmer (Iris) darf das Auto aber nutzen.
- Bei Zahlungsunfähigkeit wird auf den Lohn zurückgegriffen (Pfändung).
- Mitunter ist eine Bürgschaft (z.B. von den Eltern) erforderlich.

Neben den privaten Krediten gibt es Kredite für **Investitionen** und **gewerbliche Existenzgründungen**. Solche Kredite werden von Betrieben benötigt, um in neue Maschinen, Computereinrichtungen oder Produktentwicklungen zu investieren. Auch für die Neugründung eines Betriebs wird in der Regel ein Kredit benötigt.

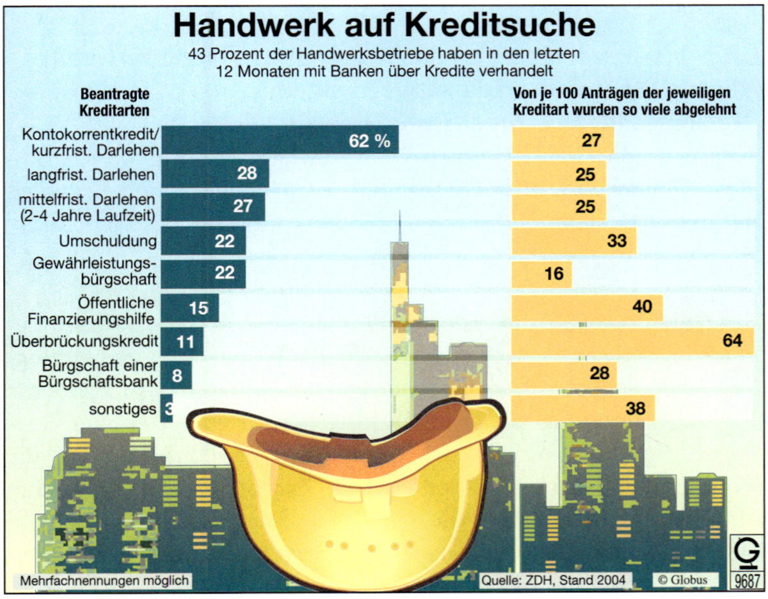

Voll geschäftsfähig ist:
- wer das 18. Lebensjahr vollendet hat.
- wer im Vollbesitz seiner geistigen Kräfte ist.
- wer nicht entmündigt ist.
- wer voll geschäftsfähig ist, kann jede Art von Geschäften (Verträgen) abschließen.

Bei einer Kreditaufnahme kann die Bank noch eine andere Person als Bürgen mitverpflichten. Durch diese **Bürgschaft** kann derjenige für die Rückzahlung des Kredits in Anspruch genommen werden.

1. Erkundige dich bei einer Bank oder Sparkasse über die Inhalte eines Kreditvertrags.
2. Wertet die Grafik aus. Notiert wesentliche Ergebnisse.
3. Vor der Kreditvergabe holen die Banken/Sparkassen Auskünfte bei der Schufa ein. Informiere dich darüber.
4. Informiere dich über die verschiedenen Arten der Bürgschaft.

7 Chancen und Risiken der Kreditaufnahme

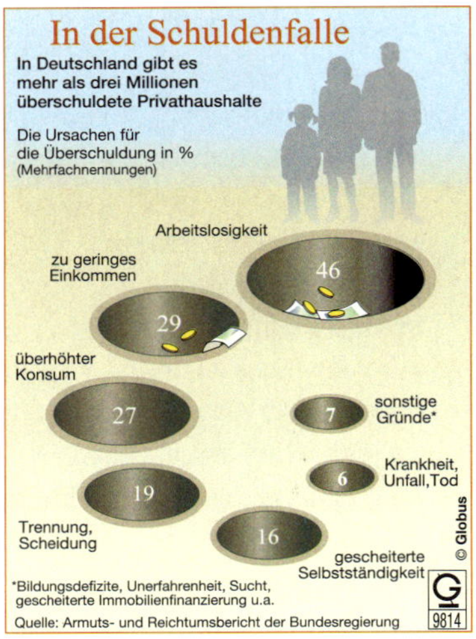

Umschuldungsangebot

A

1. Welche Gefahren ergeben sich, wenn man das Angebot der Umschuldung in der Zeitungsanzeige annimmt?

2. Erkundet eine Schuldnerberatungsstelle. Legt dabei den Schwerpunkt auf das Thema „Jugendliche Schuldner".

3. Wie kann Überschuldung vermieden werden? Stellt Möglichkeiten zusammen.

Die Möglichkeit, einen Kredit aufzunehmen, ist für viele Privatpersonen und Betriebe von Vorteil. Iris ist durch den Kauf ihres Autos mobiler geworden. Sie kommt schneller an ihr jeweiliges Ziel (z.B. Arbeitsplatz) und kann ihre Zeit besser nutzen. Bäcker Moser muss durch die Kreditaufnahme mit der Anschaffung der Teigknetmaschine, die er dringend braucht, nicht warten. Dadurch kann er seine Produktion steigern.

Wenn es heute auch leicht ist, Kredite zu bekommen, so muss man doch bei der Kreditaufnahme sehr vorsichtig sein. Man sollte Kredite nur dann aufnehmen, wenn man sie auch zurückzahlen kann. Im Zweifelsfall gilt: Keinen Kredit aufnehmen, auch wenn man dann auf die Erfüllung von Wünschen verzichten muss.

Viele private Haushalte und Unternehmen nehmen Kredite auf, und haben dann bei der Rückzahlung aus unterschiedichen Gründen Probleme. Die Folge ist eine **Überschuldung**. Überschuldet ist man, wenn nach Abzug der regelmäßigen Ausgaben (Miete, Strom- und Heizkosten, Telefongebühren, Versicherungsbeiträge, Ausgaben für Lebensmittel und Kleidung) der Rest des monatlichen Einkommens nicht mehr ausreicht, um die fälligen Raten des Kredits zu bezahlen. Überschuldung bringt neben finanziellen auch große seelische Belastungen mit sich, die oft weitere Probleme für die Familie zur Folge haben.

Wie kommt es zu einer Überschuldung? Viele Bürger haben die Übersicht verloren und
- zu viele Bank- bzw. Kundenkredite (Ratenkredite) aufgenommen,
- sich bei „Kredithaien" zu überhöhten Zinsen Geld beschafft,
- ihren Dispositionskredit ausgeschöpft und
- unkontrolliert mit Kreditkarten bezahlt.

Diese Gefahr wird oft nicht erkannt: Beim bargeldlosen Bezahlen hält man das Geld nicht in den Händen und spürt das Geldausgeben nicht.

Manche Haushalte sind überschuldet, weil sie durch kritische Lebensereignisse (z.B. Arbeitslosigkeit, Krankheit oder Scheidung) die Kreditrückzahlung nicht mehr vertragsgemäß leisten können. Bei Überschuldung bieten **Schuldnerberatungsstellen** der Verbraucherzentralen kostenlos Hilfen und Möglichkeiten für die Schuldenregulierung an. Hier wird ein Zahlungsplan erstellt. Man erhält Tipps und Hilfen, wie man in Zukunft besser mit seinem Geld auskommt. Die Adresse der Verbraucherzentrale findet man im Telefonbuch.

8 Geldinstitute verwalten Aktien und Wertpapiere

Du hast in diesem Kapitel bereits Formen der Geldanlage kennen gelernt: Termin- und Festgeld, Sparbuch, (Kapital-) Lebensversicherungen, Bausparvertrag, Prämiensparen, Aktien und festverzinsliche Wertpapiere.
Für welche Form der Geldanlage man sich entscheidet, hängt unter anderem davon ab,
- ob man das Geld sofort wieder braucht,
- wie hoch das Risiko sein darf und
- wofür man spart.

Iris sparte für ihr Auto

Während Iris auf das herkömmliche Sparbuch setzt, will Christian, so wie seine Eltern, Aktien oder Wertpapiere kaufen und an der Börse spekulieren.

Christian kauft Aktien

Zuerst informiert sich Christian und erfährt Folgendes:
Aktien sind Urkunden, in denen ein Miteigentum des Aktionärs (Anlegers) an einem Unternehmen (Aktiengesellschaft) verbrieft ist. Das heißt, dem Aktionär gehört ein Teil des Unternehmens. In welchem Maße er Miteigentümer ist, hängt von der Zahl der Aktien ab, die er besitzt. Wer mehr als 50 % aller Aktien einer Firma besitzt, hat die Mehrheit und kann somit über die Firmenpolitik alleine entscheiden. Bei den großen deutschen Aktiengesellschaften gibt es aber meist keinen, der die Mehrheit alleine besitzt, sondern mehrere Großaktionäre, die sich die Mehrheit teilen.
Wertpapiere sind Urkunden, die keinen Anteil an einem Unternehmen beinhalten. Sie garantieren lediglich die Rückzahlung des Betrages plus Zinsen. Aktien und Wertpapiere werden unter dem Begriff **Effekten** zusammengefasst.

BAYERISCHE VEREINSBANK

50 Deutsche Mark

AKTIE

Nr. 000000

über

FÜNFZIG DEUTSCHE MARK

Der Inhaber dieser Aktie ist mit dem Betrag von Fünfzig Deutsche Mark bei der Bayerischen Vereinsbank als Aktionär mit allen satzungsmäßigen Rechten und Pflichten beteiligt.

MUSTER

München, im Dezember 1977

BAYERISCHE VEREINSBANK

Der Kontrollbeamte: Der Aufsichtsrat: Vorsitzender Der Vorstand:

Historische Aktie

Heutzutage erhält der Aktienkäufer kein ausgedrucktes Dokument mehr, wie es hier abgebildet ist. Ihm wird stattdessen der entsprechende Wert auf einem speziellen Konto gutgeschrieben.

Es gibt verschiedene Arten von **Wertpapieren**: **Pfandbriefe** beziehen sich auf die Deckung von Grundstücken oder Immobilien. **Kommunalanleihen** sind Wertpapiere, die von Kommunen (Städten und Gemeinden) ausgegeben werden. Die Kommunen decken dadurch ihren Bedarf an Fremdkapital. **Bundesschatzbriefe** sind Schuldverschreibungen, die vom Bund herausgegeben werden. Sie sind speziell für Privatanleger gedacht.

Was ist eine Aktie?
Eine Aktie besteht aus zwei Blättern. Das eine gibt den **Anteil** des Aktionärs **am Kapital** des Unternehmens an. Hier wird das Eigentumsrecht verbrieft. Das andere Blatt besteht aus Dividendencoupons. Unter Vorlage dieser Coupons wird die Dividende ausgezahlt. Die **Dividende** ist der Gewinnanteil pro Aktie.
In der Praxis übernimmt die Bank oder Sparkasse die Verwaltung der Coupons und der Aktien. Dem Anleger (Aktionär) werden die Aktien auf einem speziellen Konto, dem **Wertpapierdepot**, gutgeschrieben.
Börsennotierte Aktien lassen sich fast täglich wieder verkaufen. Neben Dividendenzahlungen besteht die Rendite des Aktionärs auch in Kursgewinnen. Langfristig gehören Aktien zu den attraktivsten Anlageformen.
Natürlich sind Aktien nicht ohne Risiko. Neben dem Kursrisiko besteht die Gefahr, dass das Unternehmen eines Tages kein Geld mehr hat und Insolvenz anmelden muss.

Aktien: Dem Aktionär gehört ein Teil des Unternehmens

Wo werden Aktien und Wertpapiere gehandelt?
Der Umschlagplatz für Aktien ist die **Börse**. Sie ist im Prinzip nichts anderes als ein zentraler Marktplatz, an dem Wertpapiere gehandelt werden. Von überall treffen Kauf- und Verkaufangebote ein. An der Börse lassen sich die Käufer und Verkäufer durch Händler – beispielsweise Angestellte einer Bank oder Sparkasse – vertreten. Große Aktiengesellschaften, z.B. Automobilkonzerne, nutzen die Börse, um sich über den Aktienverkauf Kapital zu besorgen.
Du kaufst deine Aktien und Wertpapiere über deine Bank oder Sparkasse. Dafür musst du dort ein Depot anlegen, wo die Aktien aufbewahrt werden.

1. Sucht mögliche Gründe, warum sich Geldanleger sehr häufig zum Kauf von Wertpapieren entscheiden.
2. Aktien als Geldanlage sind nicht ohne Risiken. Begründet.
3. Ladet einen Experten eines Kreditinstituts zu euch in die Klasse ein und befragt ihn zum Thema Wertpapiergeschäfte.

Blick in eine Börse

Daxkurve

1. Vergleiche die Vor- und Nachteile von Investmentfonds und Aktien bei einer Geldanlage.
2. Informiere dich darüber, welche Firmen im DAX aktuell vertreten sind. Wovon hängt die Zugehörigkeit zum DAX ab?
3. Wann entsteht Nachfrage für eine Aktie? Befragt Experten dazu und berichtet in der Klasse darüber.

Was kostet eine Aktie?
Der Preis einer Aktie, der **Aktienkurs**, entsteht durch Angebot und Nachfrage. Wollen viele Leute die Aktie einer Firma haben, dann steigt der Preis. Wenn nur wenige Menschen diese Aktie haben wollen, dann fällt der Preis. An der Börse wird der Kurs jeden Tag neu festgelegt. Die allgemeine Tendenz fasst der **DAX** (Deutscher Aktienindex), ein Durchschnittswert, zusammen. In ihm sind die Kurse von 30 führenden deutschen Aktienwerten enthalten.
So wie in Deutschland der DAX die Stimmung in der deutschen Wirtschaft zeigt, gibt der **DOW JONES** (Dow Jones Industrial Average) die Stimmung der Wirtschaft in den USA wieder. Der Aktienindex Dow Jones setzt sich aus den Kursen von 30 der größten US-Unternehmen zusammen.

Christian kennt nun die wichtigsten Begriffe zum Thema Aktien und Wertpapiere. Er weiß aber immer noch nicht, von welchem Unternehmen er Aktien oder Wertpapiere kaufen soll. Er verfolgt in der Zeitung jeden Tag den Verlauf der Kurswerte von Aktien verschiedener Firmen.
Sein Onkel gibt ihm den Tipp, doch in **Investmentfonds** zu investieren. Das Wort „Fonds“ heißt so viel wie „Vorrat“. Bei einem Investmentfonds zahlen viele Leute Geldbeträge in einen Fonds. Der Fondsverwalter kauft Aktien oder Wertpapiere verschiedener Unternehmen. Der Vorteil ist, dass weniger Risiko besteht, da viele Aktien unterschiedlicher Unternehmen gekauft werden. Meist sind es Unternehmen aus verschiedenen Ländern. Dadurch verringert sich das Risiko nochmals.

Christian verfolgt den Aktienkurs

Es gibt verschiedene Fonds: **Aktienfonds** kaufen nur Aktien; **Rentenfonds** erwerben festverzinsliche Wertpapiere; **Immobilienfonds** setzen auf den Ertrag an Grundstücken oder Gebäuden.

9 Ohne Kreditinstitute geht es nicht

Naturaltausch

Vor vielen hundert Jahren versorgten sich die Menschen selbst, indem sie die benötigten Dinge (Nahrung, Kleidung usw.) selbst produzierten oder tauschten. Der Tauschvorgang (z.B. eine Fleischkeule gegen drei Speere) war aber nicht ohne Probleme: Häufig fehlte ein einheitlicher Wertmaßstab oder ein geeigneter Tauschpartner. Verderbliche Waren mussten über weite Strecken transportiert werden und waren dann nicht mehr brauchbar.

Das Aufkommen des Geldes erleichterte den Tausch: Die einzelnen Güter konnten für einen bestimmten Betrag, der allgemein gültig und anerkannt war, eingetauscht werden.

Warengeld

Mit zunehmender Bevölkerung und der damit verbundenen Arbeitsteilung wurden die Tauschvorgänge immer komplizierter und zeitaufwändiger. Schon im 2. Jahrhundert vor Christus gab es eine Bank. Banken und Sparkassen wurden gegründet, um eine zentrale Aufgabe im Tauschgeschäft zu übernehmen.

Worin besteht diese wichtige Aufgabe der Geldinstitute?
Bäcker Moser hat fünf Mitarbeiter, die jeden Monat für ihre Arbeit einen Lohn erhalten. Diesen benötigen sie, um ihren Lebensunterhalt (Wohnung, Nahrung usw.) bestreiten zu können. Einen Teil des Lohnes werden die Mitarbeiter von Herrn Moser für „Notfälle" oder Anschaffungen bei der Bank bzw. Sparkasse anlegen. Dafür bekommen sie Zinsen **(Sparzinsen)**.

Metallgeld

Das Geldinstitut wiederum vergibt einen Teil des angelegten Geldes in Form von Krediten an Privatpersonen oder Betriebe. Auch Bäcker Moser benötigt einen Kredit für seinen neuen Backofen. Die Bank verlangt von Bäcker Moser für den Kredit Zinsen **(Kreditzinsen).** Diese sind höher als die Sparzinsen, denn aus diesem Unterschied „verdienen" die Geldinstitute ihren Überschuss, ihren Gewinn.

Münzgeld

Bargeld

Buchgeld/Giralgeld

Die Bank vermittelt also zwischen den Haushalten und den Betrieben. Ohne die Existenz von Geldinstituten würde der **Geldkreislauf** und damit unsere Wirtschaft nicht funktionieren.
Gäbe es keine Geldinstitute, könnte Herr Moser seinen Mitarbeitern ihren Lohn nicht überweisen. Die Auszahlung müsste - umständlich und kompliziert - bar (z.B. in „Lohntüten") erfolgen.
Banken und Sparkassen bilden die Grundlage für die bargeldlose Bezahlung von Löhnen und Waren über Girokonten.

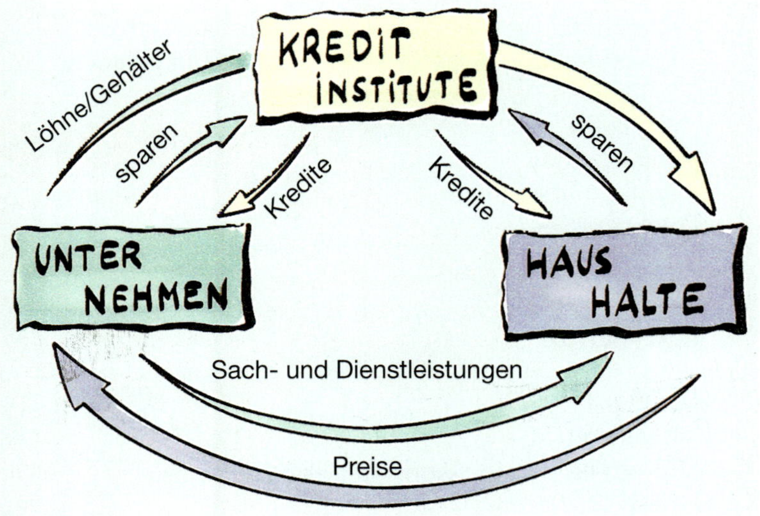

Die Kreditinstitute im Kreislauf der Wirtschaft

Die Banken sind für dich als **Privatperson** sehr wichtig, weil sie u.a.
- dein Geld als Einlage entgegennehmen,
- deinen Zahlungsverkehr (Girokonto) abwickeln,
- dir Kredite geben,
- den Ankauf und Verkauf von Wertpapieren organisieren und
- dir weitere Dienstleistungen bieten (z.B. Handel mit Edelmetallen, Vermieten von Schließfächern).

Die **Betriebe** erhalten dieselben Leistungen, nur geht es hier meist um höhere Geldbeträge.
Für unser **Land** sind die Banken und Sparkassen ebenso wichtig. Wenn der Zahlungsverkehr nicht fließen würde, könnten auch keine Waren produziert und verteilt werden. Diese Warenproduktion, Warenverteilung und Dienstleistung ist aber für die **Erhaltung der Arbeitsplätze**, das **Steuereinkommen des Staates** und die **Versorgung der Bevölkerung** sehr wichtig.
Dies alles funktioniert nur, wenn die Familien nicht zu viel, aber auch nicht zu wenig sparen und der Geldkreislauf somit fließen kann.

A

1. Der Staat fördert teilweise den Spargedanken. Informiere dich über Möglichkeiten der staatlichen Förderung für Wohneigentum.

2. Was würde passieren, wenn die Familien zu viel oder zu wenig sparen? Diskutiert mögliche Folgen für den Geldkreislauf und für den Staat. Der Text hilft dir dabei.

3. Wie wirkt sich die immer größere Zahl der Arbeitslosen auf den Geldkreislauf aus? Diskutiert mögliche Folgen für Familien, Betriebe und die Volkswirtschaft.

Wiederholen und Vertiefen

Du hast in diesem Kapitel viel über Banken und Sparkassen erfahren und gesehen, dass die Geldinstitute viele Dienste anbieten, von denen du vielleicht schon einige beansprucht hast. Im Folgenden werden die wichtigsten Dienstleistungen zusammengefasst:

Bargeldloser Zahlungsverkehr
z. B.
- Girokonto
- Überweisung
- EC-Karte
- Geldkarte
- Dauerauftrag
- Lastschriftverfahren

Bereitstellung von Krediten
z. B.
- Dispositionskredit
- Anschaffungsdarlehen
- Hypothek

Geldanlage
z. B.
- Sparbuch
- Aktien
- Festverzinsliche Wertpapiere
- Termin-/Festgeld
- Bausparvertrag
- Prämiensparen
- (Kapital-) Lebensversicherung

EDV-Service
z. B.
- Online-Banking
- Electronic Cash
- elektronischer Zahlungsverkehr

Dienstleistungen
z. B.
- Nachttresor
- Geldautomat
- Kontoauszugsdrucker
- Immobilienvermittlung

Auslandsgeschäft
z. B.
- Auslandsüberweisung
- Bereitstellung von ausländischen Zahlungsmitteln

Du hast in diesem Kapitel auch erfahren, dass die Banken und Sparkassen für unser Land (unsere Volkswirtschaft) sehr wichtig sind. Durch den Zahlungsverkehr (= Geldfluss) ermöglichen sie Warenproduktion, Warenverteilung und Dienstleistungen. Dies ist für die **Erhaltung der Arbeitsplätze**, das **Steuereinkommen des Staates** und die **Versorgung der Bevölkerung** absolut notwendig.

1. Seit dem 1. Januar 2002 wird bei uns mit Euro bezahlt, das heißt, seit diesem Tag gibt es Euromünzen und -banknoten. Informiere dich über die Eigenheiten und Sicherheitsmerkmale der verschiedenen Münzen und Scheine.

2. Die Banken und Sparkassen in Deutschland werden von der „Deutschen Bundesbank“ und deren Filialen, den „Landeszentralbanken“ kontrolliert. Sammle hierüber Informationen.

3. Die „Europäische Zentralbank“ hat seit dem 1. Januar 1999 wichtige Aufgaben der Deutschen Bundesbank übernommen. Informiere dich über die „Europäische Zentralbank“.

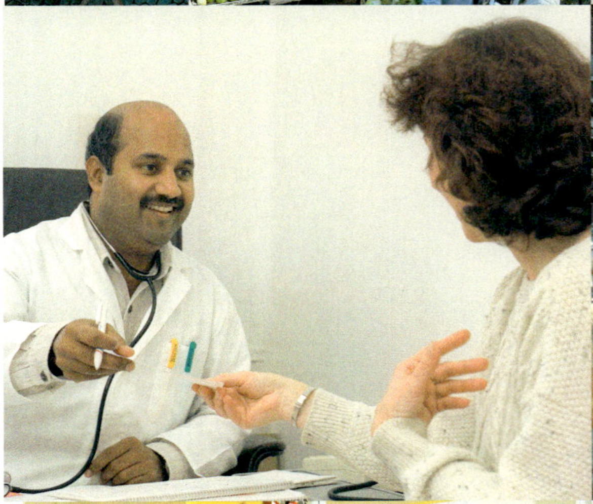

VI Soziale Marktwirtschaft

Diese farbliche Unterlegung kennzeichnet die Teile, die bearbeitet werden müssen, wenn der Schwerpunkt auf diesem Kapitel liegt.

In Deutschland leben rund 82 Millionen Menschen. Sie benötigen Nahrung, Kleidung, Wohnung, ärztliche Versorgung usw. Schulen und Ausbildungsstätten sorgen für Bildung. In vielen Betrieben werden Waren und Dienstleistungen zur Verfügung gestellt. Die Menschen können ihre Bedürfnisse befriedigen. Wie dies funktioniert und wie auftretende Probleme gelöst werden, erfährst du in diesem Kapitel.

1 Was ist Marktwirtschaft?

Die Menschen in Deutschland brauchen täglich Lebensmittel, Kleidung, Wohnung, ärztliche Versorgung und andere Dienstleistungen. Hast du dir schon einmal Gedanken darüber gemacht, woher die Güter und Dienstleistungen kommen, beziehungsweise wie sie verteilt werden?

Markt: Treffpunkt von Angebot und Nachfrage

Herr und Frau Huber überlegen, welche Waren sie und ihre Kinder benötigen. Damit nichts vergessen wird, schreiben sie eine Einkaufsliste und fahren anschließend in den Supermarkt.

An diesem Beispiel erkennst du einen grundlegenden Zusammenhang: Familie Huber braucht bestimmte Waren, der Supermarkt bietet diese an. Es entsteht ein **Markt**.

Der Supermarkt hat große Mengen Spargel im Angebot, weil die Ernte gut war. Da nur wenig Kunden Spargel kaufen, reagiert die Supermarktleitung, indem sie den Spargel billiger anbietet. Dieses Beispiel zeigt dir, dass über den Preis einer Ware die Nachfrage und das Angebot gesteuert werden: ein **niedriger Preis** bewirkt eine **höhere Nachfrage**, ein **hoher Preis** bewirkt das **Gegenteil**.

Beim Gleichgewichtspreis sind die angebotene Menge der Ware und die tatsächlich verkaufte Ware gleich. Dieser Markt wird leer. In Wirklichkeit schwankt der Preis um diesen Gleichgewichtspreis herum.

Du erkennst, dass du als Verbraucher durch dein Kaufverhalten den Preis und das Angebot beeinflussen kannst. Der Supermarkt als Anbieter von Gütern ist bemüht, die Wünsche der Kunden zu ermitteln und auf sie einzugehen.

A

1. In der 7. Klasse habt ihr bereits kennen gelernt, was ein Markt ist. Notiert und erklärt verschiedene Beispiele für Märkte.

2. Überlegt euch, wodurch der Supermarkt besser sein kann als die Konkurrenz.

i

Ein **Markt** ist der Ort, an dem **Nachfrager** und **Anbieter** zusammentreffen (z.B. Supermarkt).

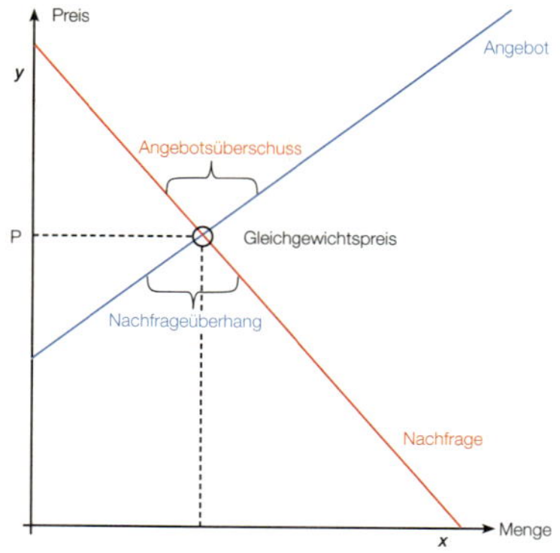

Damit das Marktgeschehen funktioniert, gibt es in der Bundesrepublik **wirtschaftliche Grundfreiheiten:**

- **Freizügigkeit:** Jeder Bürger hat das Recht, seinen Wohn- und Arbeitsort frei zu wählen.
- **Niederlassungsfreiheit:** Jeder Betrieb hat das Recht, sich an einem Ort seiner Wahl niederzulassen.
- **Freie Konsumwahl:** Jeder hat das Recht, frei zu entscheiden, was und wo er kaufen will.
- **Garantie des Privateigentums:** Der Staat garantiert jedem Bürger ein Privateigentum, wodurch er in der Lage ist, Güter und Dienstleistungen in Anspruch zu nehmen.
- **Gewerbefreiheit:** Jeder Bürger hat das Recht, ein Gewerbe, also eine selbstständige Tätigkeit, zu betreiben, soweit er nicht gegen geltende Gesetze verstößt.

Das Handeln der Anbieter und Nachfrager auf dem Markt verläuft aber nicht immer reibungslos. Es besteht die Gefahr, dass diese Freiheiten missbraucht werden und dass Menschen (auch unverschuldet) in Notlagen geraten. Beispiele hierfür sind:

- Ein Marktteilnehmer strebt zu viel Macht an.
- Das Wohl der Bürger ist gefährdet.
- Gesellschaftliche Gruppen werden benachteiligt.

In solchen und anderen Fällen muss der Staat durch Gesetze eingreifen, denn das freie Spiel der Kräfte hat seine Grenzen. Der Staat wirkt ausgleichend und hat dabei das Wohl aller Bürger im Auge. Somit wird aus einer **freien Marktwirtschaft** eine **soziale Marktwirtschaft**. Die Marktwirtschaft bekommt ein „soziales Gesicht“:

Familien mit Kindern zahlen weniger Einkommensteuer als Ausgleich für ihre höhere Belastung.

Ludwig Erhard war von 1949 bis 1963 Bundeswirtschaftsminister und gilt als Begründer der sozialen Marktwirtschaft.

i

Sozial bedeutet das Gemeinwohl betreffend bzw. der Allgemeinheit nutzend.

A

1. Findet weitere Beispiele zum „sozialen Gesicht“ der sozialen Marktwirtschaft.

+

2. Informiert euch darüber, wie der Staat in das Marktgeschehen eingreift.
3. Informiert euch über Ludwig Erhard und die historische Entwicklung der sozialen Marktwirtschaft.

Der Staat greift durch Gesetze in das Marktgeschehen ein. Er will dadurch erreichen, dass das Wirtschaftsgeschehen reibungslos abläuft. Hierzu wurden vom Staat **sechs** wichtige **Ziele** formuliert und gesetzlich festgelegt:

- **Vollbeschäftigung:** Jeder arbeitsfähige und arbeitswillige Bürger soll einen Arbeitsplatz bekommen.
- **Preisstabilität:** Die Preise sollen möglichst stabil bleiben, das heißt, der Bürger erhält über einen längeren Zeitraum für einen bestimmten Geldwert den gleichen Warenwert.
- **Wirtschaftswachstum:** Die Summe aller produzierten Waren und erbrachten Dienstleistungen soll jedes Jahr wachsen.
- **Außenwirtschaftliches Gleichgewicht:** Der Wert der ausgeführten und eingeführten Güter und Dienstleistungen soll im Gleichgewicht sein.
- **Gerechte Einkommensverteilung:** Der Staat ist daran interessiert, die Einkommens- und Vermögensverteilung zu verbessern und gerechter zu gestalten.
- **Umweltschutz:** Der Staat versucht, durch Gesetze die Umwelt und die natürlichen Lebensgrundlagen zu schützen und zu erhalten. Wer erfolgreich wirtschaftlich handeln möchte, benötigt eine intakte Umwelt.

i

Die sechs Ziele werden deshalb als **„magisch“** bezeichnet, weil sie nicht alle gleichzeitig verwirklicht werden können. Zwischen den einzelnen Zielen bestehen vielmehr Konflikte und Wechselwirkungen. Man spricht in diesem Zusammenhang vom „magischen Sechseck“.

Das magische Sechseck

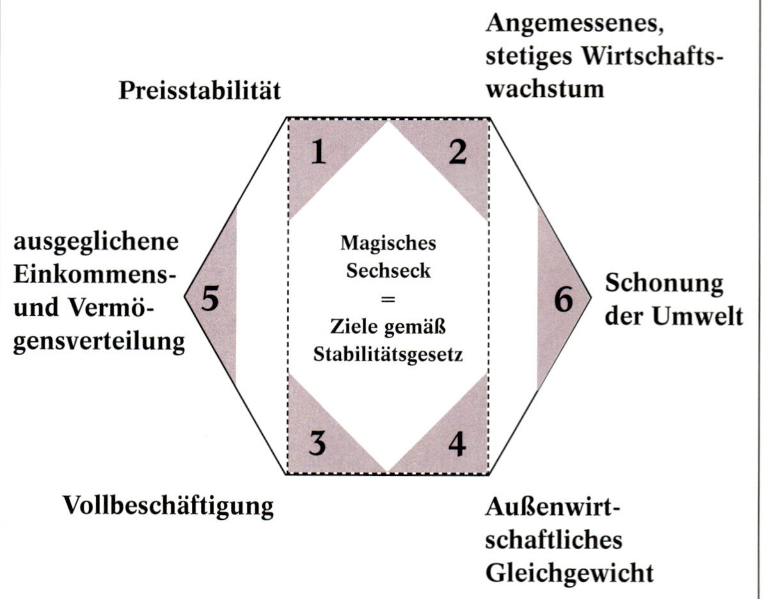

1. Zeige am Beispiel „Wirtschaftswachstum“ und „Umweltschutz“, wie ein möglicher Konflikt zwischen diesen Zielen entstehen könnte.

2 Arbeitsmarkt, Vollbeschäftigung und Arbeitslosigkeit

„Wenn es schon so im Grundgesetz steht, dann soll mir der Staat gefälligst einen Arbeitsplatz besorgen“, meint Herr Fischer, der seit längerer Zeit arbeitslos ist.

Grundgesetz (GG) Artikel 12:
„Alle Deutschen haben das Recht, Beruf, Arbeitsplatz und Ausbildungsstelle frei zu wählen. Die Berufsausbildung kann durch Gesetz oder aufgrund eines Gesetzes geregelt werden.“

Solche oder ähnliche Aussagen hört man immer wieder. Der **Artikel 12 GG** garantiert aber nicht einen Rechtsanspruch auf einen Arbeitsplatz, sondern gibt jedem Bürger das Recht, seinen Arbeitsplatz frei zu wählen. Beruf, Arbeitsplatz und Ausbildungsstätte werden vom Staat nicht vorgeschrieben, da unser Grundgesetz großen Wert auf die Freiheit des Einzelnen legt.

Häufig kann man jedoch nicht so frei wählen, wie man möchte, weil bestimmte Situationen dem eigenen Wunsch entgegenstehen:
- In der näheren Umgebung gibt es keinen Wunscharbeitsplatz oder -ausbildungsplatz.
- Die eigenen Voraussetzungen passen nicht zu den Anforderungen des Wunschberufes.
- Es gibt aufgrund der Wirtschaftslage insgesamt nicht genügend Arbeits- und Ausbildungsplätze.

Die soziale Marktwirtschaft ist gekennzeichnet von dem Bemühen des Staates um einen insgesamt ausgeglichenen **Arbeitsmarkt**. Dabei ist das wichtigste **Ziel** die Vollbeschäftigung, das heißt, jeder Bürger, der eine Arbeit sucht, findet auch eine.
Dass dieses Ziel der Vollbeschäftigung nicht immer erreicht wird, zeigen die aktuellen Arbeitslosenzahlen.

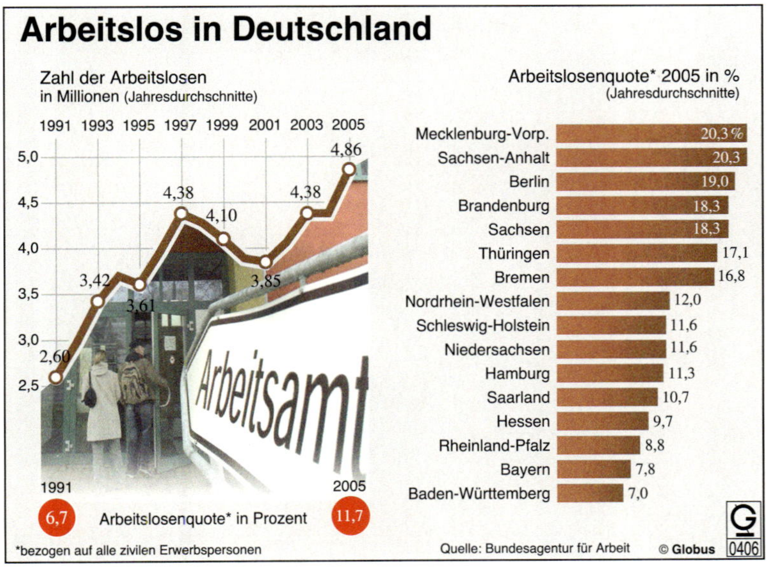

1. Wertet die Grafik aus und berichtet.
2. Was wäre, wenn du das Recht auf freie Wahl des Berufes, des Arbeits- und Ausbildungsplatzes nicht hättest? Diskutiere in der Klasse.

Konjunktur: Wirtschaftslage eines Landes; das mittelfristige Auf und Ab einer Volkswirtschaft. Die Konjunktur unterliegt bestimmten Schwankungen, die in **Tief, Aufschwung, Hoch** und **Abschwung** unterteilt werden.

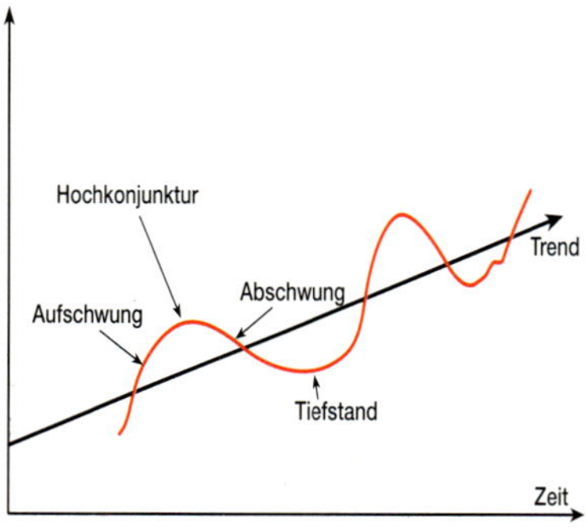

Das Auf und Ab der Wirtschaft

Stabil bedeutet so viel wie fest, dauerhaft, beständig.

1. Wertet die Grafik aus. Notiert wesentliche Erkenntnisse.
2. Wodurch kommen Konjunkturschwankungen zustande?

2.1 Warum werden Menschen arbeitslos?

Das Wirtschaftsgeschehen ist einem ständigen Wandel unterzogen. Täglich treffen viele Menschen wirtschaftliche Entscheidungen: Sie kaufen und verkaufen, investieren, schließen Betriebe und bauen neue auf, handeln Löhne und Gehälter aus, beeinflussen Arbeitszeit und Freizeit. Verbraucher kaufen mehr ein oder halten sich beim Konsum zurück.

Dieses unterschiedliche Verhalten der Marktteilnehmer führt zu einem Auf und Ab der Wirtschaft. Fachleute sprechen in diesem Zusammenhang von unterschiedlichen Entwicklungen der **Konjunktur**.

Die Konjunktur verläuft in den Phasen „Aufschwung, Hochkonjunktur, Abschwung und Tiefstand“. Diese Phasen können unterschiedlich lang sein.

Bei einer rückläufigen Konjunktur gehen in der Regel Arbeitsplätze verloren (**konjunkturelle Arbeitslosigkeit**). Wenn die Wirtschaft dann wieder wächst, erhöht sich die Nachfrage nach Arbeitskräften, allerdings mit einer zeitlichen Verzögerung.

Die Unternehmen warten nämlich ab, ob sich der Aufschwung als stabil erweist und ob es sich lohnt, neu zu investieren und Personal einzustellen. **Wirtschaftswachstum** und **Arbeitslosigkeit** hängen eng zusammen.

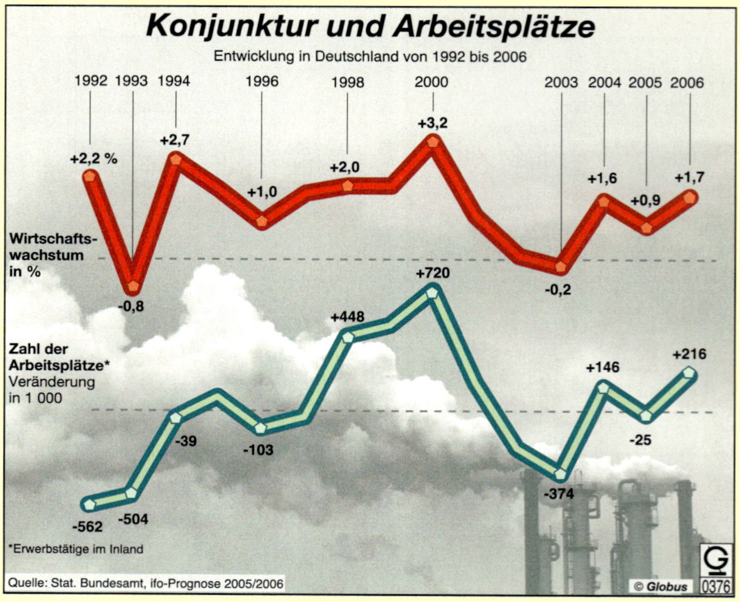

Auch wenn die Wirtschaft insgesamt gut funktioniert, kann der Verkauf einiger Produkte stagnieren oder zurückgehen, weil die entsprechende Nachfrage nicht mehr vorhanden ist. Der Betrieb muss dann Arbeitskräfte entlassen oder sogar schließen. Mitunter wirkt sich der Rückgang in einem Wirtschaftsbereich negativ auf andere Bereiche aus. Arbeitslos gewordene Arbeitnehmer müssen mit weniger Geld auskommen und verbrauchen deshalb weniger Konsumgüter als vorher. Auch eine hohe Steuerbelastung oder hohe Zinsen beeinträchtigen die wirtschaftliche Entwicklung.

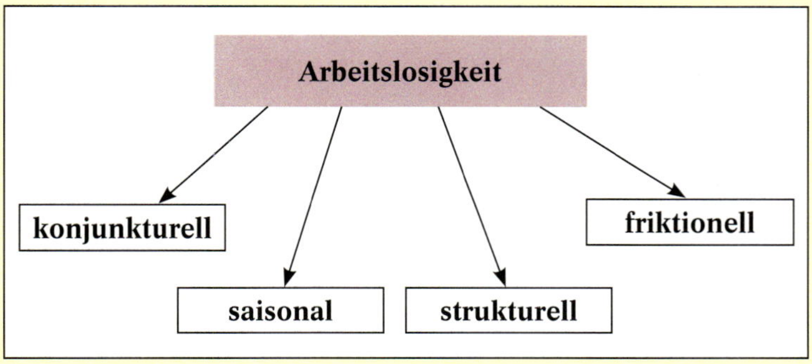

Neben der **konjunkturellen Arbeitslosigkeit** gibt es noch weitere Ursachen der Arbeitslosigkeit.

Saisonale Arbeitslosigkeit
Die Zahl der Arbeitsplätze ist von der Jahreszeit und vom Wetter abhängig. So gibt es beispielsweise im Baugewerbe während der wärmeren Jahreszeit viel zu tun, im Winter dagegen liegen viele Baustellen still.

Strukturelle Arbeitslosigkeit
Arbeitsplätze entfallen durch Veränderungen in der Wirtschaft. So verlagern zum Beispiel viele Textilbetriebe ihre Produktion ins Ausland, weil die Lohnkosten dort beträchtlich niedriger als in Deutschland sind.

Der Einsatz von neuen Techniken kann zur Arbeitslosigkeit führen. Im Bereich der Automobilindustrie zum Beispiel übernehmen computergesteuerte Roboter einen Großteil der Produktion und ersetzen die menschliche Arbeitskraft.

Friktionelle Arbeitslosigkeit
Sie entsteht beim Wechsel von der alten in eine neue Arbeitsstelle. Bis die betroffenen Arbeitssuchenden eine neue Stelle gefunden haben, vergeht meist einige Zeit, in der sie arbeitslos sind.

Saisonarbeit: Spargelstechen

A

1. Findet weitere Beispiele für die saisonale Arbeitslosigkeit.
2. Sucht Beispiele von Firmen, die ihre Produktion ins Ausland verlagert haben.
3. Überlegt Vor- und Nachteile des Einsatzes von computergesteuerten Maschinen.
4. Warum vergeht bei der friktionellen Arbeitslosigkeit einige Zeit, bis die Arbeitssuchenden eine neue Stelle gefunden haben?

+

5. Informiert euch über den Strukturwandel in eurer Region.
6. Erkläre, warum hohe Steuern und hohe Zinsen die Konjunktur beeinträchtigen.

2.2 Welche Folgen hat die Arbeitslosigkeit?

Arbeitslosigkeit ist keine „Freizeit"

Arbeitslosigkeit ist für die Betroffenen oft nicht nur eine schwere seelische Belastung, sie bedeutet – trotz finanzieller Unterstützung durch den Staat – eine deutliche Einschränkung beim bisherigen Lebensstandard. Arbeitslosigkeit führt **beim Einzelnen** zur Abnahme des Selbstwertgefühls, zur Entmutigung und zu sozialer Isolation.

Bei den Familienangehörigen kann es zu einem Anstieg familiärer Konflikte sowie zu Schulleistungsschwächen bei Kindern von Arbeitslosen kommen.

Bei den Arbeitenden führt Arbeitslosigkeit zu vermehrtem Leistungs- und Konkurrenzdruck sowie zur Unterlassung berechtigter Krankmeldungen. Eine hohe Zahl Arbeitsloser kann zu mehr Kriminalität, zu Flucht in Drogen und zu Depressionen führen.

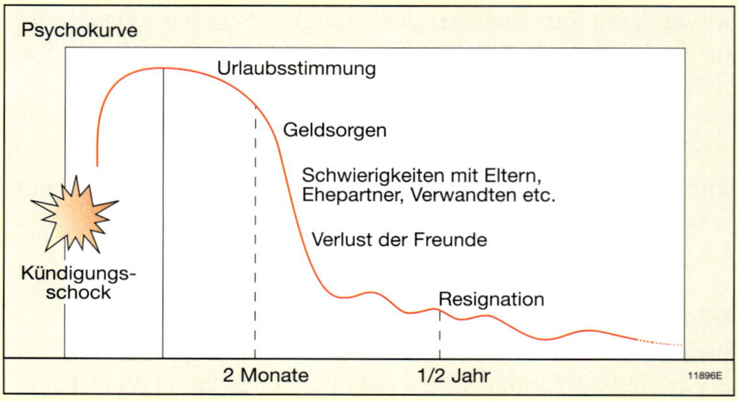

Stimmungskurve eines Arbeitslosen

A

1. „Arbeit ist nicht nur Broterwerb. Sie gibt dem Leben auch Sinn." Begründe diese Aussage am Beispiel von Arbeitslosen.
2. Erläutere die Grafik. Beschreibe, wie die Arbeitslosigkeit das Leben verändert.
3. Informiert euch über Beratungsstellen und Selbsthilfeeinrichtungen für Arbeitslose.

+

4. Der Staat versucht durch Arbeitslosengeld die negativen Folgen der Arbeitslosigkeit zu mildern. Informiere dich über weitere staatliche Maßnahmen.

In der Gesellschaft führt Arbeitslosigkeit nicht nur zur Bildung von Randgruppen, sondern auch zu hohen Kosten für die **Versorgung der Arbeitslosen**. Es müssen zum Beispiel Lohnersatzleistungen (Arbeitslosengeld) gezahlt werden, die vom Staat, also der Allgemeinheit, aufzubringen sind. Durch eine hohe Zahl von Arbeitslosen werden die gesamtwirtschaftliche Entwicklung (Konjunktur) gedrückt und das Wirtschaftswachstum gebremst.

Arbeitslosigkeit führt auch dazu, dass der Staat weniger einnimmt. Diese **Mindereinnahmen** werden zum einen durch Steuerausfälle des Staates, zum Beispiel bei der Lohn- und Einkommensteuer, verursacht. Außerdem kaufen Arbeitslose weniger ein als Erwerbstätige, wodurch die Nachfrage nach Gütern, also der Konsum, zurückgeht. Bei sinkendem Konsum gehen wieder die Mehrwertsteuereinnahmen (= Umsatzsteuer) des Staates zurück.

Wenn weniger Güter und Dienstleistungen nachgefragt werden, müssen die Betriebe ihre Produktion zurückfahren und dadurch eventuell auch wieder Mitarbeiter entlassen. Dies führt zu noch mehr Arbeitslosigkeit.

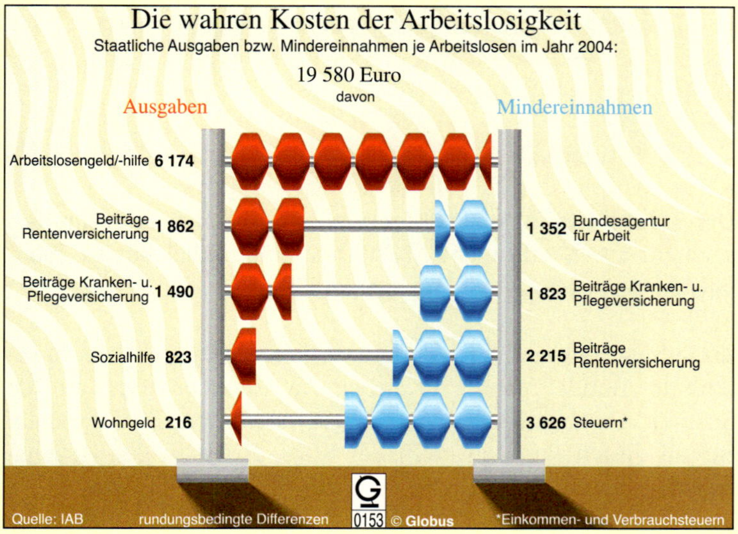

Arbeitslosigkeit hat für den Einzelnen, dessen Umfeld und den Staat zahlreiche negative Folgen. Aus sozialen und gesellschaftlichen Gründen ist es für den Staat also absolut notwendig, gegen dieses Problem etwas zu unternehmen. Er versucht durch **Maßnahmen am Arbeitsmarkt** diesen negativen Folgen entgegenzuwirken.

A

1. Erkundigt euch danach, welche Stellen die Ausgaben tragen, wer also bezahlt.

2. Vergleicht die Höhe des Geldes, das der Arbeitslose direkt bekommt, mit den Gesamtkosten.

3. Erkundigt euch nach aktuellen Maßnahmen des Staates zur Belebung des Arbeitsmarktes und berichtet in der Klasse.

4. Sammelt Artikel aus Zeitungen und Zeitschriften zum Thema Arbeitslosigkeit und gestaltet ein Wandplakat.

+

5. Was wollen die einzelnen Parteien im Bundestag gegen die Arbeitslosigkeit unternehmen? Informiere dich über deren wirtschaftspolitischen Programme und diskutiert darüber in der Klasse.

2.3 Wege aus der Arbeitslosigkeit

Arbeitslosigkeit ist ein Problem mit negativen Folgen für den Einzelnen und den Staat. Dementsprechend gibt es auch zwei verschiedene Wege aus der Arbeitslosigkeit:
Jeder **Einzelne** muss sich selbst bemühen und der **Staat** entwickelt Maßnahmen gegen die Arbeitslosigkeit.

Was kannst du selbst tun?
Vor Arbeitslosigkeit kann man sich nicht 100-prozentig schützen. Man kann aber selbst aktiv werden und auch dementsprechend vorbeugen.

Der **Staat** lässt die Arbeitslosen nicht im Regen stehen, sondern versucht durch zahlreiche Maßnahmen am Arbeitsmarkt ebenfalls der Arbeitslosigkeit entgegenzuwirken.

Zu diesen Maßnahmen zählen zum Beispiel die Arbeitsvermittlung der Bundesagentur für Arbeit, die Berufsberatung an den Schulen, Umschulungen oder Arbeitsbeschaffungsmaßnahmen. Bei all diesen Punkten greift der Staat **direkt** in den Arbeitsmarkt ein.

Darüber hinaus versucht der Staat auch **indirekt** der Arbeitslosigkeit entgegenzuwirken. Durch die Förderung des Wirtschaftswachstums und Maßnahmen zur Verbesserung der Wettbewerbsfähigkeit will der Staat die Grundlage für mehr Arbeitsplätze liefern. Die Politiker und Regierungen wechseln aber immer wieder und sind sich auch nicht immer einig, wie solche Maßnahmen umgesetzt werden sollen.

i

Bei einer **Umschulung** werden bereits ausgebildete Arbeitskräfte für einen anderen, neuen Beruf ausgebildet. Die Bundesagentur für Arbeit fördert solche Umschulungen beispielsweise bei Arbeitslosigkeit oder einem Unfall.

A

1. Erkundige dich nach Beispielen für Arbeitsbeschaffungsmaßnahmen.

3 Das System der sozialen Sicherung

3.1 Die geschichtliche Entwicklung der sozialen Sicherung

In der zweiten Hälfte des 19. Jahrhunderts herrschten in Deutschland harte **Arbeitsbedingungen**. Die Situation der Arbeiter war gekennzeichnet durch
- 14 Stunden Arbeit pro Tag,
- niedrige Löhne, die kaum zum Leben reichten,
- keinerlei Vorrichtungen zum Schutz gegen Unfall,
- viele Unfälle bei der Arbeit,
- hoher Krankenstand,
- Erwerbsunfähigkeit schon mit 40 Jahren.

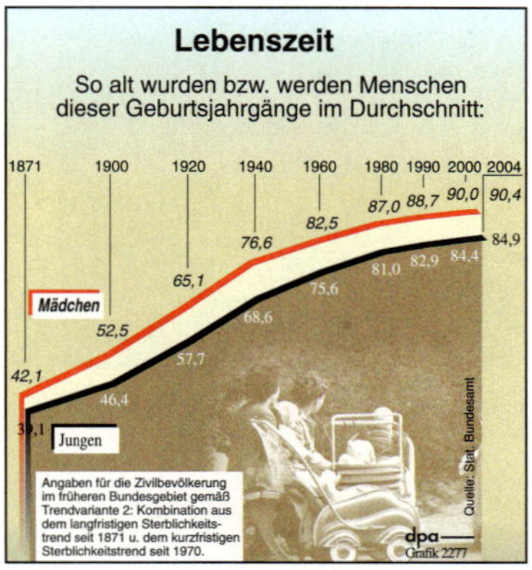

Lebens- und Arbeitsbedingungen im 19. Jahrhundert

Bei Unfall oder Krankheit wurde kein Lohn bezahlt, wodurch auch die Versorgung der Familie gefährdet war. Ohne Arbeitseinkommen blieben dem Arbeitnehmer als geringer Schutz vor dem Verhungern nur gelegentliche Almosen von Mitbürgern oder das Armenhaus. Daneben boten die **Kirchen** Hilfen in Notsituationen.
Einige **Unternehmer** erkannten, dass es wichtig war, die Not der Arbeiter zu lindern. Der Erfolg des Unternehmens hing auch vom Fleiß und der Leistungsfähigkeit der Arbeiter ab.
Viele Arbeiter schlossen sich zu **Selbsthilfeorganisationen** zusammen. Sie gründeten zum Beispiel Unterstützungskassen, um sich gegenseitig im Krankheitsfall helfen zu können.
Der damalige Reichskanzler **Fürst Otto von Bismarck** lehnte diese Zusammenschlüsse zunächst ab. Die Widerstände aus der Arbeiterschaft wurden aber so stark, dass er schließlich das System der **deutschen Sozialversicherungen** einführte. Gegen Ende des 19. Jahrhunderts wurden in schneller Folge **Unfallversicherung, Krankenversicherung, Altersversicherung** und **Invalidenversicherung** geschaffen. Erstmals auf der Welt gab es eine gesetzliche Sicherung der Arbeitnehmer vor den negativen wirtschaftlichen Folgen von Krankheit, Unfall, Alter und Tod.

A

1. Wie hat sich die durchschnittliche Lebenserwartung verändert? Sucht nach Gründen.
2. „Die Bundesrepublik Deutschland ist ein demokratischer **und** sozialer Bundesstaat (Artikel 20, Abs. 1 GG)“. Erkläre diese Aussage.
3. Informiere dich im Detail über die Entwicklung der deutschen Sozialversicherung. Referiere darüber in der Klasse.

Fürst Otto von Bismarck

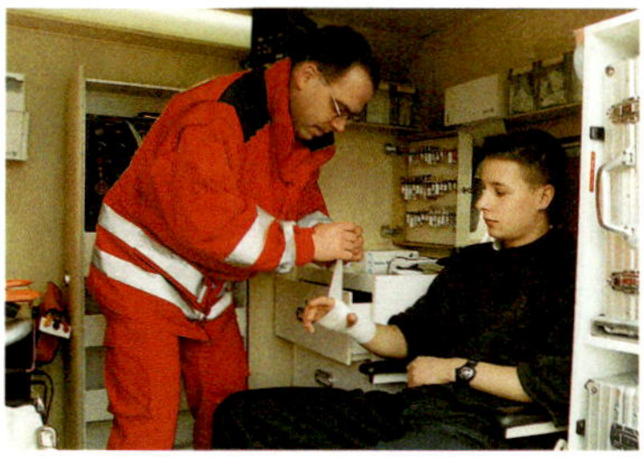

Versorgung nach einem Unfall

Rentner

3.2 Wie funktioniert das System der sozialen Sicherung?

Wenn du **krank** bist, gehst du zum Arzt. Solltest du im Rollstuhl sitzen und dich nicht mehr selbst versorgen können, dann wird man dich **pflegen**. Nach einem **Unfall** musst du zu Hause bleiben und möchtest auch Geld bekommen. Als Arbeitsloser erhältst du **Arbeitslosengeld**. Wenn du mit 65 Jahren in den Ruhestand gehst, erwartest du eine **Rentenzahlung**.

Für diese Fälle gibt es das System der sozialen Sicherung. Es ist wie ein Netz, das dich auffängt und im Notfall finanzielle Probleme vermindert. Alleine könntest du das alles gar nicht bezahlen.
In Deutschland gibt es das **Prinzip der Solidargemeinschaft**. Dieses Prinzip besagt, dass du als Sozialversicherter im Notfall Geld von anderen bekommst. Damit das passiert, musst auch du monatlich in diese Sozialversicherung etwas einbezahlen. Es gilt das Motto: „Einer für alle, alle für einen!"
Zu diesem sozialen Netz zählen folgende fünf Säulen der Sozialversicherung: **Rentenversicherung, Krankenversicherung, Arbeitslosenversicherung, Pflegeversicherung, Unfallversicherung.**

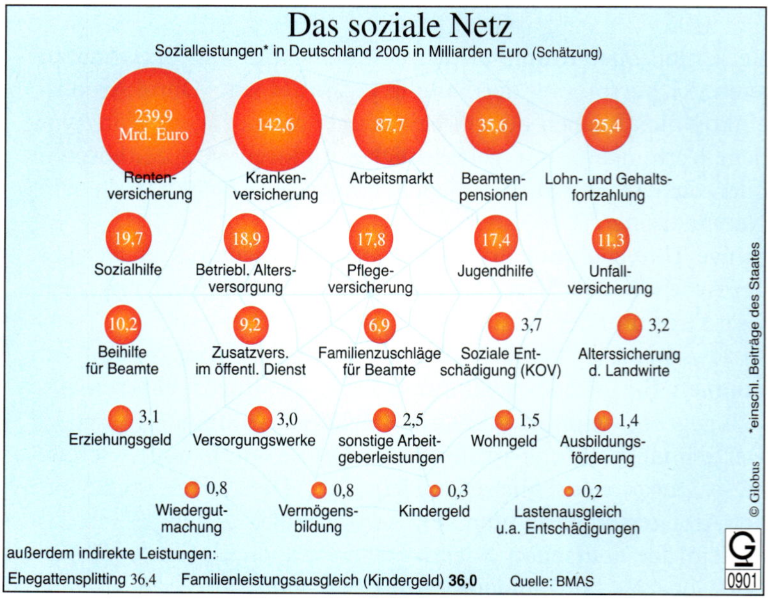

In die Sozialversicherung zahlen Arbeitnehmer und Arbeitgeber Beiträge ein. Mit diesen Pflichtbeiträgen werden Hilfen im Notfall und Renten für die Arbeitnehmer finanziert.

A

1. Wertet die Grafik aus und notiert wesentliche Erkenntnisse.
2. Erkundigt euch, wie hoch (in Prozent) die Beitragssätze der einzelnen Versicherungen sind und rechnet aus, wie viel ein Arbeitnehmer für seine Sozialversicherungen zahlen muss, wenn er 2.000 Euro verdient.

Krankenversicherung
Im Krankheitsfall erhältst du eine medizinische Versorgung. Die Krankenversicherung arbeitet nach dem **Solidarprinzip**. Alle Krankenversicherten zahlen ihre Beiträge ein und im Krankheitsfall werden die medizinischen Leistungen bezahlt.

Die Krankenversicherung hat folgende drei Aufgaben:
- Vorbeugender Schutz vor Krankheiten (z. B. Impfung, Vorsorgeuntersuchung),
- Medizinische Hilfe im Krankheitsfall (z. B. ärztliche Untersuchung, Operation, Medikamente, Heilmittel, Rehabilitationsmaßnahmen)
- Finanzielle Unterstützung bei längerer Arbeitsunfähigkeit (z. B. Krankengeld)

Träger der gesetzlichen Krankenversicherung sind die Krankenkassen. Im Dezember 2004 wurden insgesamt 50,8 Millionen Mitglieder gezählt.

Pflegeversicherung
Die Pflegeversicherung gibt es erst seit 1995 für alle Bürger. Jeder, der bei einer Krankenversicherung versichert ist, muss automatisch Beiträge für eine Pflegeversicherung bezahlen. Die Pflegeversicherung hilft, wenn jemand pflegebedürftig geworden ist.

Je nachdem, wie schwer pflegebedürftig man ist, wird man in verschiedene **Pflegestufen** eingeteilt und erhält dann eine entsprechende Unterstützung.

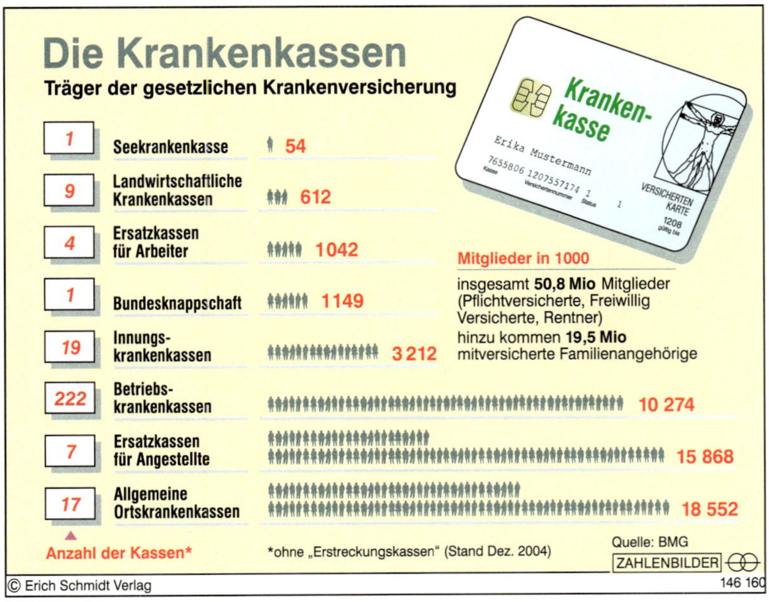

Beim **Solidarprinzip** werden die zu erwartenden Ausgaben der gesetzlichen Krankenversicherung geschätzt (mit Hilfe der Ausgaben des Vorjahres). Danach richtet sich dann der Beitrag des Versicherten.

Wichtige Träger der gesetzlichen Krankenversicherung

19 Innungskrankenkassen = 3.212.000 Mitglieder
222 Betriebskrankenkassen = 10.274.000 Mitglieder
7 Ersatzkassen für Angestellte = 15.868.000 Mitglieder
17 Allgemeine Ortskrankenkassen = 18.552.000 Mitglieder

(Stand Dezember 2004, nach Erich Schmidt Verlag, Berlin)

1. Wertet die Grafiken aus: Wieso steigen die Pflegekosten?
2. Informiert euch, wer in der gesetzlichen Krankenversicherung pflichtversichert ist.
3. Erkundige dich über die private Krankenversicherung und referiere in der Klasse.
4. Ladet einen Experten ein, den ihr zu den Themen Kranken- und Pflegeversicherung befragt.

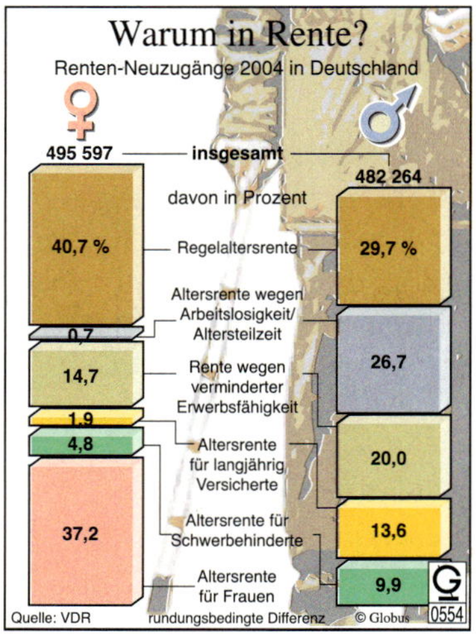

Rentenversicherung

In der gesetzlichen Rentenversicherung sind mit Ausnahme der Beamten fast alle Arbeitnehmer versichert. Die Hälfte des Versicherungsbeitrages wird vom Bruttolohn abgezogen, die andere Hälfte zahlt der Arbeitgeber.

Die Rentenversicherung zahlt Renten z.B. bei Erreichen der Altersgrenze für Erwerbstätigkeit. Sie bietet aber auch finanziellen Schutz bei Gefährdung oder Minderung der Erwerbsfähigkeit.

Die Grundlage der gesetzlichen Rentenversicherung ist der **Generationenvertrag**. Das bedeutet, dass jeweils die momentan Erwerbstätigen durch ihre Beiträge zur Rentenversicherung das Einkommen der Rentner finanzieren.

Arbeitslosenversicherung

Die Arbeitslosenversicherung deckt das Risiko der Arbeitslosigkeit zumindest für einen bestimmten Zeitraum ab. Jemand, der in die Arbeitslosenversicherung einbezahlt hat, erhält von der **Bundesagentur für Arbeit** im Fall der Arbeitslosigkeit Arbeitslosengeld.

Das Arbeitslosengeld wird nur über einen Zeitraum von maximal 18 Monaten ausgezahlt. Wenn ein Arbeitnehmer seine Stelle selbst kündigt, wirkt eine Sperrfrist von drei Monaten. In dieser Zeit erhält er kein Arbeitslosengeld. Ist der Arbeitssuchende auch nach 18 Monaten noch arbeitslos, dann bekommt er Arbeitslosengeld II.

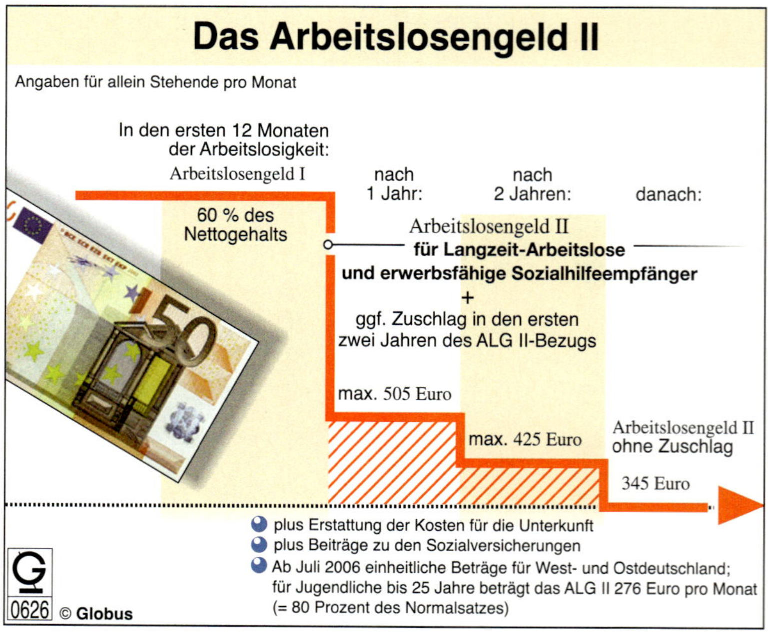

1. Wertet die Grafiken aus und notiert wesentliche Erkenntnisse.
2. Diskutiert Folgen für die gesetzliche Rentenversicherung, wenn es immer weniger Junge und immer mehr Ältere (Rentner) gibt.
3. Informiere dich über die Leistungen der gesetzlichen Rentenversicherung.
4. Informiere dich über die weiteren Leistungen der Arbeitslosenversicherung.
5. Ladet einen Experten, z.B. von der Bundesagentur für Arbeit, zum Thema Arbeitslosenversicherung ein und befragt ihn.
6. Erkundigt euch über aktuelle Änderungen beim Arbeitslosengeld.

Arbeiten mit hohem Unfallrisiko: Schornsteinfeger, Berufsportler, Waldarbeiter

Unfallversicherung

Egal, ob du später ein abhängig Beschäftigter oder selbstständig bist, du wirst einen großen Teil deiner Zeit an deiner Arbeitsstelle verbringen. Oft ist die Arbeit sehr belastend und sogar gefährlich.

Es gibt Menschen, die müssen ihre Arbeit aufgeben, weil sie einen **Arbeitsunfall** hatten oder sich durch die **Arbeit eine Krankheit** zugezogen haben. In diesen Fällen ist es die Aufgabe der **Unfallversicherung**, für die finanziellen Folgen (z.B. Heilkosten, Rente bei Berufsunfähigkeit) zu sorgen. Natürlich ist es auch eine Aufgabe der Unfallversicherung, Arbeitsunfälle, Berufskrankheiten und arbeitsbedingte Gesundheitsgefahren zu vermeiden.

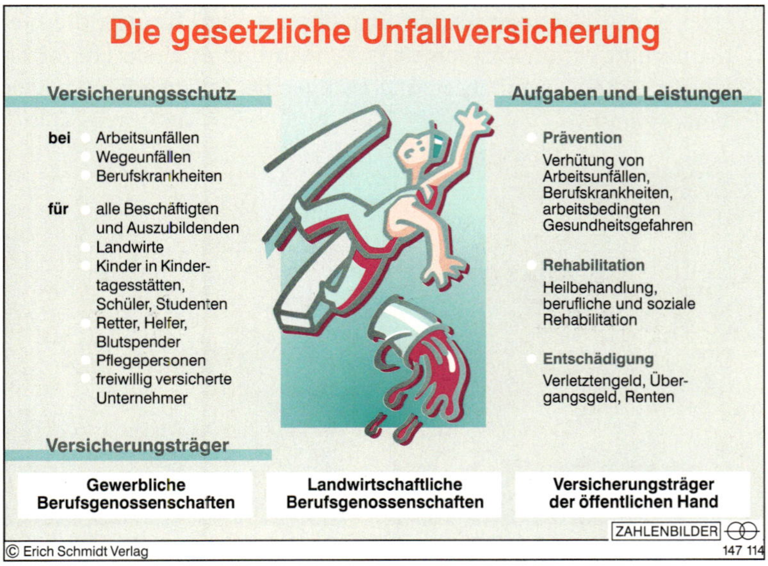

A

1. Die Schule ist dein Arbeitsplatz, deshalb bist du dort unfallversichert. Erkundige dich über den Träger dieser Unfallversicherung und in welchen Fällen diese Versicherung gilt.
2. Informiert euch, wer die Beiträge für die Unfallversicherung am Arbeitsplatz bezahlt und an wen.
3. Überlegt, was die Schule unternimmt, um Schulunfälle zu vermeiden. Gibt es ähnliche Regeln im Betrieb?

3.3 Weitere Sicherungen im sozialen Netz

Durch den Artikel 20 des Grundgesetzes ist gesetzlich festgeschrieben, dass jeder Bürger in Deutschland ein Recht auf einen angemessenen Lebensstandard hat. Dieses Recht des Bürgers nimmt den Staat in die Pflicht. Das bedeutet, dass er in Notfällen Hilfe gewähren muss (**Sozialstaatsgebot**). Damit verfolgt er das Wirtschaftsziel der gerechten Einkommensverteilung.

Die Maßnahmen zur sozialen Sicherung werden in Deutschland auch als soziales Netz bezeichnet. Die wichtigsten Elemente sind die fünf Säulen der Sozialversicherung. Unter die soziale Sicherung fallen aber noch weitere Leistungen und Hilfen, z. B.:

Kinder- und Erziehungsgeld: Wer Kinder hat, erhält in Deutschland Kindergeld. Neben dem Kindergeld kann man auch noch Erziehungsgeld erhalten, wenn man bestimmte Einkommensgrenzen nicht überschreitet.

Wohngeld: Wenn das Einkommen einer Familie zu gering ist, um die Kosten für den eigenen Wohnraum zu decken, kann sie Wohngeld erhalten. Als Mieter erhält man einen Mietzuschuss.

Entgeltfortzahlung im Krankheitsfall: Alle Arbeitnehmer haben das Recht, bei unverschuldeter Arbeitsunfähigkeit durch Krankheit sechs Wochen lang den Lohn weiter gezahlt zu bekommen.

Soziale Entschädigung: Wer in der Bundesrepublik Deutschland einen gesundheitlichen Schaden erleidet, für den die Gemeinschaft verantwortlich ist (z. B. während er Erste Hilfe leistet, zu der er verpflichtet ist), erhält eine Entschädigung oder Versorgung.

Kinder- und Erziehungsgeld

Wohngeld

A

1. Informiere dich über aktuelle Änderungen bei dem Thema Kinder- und Erziehungsgeld.

2. Erkundige dich, wie hoch jeweils das Kinder- und Erziehungsgeld ist. Diskutiert in der Klasse, ob diese Leistungen für ein Kind ausreichen.

3. Informiere dich über weitere, im Text nicht genannte Elemente des sozialen Netzes.

Sozialhilfe: Es gibt Menschen, die können ihren Lebensunterhalt aus eigener Kraft nicht mehr bestreiten und bekommen auch von den anderen Sozialversicherungen keine Leistungen mehr (z. B. eine allein erziehende Mutter, die wegen ihrer zwei Kinder nicht arbeiten kann). Hier setzt die Sozialhilfe an, um zu verhindern, dass jemand unter die Armutsgrenze rutscht und sozial noch mehr ausgegrenzt wird. Die Sozialhilfe versucht, ein Leben zu ermöglichen, das der Würde des Menschen entspricht.

Obdachloser Mann

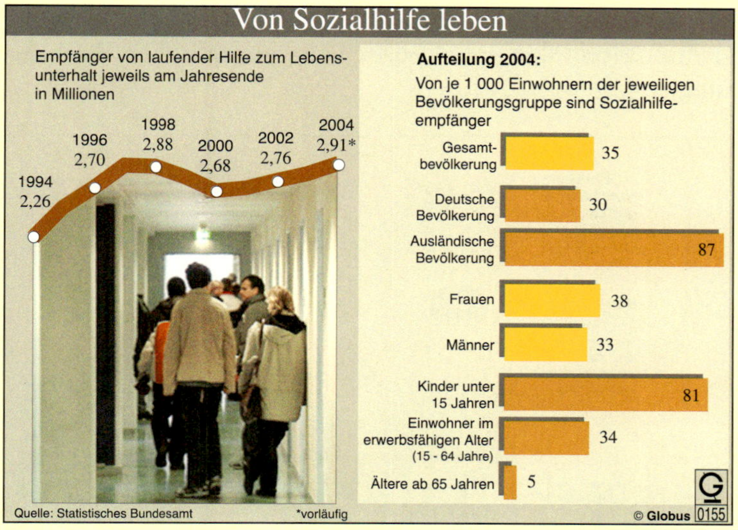

Die Sozialhilfe wird ausschließlich durch staatliche Mittel finanziert. Die Sozialhilfeempfänger müssen sich an ihre Gemeinde wenden und einen Antrag stellen, um die Leistungen zu erhalten. Diese öffentliche Fürsorge tritt aber nur dann ein, wenn alle anderen Hilfen aus der Sozialversicherung nicht oder nicht mehr greifen. In diesem Fall spricht man vom **Subsidiaritätsprinzip** (Hilfe von höherer Stelle, wenn man sich selbst nicht helfen kann).

Bei der Sozialhilfe unterscheidet man sieben Gruppen von Hilfen:
- Hilfen zum Lebensunterhalt (für Wohnung, Kleidung, Essen usw.)
- Grundsicherung im Alter und bei Erwerbsminderung
- Hilfen zur Gesundheit
- Eingliederungshilfe für behinderte Menschen
- Hilfe zur Pflege
- Hilfe zur Überwindung besonderer sozialer Schwierigkeiten
- Hilfe in anderen Lebenslagen

A

1. Erstellt z. B. im Deutschunterricht Fragen zur Sozialhilfe und führt eine Expertenbefragung bei eurer Stadt- oder Gemeindeverwaltung durch.

2. Es gibt auch Familien, die in Not geraten sind, aber keinen Antrag auf Sozialhilfe stellen. Warum wohl?

Paritätisch bedeutet so viel wie gleichgestellt, gleichgewichtig oder gleichbedeutend. Die paritätische Finanzierung der Sozialversicherung bedeutet also, dass die Beiträge zu gleichen Teilen von Arbeitgeber und Arbeitnehmer finanziert werden.

3.4 Wer bezahlt unseren Sozialstaat – und wie lange noch?

Das System der sozialen Sicherung in Deutschland schützt die Menschen vor den finanziellen negativen Folgen individueller Lebensrisiken. Die Sozialversicherung ist die wichtigste Sicherungseinrichtung in Deutschland. Sie leistet z.B. Hilfe bei Krankheit, Unfall, Arbeitslosigkeit, Pflegebedürftigkeit und bezahlt Rente. Diese Leistungen werden zum größten Teil durch Beiträge finanziert. Diese musst du als Arbeitnehmer aber nicht alleine bezahlen. Der Arbeitgeber übernimmt in der Regel die Hälfte davon. Man spricht daher von **paritätischer Finanzierung**.

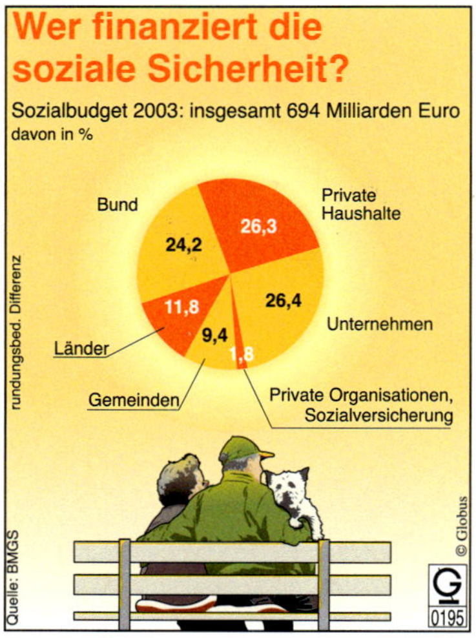

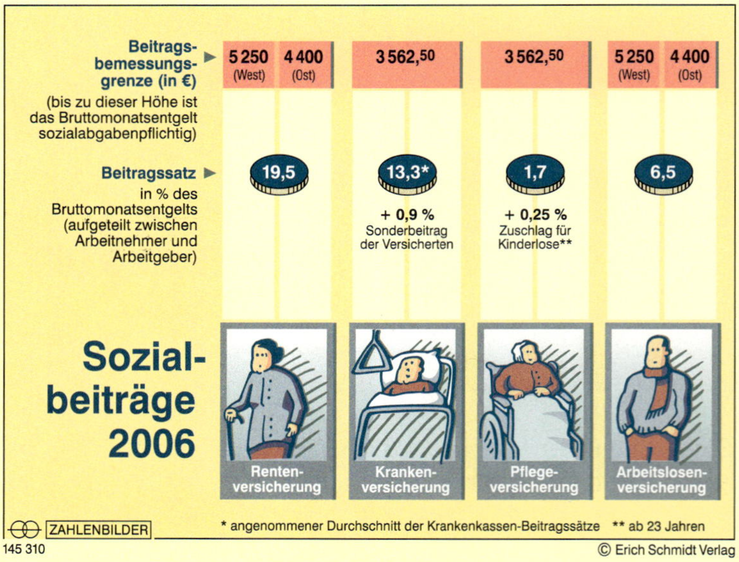

Bei der Unfallversicherung zahlt der Arbeitgeber sogar den ganzen Beitrag. Bei der Renten- und Arbeitslosenversicherung beteiligt sich außerdem der Staat an der Finanzierung.

Insgesamt wurden für die soziale Sicherung in Deutschland im Jahr 2005 rund 7.300 Euro pro Bürger ausgegeben. Das ergibt bei rund 82 Millionen Einwohnern eine Summe von rund 600 Milliarden Euro. Diese Beträge werden von Jahr zu Jahr mehr. Gründe hierfür könnten zum Beispiel sein:

- Die Bevölkerung wird immer älter bzw. hat eine höhere Lebenserwartung.
- Immer mehr Menschen gehen vorzeitig in den Ruhestand.
- Die ärztliche Versorgung wird z.B. durch medizinischen Fortschritt teurer.

A

1. Wo werden die Beiträge nicht (mehr) genau paritätisch geleistet?
2. Informiere dich, was die Krankenkasse bezahlen muss, wenn du z.B. wegen einer Erkältung zum Arzt gehst.

- Es gibt kaum noch Großfamilien, die Kinderbetreuung und Pflege der Alten selbstständig organisieren.
- Das Wirtschaftswachstum steigt zu gering an.
- Die Zahl der Sozialhilfeempfänger steigt.
- Es besteht seit Jahrzehnten eine hohe Zahl von Arbeitslosen.
- Manche Menschen missbrauchen den Sozialstaat.

Die Ausgaben für die soziale Sicherung kann sich die Bundesrepublik immer weniger leisten. In den Medien finden wir Schlagzeilen wie „Kostenexplosion im Gesundheitswesen“, „Abbau von Sozialleistungen“ und „Zusätzliche private Kostenbeteiligung“.

Wie geht es weiter?
Vor allem von Arbeitgeberseite wird gefordert, die Arbeitnehmer stärker als bisher an der Sozialversicherung zu beteiligen. Dies wäre aber für den einzelnen Arbeitnehmer kaum noch zumutbar, da er durch Steuerabgaben, Preisanstieg bei den Lebenshaltungskosten und Einbußen im Einkommen bereits stark belastet wird.
Auch der Staat kann immer weniger für die Sozialversicherung aufkommen, da er durch die Staatsverschuldung und den dadurch hohen Zinszahlungen keinen finanziellen Spielraum hat. Die Steuereinnahmen reichen nicht aus. Geringes Wirtschaftswachstum und hohe Arbeitslosenzahlen sind dafür verantwortlich. Damit der Sozialstaat seine Leistungen weiterhin erbringen kann, sind **Reformen** notwendig. Diskutiert werden ein späteres Eintrittsalter in den Ruhestand, eine verpflichtende Eigenvorsorge für das Rentenalter und eine stärkere Selbstbeteiligung der Patienten an den Kosten für Krankenbehandlung und für Medikamente.

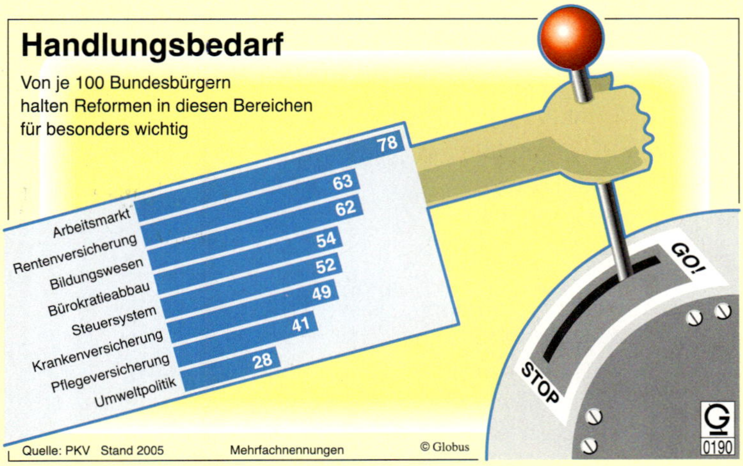

Das Wort **Reform** bedeutet so viel wie Neuordnung, Umgestaltung, Verbesserung oder Erneuerung.

1. Wie hoch ist der Staatsanteil an der Finanzierung der Rentenversicherung?
2. Sammelt Artikel mit aktuellen Aussagen zum Thema „Sozialstaat“ und gestaltet ein Wandplakat.

3.5 Wie verändert sich unser Sozialstaat?

Die Ausgaben für die soziale Sicherung in Deutschland sind immens groß. Durch die immer größer werdenden Kosten, den steigenden Anspruch an sozialer Versorgung, aber auch durch den Missbrauch des Sozialstaats, wird das System der sozialen Sicherung in Zukunft nicht mehr so wie bisher finanzierbar sein. Der grundsätzliche Umbau des Sozialstaats und Reformen werden immer wieder gefordert. Folgende Möglichkeiten der Veränderung könnte und wird es geben:

- Die Leistungen des Sozialstaats werden eingeschränkt. Das heißt, der Einzelne ist nicht mehr für alle Notlagen abgesichert.
- Die Beiträge zu den Sozialversicherungen werden erhöht. Dies wäre für den Einzelnen sicher kaum noch zumutbar, da ihm vom Bruttolohn noch mehr abgezogen würde.
- Jeder Bürger beteiligt sich an den Kosten (z.B. Zuzahlung bei Medikamenten, Zahnbehandlungen, Pflegekosten usw.).
- Jeder Bürger übernimmt mehr Eigenverantwortung. Das bedeutet zum Beispiel, dass man sich genau überlegen sollte, ob ein Arztbesuch notwendig ist oder nicht. Zur Eigenverantwortung jedes Bürgers gehört aber auch, dass er sich zusätzlich privat absichert (z.B. bei der Rente).

An diesen Punkten kann man erkennen, dass jeder **Einzelne** mithelfen kann, den Sozialstaat zu retten. Der Staat versucht aktuell durch verschiedene Maßnahmen die Sozialsysteme zu sichern. Diese Maßnahmen können in verschiedene Politikbereiche eingeteilt werden. Beispiele hierfür sind:

A

1. Informiere dich über weitere aktuelle Reformen und Veränderungen im Sozialstaat.

2. Erkundigt euch gruppenweise über verschiedene Wohlfahrtsverbände (z.B. Aufbau, Träger, Hilfen und Leistungen) und präsentiert die Ergebnisse in der Klasse.

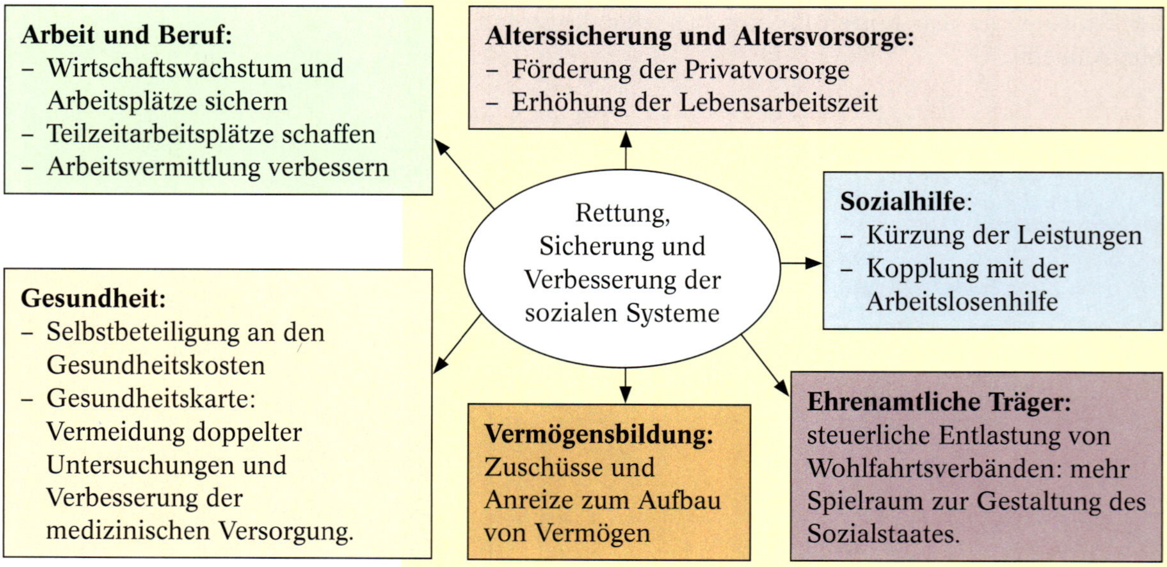

3.6 Notwendigkeit der eigenen persönlichen Daseinsvorsorge

Die Kassen der Sozialversicherung sind sehr belastet und der Sozialstaat ist somit in Gefahr. Der Staat wird in Zukunft nicht mehr so viel leisten können wie bisher. Damit du aber weiterhin für alle Fälle sozial abgesichert bist, musst du selbst privat vorsorgen. Dabei gibt es verschiedene Möglichkeiten:

Rentenversicherung
Um im Alter seinen Lebensstandard halten und die finanziellen Einbußen ausgleichen zu können, gibt es die Möglichkeit einer privaten Zusatzrente. Neben der „Riester-Rente" gibt es noch weitere Formen, die vom Staat auch gefördert werden.

Lebensversicherung
Eine Lebensversicherung kann mit zwei Absichten abgeschlossen werden: Entweder man möchte im Todesfall die Familie finanziell absichern oder im Erlebensfall auf das gebildete Vermögen zur Altersvorsorge zurückgreifen.

Kranken- und/oder Unfallversicherung
Bei Unfällen, Krankheiten oder körperlichen Schäden, bei denen die gesetzliche Kranken- und Unfallversicherung nicht zahlt, kann eine private Zusatzversicherung Sicherheit schaffen.

Private Pflegezusatzversicherung
Wird man durch Unfall oder Krankheit ein Pflegefall und kann selbst nicht mehr für sich sorgen (Waschen, Essen usw.), dann zahlt die gesetzliche Pflegeversicherung. Das Geld daraus reicht oft nicht aus, weil die Pflegekosten sehr hoch sind. In diesem Fall kann eine private Pflegezusatzversicherung Schutz bieten.

Vorsorge durch Schaffung von Wohneigentum
Wer bei Arbeitsunfähigkeit oder in der Rente weniger Einkommen hat, tut sich oft schwer, seine Miete noch zu bezahlen. Eigentum bietet dabei eine finanzielle Entlastung bzw. mehr Sicherheit. Deshalb kann man sich auch durch die Schaffung von Wohneigentum selbst absichern.

Neben diesen Beispielen gibt es natürlich weitere Bereiche, für die man sich privat selbst absichern kann (z.B. Hausrat-, Haftpflicht-, Berufsunfähigkeitsversicherung). Aufgrund der Situation des Sozialstaats ist eine **private Vorsorge** absolut notwendig. Man muss sich aber in jedem Fall genau überlegen, welche zusätzliche Sicherung notwendig und bezahlbar ist.

Das Rentenalter genießen

A

1. Stelle eine Liste von Risiken zusammen, gegen die du dich versichern würdest.

2. Vergleicht und diskutiert eure Listen in der Klasse.

3. Ladet einen Versicherungsexperten in die Klasse ein und befragt ihn zu den verschiedenen Versicherungen.

4 Wirtschaftliches Wachstum

Wachstum reicht nicht zum Abbau der Arbeitslosigkeit

Deutschland international Schlusslicht beim Wirtschaftswachstum

Jobmotor Wirtschaftswachstum

Wirtschaftswachstum frisst Brasiliens Regenwald

Umweltbranche verspricht Wirtschaftswachstum

Deutschland führend bei Solartechnik

Deutschland wieder Exportweltmeister

Boom in China und Indien verteuert Ölpreis weltweit

Wachstumsmarkt Asien – Chance für deutsche Industrie

Sind diese Schlagzeilen aus dem Jahr 2006 nicht widersprüchlich und verwirrend? Geht es der Wirtschaft gut oder schlecht? Woran kann man das erkennen? Was ist Wirtschaftswachstum eigentlich? Brauchen wir überhaupt Wirtschaftswachstum?

4.1 Was ist Wirtschaftswachstum?

A

1. Besorgt euch eine aktuelle Darstellung (Schaubild) des Bundeshaushalts und ermittelt daraus, für welche Aufgaben der Staat die eingenommenen Steuergelder verwendet.

Wirtschaftswachstum ist ein politisches Ziel des **Staates**. Vom Wirtschaftswachstum abhängig sind Bund, Länder und Gemeinden. Nur wenn die Wirtschaft wächst, gibt es genügend Beschäftigungsangebote auf dem Arbeitsmarkt. Ohne hohen Beschäftigungsstand fließen die Steuern nicht im erwünschten Maß. Wenn der Staat zu geringe Steuereinnahmen hat, können die Aufgaben für die Bürger nicht ausreichend erfüllt werden. Von Wirtschaftswachstum spricht man, wenn das gesamtwirtschaftliche Einkommen im Vergleich zum Vorjahr steigt. Erwirtschaftete Mehreinnahmen benötigen erfolgreiche Unternehmen, um modernisieren zu können und dadurch konkurrenzfähig zu bleiben. Das Ziel Wirtschaftswachstum erreichen sie mit unterschiedlichen Mitteln, z.B. durch Rationalisierung, durch Senkung der Herstellungskosten oder dadurch, dass sie sich zusätzliche Märkte erschließen.

Die Wirtschaft eines Landes kann nur wachsen, wenn die **Verbraucher** über genügend Kaufkraft verfügen und auch bereit sind, nicht alles zu sparen, sondern Geld für den Konsum und für Investitionen (Neuanschaffungen) auszugeben. Anreize, mehr Geld auszugeben, entstehen durch das Angebot neuer und attraktiver Produkte. Auch der Staat schafft durch Gesetze und Steuererleichterungen Rahmenbedingungen für gesteigerten Konsum. Außerdem trägt der Staat selbst zum Bruttoinlandsprodukt (BIP) bei, weil er z.B. für den Autobahnbau Geld ausgibt und als Arbeitgeber Gehälter bezahlt.

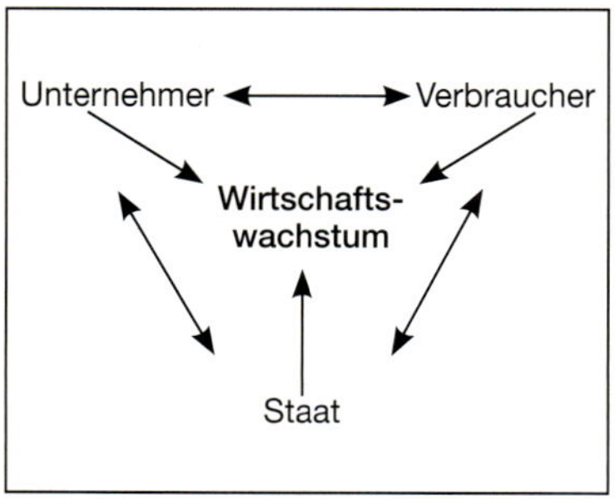

4.2 Wie soll die Wirtschaft wachsen?

Der Staat setzt sich zum Ziel, für ein **angemessenes** und **stetiges** Wirtschaftswachstum zu sorgen. Dies versucht er mit steuerlichen Maßnahmen und mit Gesetzen zu erreichen.
Ein Wachstum von etwa 3% wird unter Wirtschaftswissenschaftlern als angemessen angesehen, um langfristig die Arbeitslosigkeit abzubauen. Das Wirtschaftswachstum der Bundesrepublik betrug lange Zeit durchschnittlich etwa 2 bis 3%. In den letzten Jahren hat es jedoch stark nachgelassen. Die frühere „Wachstumslokomotive" Bundesrepublik Deutschland fiel innerhalb Europas zeitweise sogar auf den letzten Platz zurück.

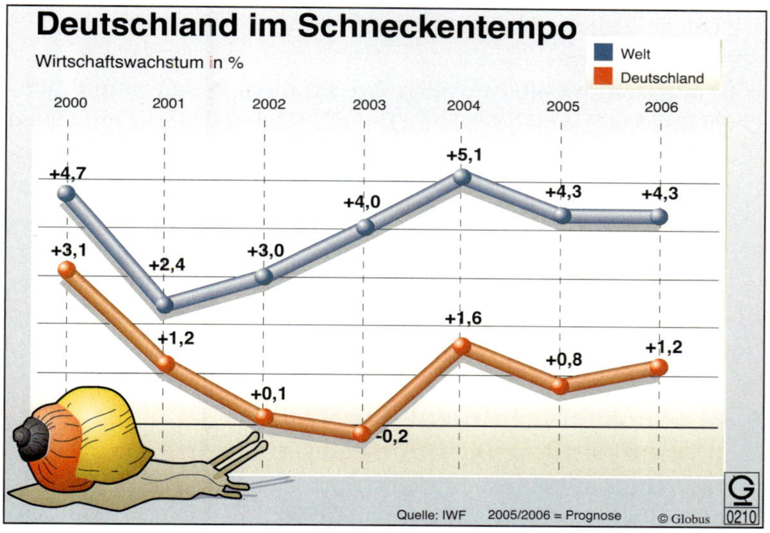

Stetiges Wirtschaftswachstum bedeutet, dass kurzfristige Konjunkturschwankungen so weit wie möglich vermieden werden. Schwankungen der Konjunktur sind in der Marktwirtschaft normal. Besondere Ereignisse können allerdings starke Auswirkungen auf den Konjunkturverlauf haben. Ein Beispiel aus den letzten Jahren ist der Anschlag vom 11. September 2001 auf das World-Trade-Centre in New York. Weltweit, auch bei uns in Deutschland, waren die negativen Folgen auf die Wirtschaft zu spüren. International tätige Unternehmen befürchteten, dass ihre Exportmärkte, vor allem im arabischen Raum, verloren gingen. Die Verbraucher waren durch die Krisensituation verunsichert, denn die Versorgung mit Erdöl drohte zusammenzubrechen, wodurch sich diese Energie extrem verteuerte. Dies zwang die Verbraucher, geplante Konsumausgaben zurückzustellen. Die Angst vor weiteren Anschlägen führte dazu, dass die Reisetätigkeit und damit die Ausgaben für Transport und Verkehr kurzfristig spürbar zurück gingen.

i

BIP

Bruttoinlandsprodukt; das ist die Summe aller Güter und Dienstleistungen, die innerhalb eines Landes in einem Jahr erwirtschaftet werden.

Angemessenes Wachstum? Stetiges Wachstum?

A

1. Sucht Beispiele dafür, wie der Staat (Bund, Land oder Gemeinde) Rahmenbedingungen dafür schafft, dass mehr konsumiert und investiert wird.

i

Beispiel für Überfluss:
In Luxemburg hat statistisch jeder Einwohner - also auch jeder Säugling und jeder Greis - 1,2 Handys.

A

1. Notiert die Folgen des Wirtschaftswachstums getrennt für die verschiedenen Betroffenen:
   - Hersteller
   - Verbraucher
   - Staat
   - Lieferländer für Energie und Rohstoffe
2. Informiert euch über die aktuelle Forschung zu Energiealternativen und berichtet in Kurzreferaten.
3. Erläutere den Begriff der Nachhaltigkeit anhand der ersten beiden Bilder.
4. Wie funktioniert das „Nullenergiehaus"? Im PCB-Unterricht könnt ihr dazu auch Informationen gewinnen.

4.3 Folgen und Grenzen des Wirtschaftswachstums

Wirtschaftswachstum schafft Wohlstand. Den meisten Menschen in Ländern mit Wirtschaftswachstum geht es zunehmend besser. Allerdings besteht die Gefahr, dass diese Länder die armen Länder noch weiter benachteiligen. Sie kaufen die Rohstoffe aus den Entwicklungsstaaten billig ein und verkaufen die Fertigprodukte zu hohen Preisen. Sie profitieren einseitig durch ihren Vorsprung am Weltmarkt.

Bei jeder Produktion und beim Erbringen von Dienstleistungen werden Rohstoffe verbraucht und Energie eingesetzt. Alle Produkte besitzen eine beschränkte Lebensdauer. Sie werden nach gewisser Zeit als Abfall entsorgt.

Hersteller von Gütern wollen ihre Produkte absetzen und wirtschaftlichen Erfolg erzielen. Deshalb wird der Markt mit vielen Produkten überschwemmt. Dieser Überfluss trägt dazu bei, dass unsere Bedürfnisse größer werden und dass wir oft gedankenlos konsumieren. In unserer „Wegwerfgesellschaft" werden auf diese Weise bereits bei der Produktion wertvolle Rohstoffe vergeudet. Sie landen schließlich ungenutzt auf der Müllkippe oder in der Verbrennungsanlage und belasten die Umwelt.

4.4 Nachhaltige Produktion

Der Begriff der Nachhaltigkeit stammt aus der Holzwirtschaft: Aus einem Forst darf nur so viel Holz entnommen werden, wie im gleichen Zeitraum nachwächst. Übertragen auf alle Wirtschaftsbereiche heißt dies, dass einerseits die Bedürfnisse der heutigen Generation berücksichtigt werden. Andererseits dürfen die Möglichkeiten künftiger Generationen nicht gefährdet werden.

Nachhaltigkeit?

Selbstreinigungsvermögen

Nullenergiehaus

Die derzeitigen Energieträger, wie Erdöl, Kohle, Gas und Uran werden eines Tages aufgebraucht sein. Sie „wachsen nicht nach“. Forscher suchen deshalb nach Ersatz und Alternativen. Dies sind zum einen nachwachsende Rohstoffe, wie Holz, Raps oder Sonnenblumen. Zum anderen stehen neue technische Verfahren im Vordergrund, wie z. B. Kernfusion und Brennstoffzellen zur Energiegewinnung mit Hilfe von Wasserstoff.

In Deutschland werden alternative Formen der Energienutzung seit einigen Jahren intensiver gefördert. Energie aus Biogas-, Solar- und Windanlagen wird verstärkt genutzt. Die Hersteller dieser Anlagen konnten sich einen Entwicklungsvorsprung erarbeiten, den sie für weltweiten Export ihrer Technologien nutzen können. Hier zeigt sich, dass Umwelt und Wirtschaft keine Gegensätze darstellen, sondern dass sie voneinander profitieren.

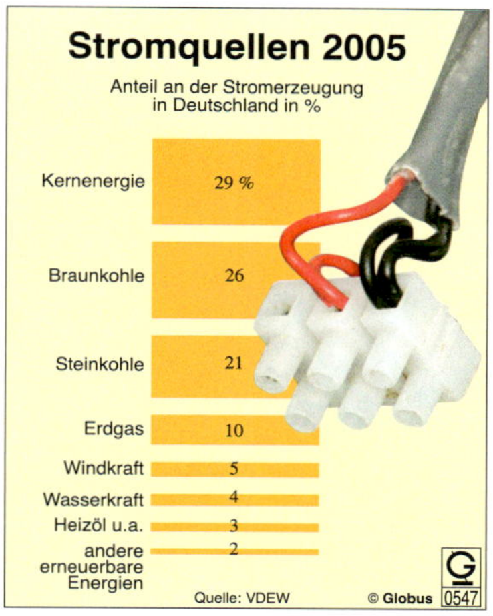

Solaranlage

Windkraftanlage

Durch die beschriebenen Verfahren soll die Umwelt vor Schadstoffen bewahrt werden. Weil die Umweltbelastungen nicht an Landesgrenzen Halt machen, sind grenzüberschreitende Abkommen nötig, wie das Kyoto-Protokoll von 1997.

Ich verleih nie wieder etwas!

1. Das Thema „Nachhaltigkeit“ begegnet euch in diesem Schuljahr auch im PCB-Unterricht.
   Ihr könnt fächerübergreifende Referate erstellen z. B. zu „Treibstoffe aus nachwachsenden Rohstoffen“ oder „Die Brennstoffzellentechnik als Motor der Zukunft“.

2. Welche Länder haben dem Kyoto-Protokoll vertraglich zugestimmt, welche nicht und warum?

Das **Kyoto-Protokoll** ist benannt nach dem Ort der Klimaschutzkonferenz der Vereinten Nationen in Japan. Es schreibt verbindliche Ziele für die Verringerung des Ausstoßes von Treibhausgasen fest, die als Auslöser der globalen Erwärmung gelten.

1. Erläutert in Kurzvorträgen, wie bei den in den Bildern gezeigten Beispielen eine umweltgerechte Produktion ermöglicht wird.

2. Es gibt viele weitere Möglichkeiten, umweltgerecht zu produzieren. Stellt solche auf Plakaten dar. Legt euren Schwerpunkt z.B. auf
   - Herstellungsverfahren,
   - Energieeinsatz,
   - Wertstoffe,
   - Recycling usw.

4.5 Möglichkeiten umweltgerechter Produktion

Zur Sicherung und Bewahrung unserer natürlichen Lebensgrundlagen ist es erforderlich, dass nachhaltig gewirtschaftet wird. Die Zukunftssicherung des Wirtschaftsstandortes Deutschland ist auch von der Schaffung und Bewahrung einer intakten Umwelt abhängig. Erfindungsgeist, Ideen und Risikobereitschaft für neuartige, **umweltfreundliche Herstellungsverfahren und Produkte** sind gefragt.

Innovative Unternehmer stellen fest, dass für sie nachhaltiges Wirtschaften einen Wachstumsmotor darstellt. Für die Volkswirtschaft bedeuten diese Entwicklungen einen zukunftsorientierten Wirtschaftsfaktor.
Jede Branche ist aufgefordert, ihr Know-how einzusetzen, denn es gibt in jedem Bereich zahlreiche Möglichkeiten für umweltgerechte Produktion. Deshalb kannst du im Folgenden auch nur einige wenige Beispiele sehen:

Hofladen

Dämmplatten aus Flachs

Rotationstauchverfahren

Rückgewinnung der Wertstoffe

4.6 Konsum und Entsorgung – umweltgerecht

> Es ist schon heftig, was die Mitarbeiter der Entsorgungsfirma in den gelben Säcken so alles finden: Sehr häufig Restmüll, aber auch Biomüll, Gaststättenabfälle und Produktionsrückstände.
> Herausgepickt werden die in der Fachsprache Störstoffe genannten Müllanteile auf einer Sortierstrecke der Abfallfirma. Von 1.425 Tonnen Müll in Säcken waren in Bayreuth im Jahr 2005 420 Tonnen Störstoffe. Dieses knappe Drittel muss das Unternehmen auf eigene Kosten entsorgen. Das heißt mit anderen Worten: Das Unternehmen hat die Arbeit und muss dafür auch noch bezahlen.
> Zur Verbesserung der Müllmoral erhalten Umweltsünder einen roten Aufkleber auf ihre gelben Säcke. Falschfüller bleiben bis zur nächsten Leerung auf ihrem Müll sitzen.
> *Nach: Frank Schmälzle, Nordbayerischer Kurier vom 2.3.2006, S. 13*

Wir alle haben Verantwortung für unsere Umwelt! Solche Umweltsünden sind keine Kavaliersdelikte!

Bereits beim Einkauf können wir die Umwelt schonen. Wo es möglich ist, achten wir auf **kurze Wege** sowohl für die Verbraucher als auch für die Produkte, denn lange Transportwege belasten die Umwelt. Bei überlegtem Einkauf lassen sich viele **Abfälle vermeiden**. Umweltgefährdende Produkte wie bestimmte Reinigungsmittel und Sprays können bei gleicher Wirkung ersetzt werden durch **umweltschonende Produkte**. Ein umweltbewusster Verbraucher kauft Haushaltsgeräte, Unterhaltungselektronik und Computer auch unter dem Gesichtspunkt des **Energiebedarfs**. Die Standby-Schaltung ist zwar bequem, aber teuer!

Auch in einem umweltbewussten Haushalt lässt es sich nicht vermeiden, dass Abfall entsteht. Meist enthält dieser Abfall Wertstoffe, die wieder genutzt werden sollen. Deshalb schreibt das Kreislaufwirtschaftsgesetz Mülltrennung vor, damit diese Stoffe auf einfachem Weg **recycelt** werden können. Dies gilt für alle Konsumgüter: Von der Kaffeemaschine bis zum Auto. Seit dem Jahr 2006 darf Elektroschrott nicht mehr in den Hausmüll.

Das neue Pfandsystem seit 1.5.2006 erzieht die Verbraucher dazu ökologisch zu handeln: Mehrwegflaschen werden zur Wiederverwendung, Einwegbehälter zur Wiederverwertung durch den Handel zurückgenommen.

Rote Karte für Müllmuffel

A

1. Erdbeeren im Februar kommen sicher nicht auf kurzen Wegen zu uns in den Handel. Recherchiert Herkunftsorte – auch von exotischen Früchte.

2. An welcher Stelle hast du als Verbraucher die Möglichkeit herauszufinden, wie lang der Weg eines Produktes ist?

3. Sucht Beispiele für umweltschonende Reinigungsmittel im Haushalt. Hilfreich ist der „Blaue Engel“.

Pfandsymbol für Einwegbehälter

4.7 Marktwirtschaft braucht Wettbewerb

Ein Sprichwort lautet: „Konkurrenz belebt das Geschäft!" Der Wettbewerb mehrerer Marktanbieter sorgt dafür, dass sich diese Anbieter Wege und Mittel überlegen müssen, wie sie ihr Produkt besser an den Mann bringen als die **Konkurrenz**. Sie entwickeln bessere oder preiswertere Güter. Mode und Design sorgen für zusätzlichen Absatz. Mit einfallsreicher Werbung soll ebenfalls ein Konkurrenzvorteil erreicht werden.

Von dieser Marktwirkung der Konkurrenzsituation profitiert auch der Verbraucher. Er kann zwischen unterschiedlichen Produkten auswählen, seine Kaufentscheidung nach Qualität, Preis, Mode und Umweltgesichtspunkten treffen. Dazu benötigt er aber ausreichende und unabhängige Informationen, wie sie beispielsweise Verbraucherberatung oder Stiftung Warentest liefern.

Wettbewerb kennt Sieger und Verlierer. Tante-Emma-Läden können gegen Supermarktketten oder Discounter kaum mehr am Markt bestehen. Die Konkurrenz unter den Handelsketten sorgt zudem für **Fusionen** im Einzelhandel: Es entstehen riesige Zusammenschlüsse. Die alten Firmennamen werden dabei meistens belassen. Der Verbraucher soll wie gewohnt in „seinem" Laden einkaufen.

Diese Entwicklungen, dass sich der Besitz „in einer Hand" konzentriert, finden sich nicht nur im Handelsbereich. Auch Produzenten und Dienstleister sind vom Prozess der **Konzentration** betroffen, z. B. Brauereien, Lebensmittelindustrie, Energieversorgungsunternehmen, Hersteller von Haushaltsgeräten und Automobilen. Die Anbieter von Telekommunikationsleistungen sind mittlerweile global tätig und „schlucken" kleinere Konkurrenten.

Das ist für die Marktwirtschaft eine gefährliche Situation. Wenn nämlich nur noch wenige Anbieter existieren oder gar nur ein Einzelner den Markt beherrscht, dann gibt es keinen Wettbewerb mehr. Der Verlierer ist der Verbraucher: Preise werden diktiert, Qualität wird kaum weiter entwickelt, Umweltgesichtspunkte werden vernachlässigt.

Das Internet kann im Spannungsverhältnis Wettbewerb und Konzentration eine zweifache Rolle übernehmen. Einerseits stärkt es die Großen, weil sie die modernen Kommunikationswege für ihre Marktmacht nutzen. Andererseits stellt das Internet auch für kleine Anbieter eine Chance dar, sozusagen weltweit als Anbieter wahrgenommen zu werden.

A

1. Findet z.B. mit Hilfe des Internet heraus, welche Einzelhandelsketten in Deutschland die größten sind. Ermittelt ihre Marktposition.

2. Sucht genauso Fusionen (Zusammenschlüsse) von Herstellern für
   - Lebensmittel
   - Haushaltsgeräte
   - Unterhaltungselektronik
   - Sportartikel

3. Wertet die Grafik aus und notiert wesentliche Erkenntnisse.

5 Preisstabilität und Kaufkraft

„Seit wir den Euro haben, ist alles teurer geworden. Ich merke dies, wenn ich beim Metzger, beim Bäcker oder im Supermarkt einkaufe. Vor allem aber in der Eisdiele oder im Gasthaus sind die Preise im Vergleich zu früher enorm gestiegen. Die haben doch glatt das ‚DM' durch ‚€' ersetzt!" jammert Frau Berger.

Sehr häufig können wir diese Meinung hören. Dennoch stellte das Statistische Bundesamt fest, dass der Euro kein „Teuro" ist:

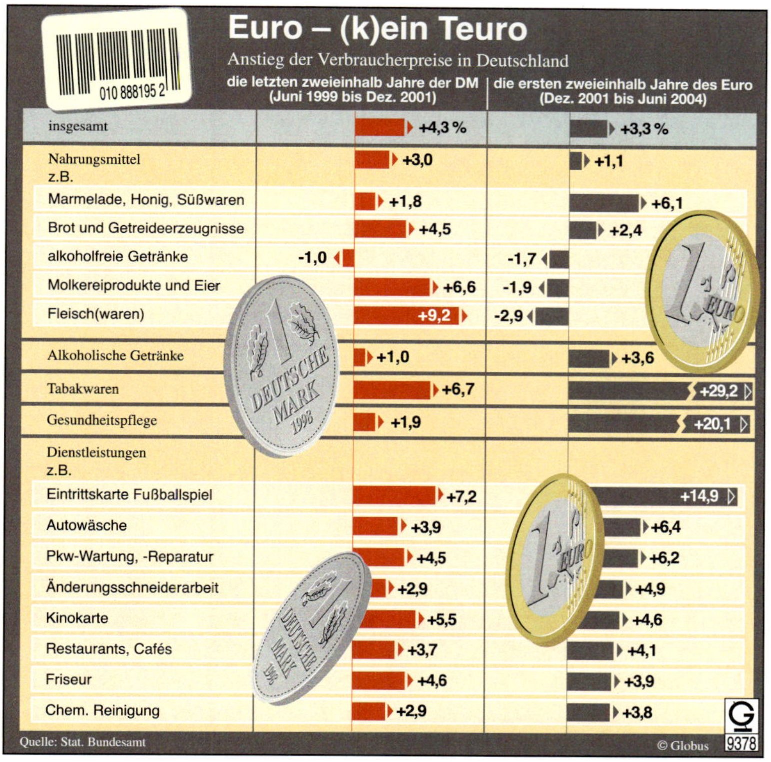

Die Statistikexperten haben den Preisanstieg vor und nach der Euro-Einführung unter die Lupe genommen. Das Ergebnis: Von Mitte 1999 bis Ende 2001, also in den letzten zweieinhalb Jahren der D-Mark, stiegen die Verbraucherpreise in Deutschland durchschnittlich um 4,3 Prozent. In den ersten zweieinhalb Jahren der Euro-Ära betrug der Preisanstieg jedoch nur 3,3 Prozent. Dennoch empfinden viele Verbraucher den Euro als Teuro. Das mag daran liegen, dass es bei einigen Dienstleistungen wie Restaurantbesuchen oder Autowäsche seit Januar 2002 überdurchschnittliche Preissteigerungen gegeben hat.

A

1. Entnehmt dem Schaubild folgende Informationen: Welche Güter oder Dienstleistungen wurden nach Einführung des Euro tatsächlich überdurchschnittlich teurer? Welche Güter und Dienstleistungen stiegen kurz vor der Euro-Einführung deutlich im Preis?

2. Nehmt Stellung zu Frau Bergers Meinung. Sammelt mit Hilfe des Schaubildes Argumente für und gegen ihre Aussage.

3. Recherchiert, wodurch es zu den deutlichen Preissteigerungen bei Gesundheitspflege und Tabakwaren kam.

A

1. Wie wird aus der Erläuterung zu dem Schaubild deutlich, dass die Wirtschaftsziele Preisstabilität und umweltgerechte Produktion nicht automatisch gleichzeitig erfüllt werden können, sondern dass sie in einem ausgewogenen Verhältnis angestrebt werden müssen?

2. Berechne das Kaufkraft-Plus jeweils prozentual. Für welche Güter ist die Kaufkraft am stärksten gestiegen?
Es handelt sich um eine umgekehrt proportionale Zuordnung. Rechne nach folgendem Beispiel für Milch:
9 min ≙ 100 %
1 min ≙ 100 % · 9 = 900 %
3 min ≙ 900 % : 3 = 300 %
Bei Milch stieg die Kaufkraft auf 300 % des Wertes von 1970.

Es geht bei diesem Thema wiederum um ein wirtschaftspolitisches **Ziel** des Staates, die **Preisstabilität**, d.h., innerhalb eines Jahres sollen die Preise möglichst nicht um mehr als 2 % steigen.

Es ist normal, dass die Preise regelmäßig steigen. Du bekommst also für 50 Euro nach einem Jahr weniger Gegenleistung. Wenn der Unterschied aber nicht zu groß ist, dann gleicht sich dieser meistens durch Erhöhung der Einkommen in etwa gleichem Maße wieder aus.

Betrachten wir diesen Zusammenhang über lange Zeiträume, so können wir seit Bestehen der Bundesrepublik Deutschland erkennen, dass die Verbraucher vor allem bei Grundnahrungsmitteln sogar deutliche Vorteile erwerben konnten. Das folgende Schaubild zeigt die Entwicklung der Kaufkraft zwischen 1970 und 2002:

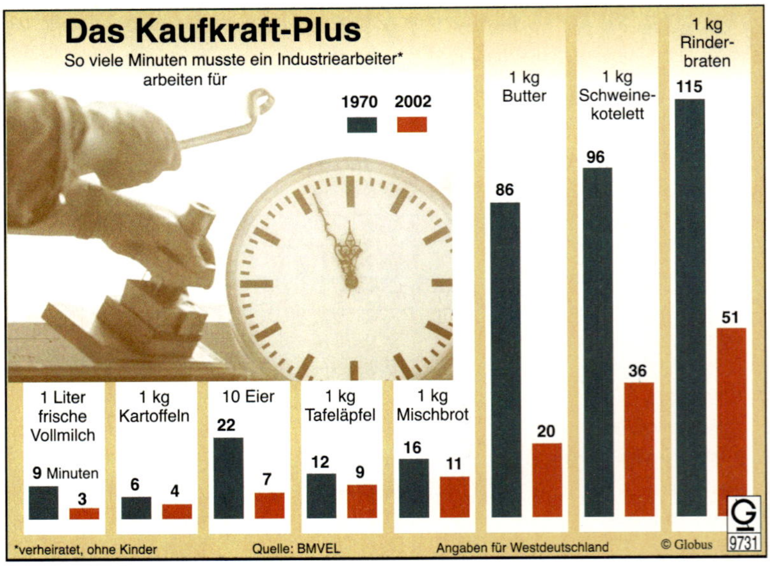

Die Arbeitnehmer in Deutschland müssen heute einen deutlich geringeren Teil für Nahrungsmittel ausgeben als noch vor 30 Jahren. So betrug im Jahr 2002 die Zeit, die ein Facharbeiter in der Industrie arbeitete, um sich ein Kilogramm Rinderbraten leisten zu können, nur noch 51 Minuten.

Im Jahr 1970 waren es noch fast zwei Stunden. Zur gestiegenen Kaufkraft der Konsumenten (vor allem wegen gestiegener Einkommen) hat neben dem reichlichen Angebot auch der scharfe Wettbewerb im Lebensmittelhandel beigetragen. Darüber sollten die Verbraucher allerdings nicht vergessen, dass gesunde Nahrungsmittel aus einer umweltgerechten Erzeugung ihren Preis haben.

5.1 Wie verändert sich die Kaufkraft des Geldes?

Beim Einkauf spürt man die Kaufkraft

Die Kaufkraft des Geldes gibt an, wie viele Güter und Dienstleistungen mit einem bestimmten Geldbetrag (z.B. 100 Euro) gekauft werden können. Drei verschiedene Situationen sind denkbar:

- Bei stabilen Preisen in einem bestimmten Zeitraum – einem Monat, einem Jahr – bleibt der Geldwert erhalten. Die Kaufkraft bleibt also unverändert.

- Steigen die Preise, dann vermindert sich die Kaufkraft des Geldes. Für die gleiche Geldmenge können dann weniger Güter gekauft werden.

- Für manche Güter fallen auch die Preise. Dann steigt die Kaufkraft des Geldes zumindest für diese Güter. Eine Steigerung der Kaufkraft bedeutet, dass man mehr Waren für die gleiche Geldmenge erhält.

Eine völlige **Preisstabilität** ist in einer Marktwirtschaft nicht möglich. Was und wie viel die einzelnen Verbraucher kaufen, lässt sich nicht genau vorhersagen. Werden bestimmte Produkte stark nachgefragt, dann steigt in der Regel ihr Preis. Aber auch ansteigende Lohn- und Produktionskosten und teurer werdende Rohstoffe führen zu Preiserhöhungen.

A

1. In regelmäßigen Abständen wird in den Medien die aktuelle Preissteigerungsrate veröffentlicht. Sammelt diese Informationen und stellt sie für längere Zeiträume grafisch dar.

2. Verfolgt vor Ort die Preisentwicklung wesentlicher Lebensmittel (Brot, Butter, Milch usw.) über mindestens ein halbes Jahr und gestaltet dazu ein Plakat.

5.2 Wovon hängt die Kaufkraft des Verbrauchers ab?

Herr Berger prüft seine Lohnabrechnung.

Die Kaufkraft des Verbrauchers hängt als erstes von der Höhe des Lohnes ab. Wer viel verdient, besitzt mehr Kaufkraft als ein Geringverdiener. Am Beispiel von Herrn Berger kannst du erkennen, dass wir aber genauer hinschauen müssen, denn die Kaufkraft verändert sich auch bei gleich bleibendem Einkommen:

Herr Berger erhält eine Lohnerhöhung von 2,2 Prozent. Die bezieht sich auf sein **Bruttoeinkommen**. Dieses steht ihm aber nicht komplett zur Verfügung, denn davon werden Steuern und Sozialversicherungsbeiträge vom Arbeitgeber abgezogen und an das Finanzamt bzw. die Sozialkassen überwiesen. Herr Berger bekommt den **Nettolohn** auf seinem Girokonto gutgeschrieben.

Diesen Betrag nennt man auch **Nominallohn**: Es ist der Lohn, über den er dem Namen nach verfügt. Obwohl sein Nettoverdienst (= Nominallohn) in den letzten Jahren fast ständig gestiegen ist, konnte er sich kaum mehr leisten. Der Grund dafür liegt in der Steigerung der Lebenshaltungskosten, d.h. der schwindenden Kaufkraft des Geldes. Herr Berger kann sich also trotz Lohnerhöhung real weniger leisten. Die Lohnerhöhung hat nicht ausgereicht, um die Preissteigerungen auszugleichen. Sein **Realeinkommen** ist also hinter der Entwicklung des Bruttolohnzuwachses zurückgeblieben.

i

Nominal bedeutet: „nur dem Namen nach".
Real heißt: „tatsächlich vorhanden". Der Reallohn drückt aus, welche Mengen an Waren und Dienstleistungen man sich für sein Geld tatsächlich kaufen kann. Das Realeinkommen wird also an der Kaufkraft des Geldes gemessen.

Ganz allgemein kann man sagen:

Nominaleinkommen
- Preissteigerung
= Realeinkommen

Rechnet man für Herrn Berger den Reallohnzuwachs aus, dann ergibt sich bei einer Preissteigerung von 2,8% folgende Rechnung:

Lohn (vor der Erhöhung)
+ 2,2% Lohnerhöhung
= Nominallohn
- 2,8% Preissteigerung
= Minderung des Reallohns: -0,6%

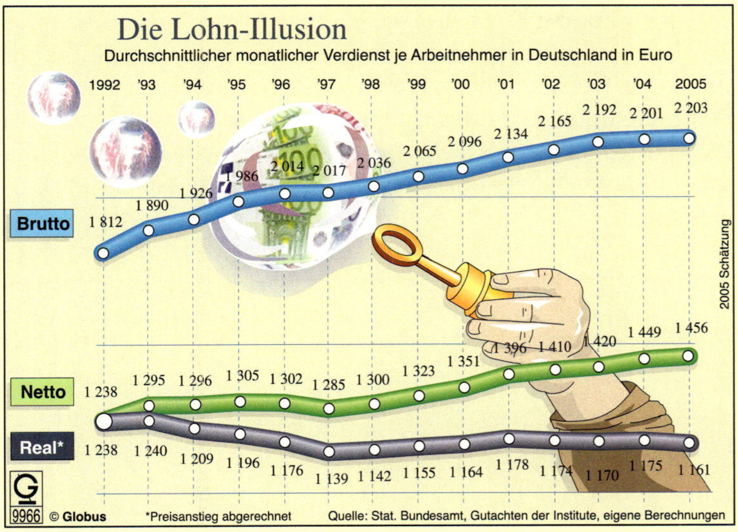

Auf den ersten Blick kann sich die Einkommensentwicklung der letzten Jahre in Deutschland durchaus sehen lassen. Die durchschnittlichen Bruttomonatsverdienste je Arbeitnehmer erhöhten sich von 1.812 Euro (1992) auf 2.201 Euro (2004); also um 21,5 Prozent. Und auch netto ist etwas hängen geblieben: Plus 17 Prozent lautet das Ergebnis seit 1992. Berücksichtigt man jedoch die Geldentwertung durch den Anstieg der Verbraucherpreise, dann wird deutlich, dass der Einkommensfortschritt in Wahrheit ein Einkommensrückschritt war. Denn die Kaufkraft der Nettomonatsverdienste war im Jahr 2004 um 63 Euro niedriger als im Jahr 1992. Die Realeinkommen sind von 1992 bis 2004 um rund fünf Prozent gesunken.

A

1. Die Lohnsteigerungen werden beim Bruttolohn errechnet. Ihr könnt in Zusammenarbeit mit Mathematik die jährlichen prozentualen Lohnsteigerungen von 1992 bis 2005 berechnen.

Inflation stammt vom lateinischen inflare = aufblasen, anfachen.
Preise werden „aufgeblasen" durch „Weiterwälzen" gestiegener Kosten, z.B. Löhne, Rohstoffe, Energie, Steuern.
Die Preissteigerungsrate heißt auch Inflationsrate.

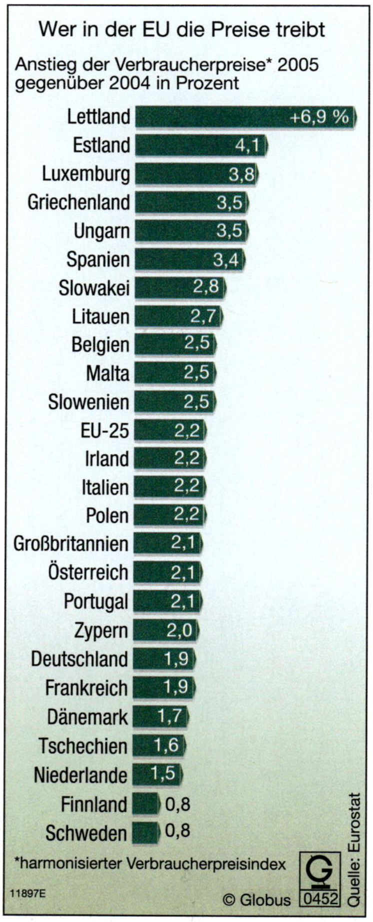

1. Bewertet die Inflationsrate in Deutschland im Vergleich zu den anderen EU-Ländern.

5.4 Wie kommt es zur Inflation?

In einer Marktwirtschaft sind die Preise für alle Güter und Dienstleistungen nicht auf Dauer stabil. Preisschwankungen sind normal. Sie hängen von verschiedenen Faktoren ab.
Ihr könnt beispielsweise beobachten, dass die Benzinpreise zu Beginn der Urlaubssaison in die Höhe gehen. Viele Leute tanken. Die hohe Nachfrage führt zur Preissteigerung. Die Ölkonzerne nutzen natürlich auch dieses Verbraucherverhalten, um höhere Gewinne zu erzielen.
Aber auch eine umgekehrte Entwicklung der Preise ist für bestimmte Güter möglich. Besonders, wenn sie saisonal im Überfluss vorhanden sind, wie z.B. Kartoffeln nach einer guten Ernte, purzeln die Preise. Das große Angebot kann leichter durch den Anreiz günstiger Preise an den Verbraucher abgesetzt werden.
Preise werden also durch Angebot und Nachfrage beeinflusst. Wenn die Nachfrage nach Gütern schneller steigt als das Angebot, dann kommt es zu Preissteigerungen. Wir müssen dann für das gleiche Gut mehr Geld ausgeben als bisher. Die Kaufkraft sinkt. Das Geld ist nicht mehr so viel wert wie vorher.
Wenn die durchschnittliche Preissteigerungsrate nicht mehr als 2% beträgt, handelt es sich um geringfügige Schwankungen. Sie sind im Rahmen der vom Staat angestrebten Preisstabilität „hinnehmbar".

Und nun zu meinem Kollegen – der hat auch was für Sie!!

Steigt das Preisniveau anhaltend, sodass man für die gleiche Summe Geld nicht mehr die gleiche Menge Güter wie vorher kaufen kann, haben wir eine Minderung des Geldwertes. Diesen Prozess bezeichnet man als **Inflation**. In der Bundesrepublik können wir höchstens Phasen mit **schleichender** Inflation beobachten. Das Preisniveau steigt dabei nur langsam an, z.B. 3–4% jährlich.

Die **Ursachen der Inflation** können sehr vielfältig sein:
- überhöhte Staatsausgaben;
- Lohnsteigerungen ohne Steigerung des Güterangebots;
- Weitergabe erhöhter Lohnkosten an die Verbraucher;
- Erhöhung der indirekten Steuern (z.B. Mehrwertsteuer),
- starkes Ansteigen der Preise von Importgütern (importierte Inflation).

5.5 Welche Folgen hat die Inflation?

Inflation führt zu Kaufkraftverlust (= Geldentwertung). Der Kaufkraftverlust kann durch Lohnerhöhungen und durch entsprechende Zinsen auf Ersparnisse verhindert werden. Dies gelingt jedoch nicht immer.
Hohe Preissteigerungen benachteiligen in starkem Maße die **Sparer**. Der Wert ihres Sparguthabens schmilzt. Am stärksten betroffen sind **Rentner und Pensionäre**. Ihre Bezüge hinken gewöhnlich hinter den Lohnerhöhungen her. Die Auswirkungen des Kaufkraftverlustes spüren vor allem die **Bezieher niedriger Einkommen**: Sie müssen nahezu ihr gesamtes Geld für den täglichen Konsum ausgeben. Bei steigenden Preisen können sie sich immer weniger leisten. Bezieher höherer Einkommen geben nur einen Teil ihres Geldes zum Erwerb von Gütern aus. Durch „Flucht in Sachwerte" (z.B. Grundstücke, Häuser) schützen sie sich vor Kaufkraftverlusten. So führt die Inflation zu einer ungerechten Vermögensverteilung. Auf lange Sicht gefährdet die Inflation auch Arbeitsplätze. Der entstehende Nachfrageverlust trifft auch die Produzenten, die nicht mehr so viele Güter absetzen können. Es kann sich ein „Teufelskreis" entwickeln: Die Aufträge gehen zurück, die Maschinen sind nicht mehr ausgelastet, Personal wird entlassen; die Arbeitslosen haben weniger Geld zur Verfügung, der Konsum nimmt ab, es gibt kein Wirtschaftswachstum …

5.6 Was bedeutet Deflation?

Selten findet man eine Deflation. Man versteht darunter eine Zeit allgemein und dauerhaft sinkender Güterpreise. Für die gleiche Geldmenge kann man dann mehr und günstiger kaufen. Wäre dies nicht gut?
Eine Deflation ist noch gefährlicher als eine Inflation: Die Gewinne der Unternehmen sinken. Die Folgen: Einschränkungen der Produktion, Entlassung von Arbeitskräften, Massenarbeitslosigkeit, Ausfall von Kaufkraft und zahlreiche Konkurse.

A

1. Befragt eure Großeltern oder andere ältere Personen, welche Erinnerung sie an die wirtschaftliche Situation nach dem Zweiten Weltkrieg haben.
2. Formuliert Begründungen, warum die genannten Ursachen zu Inflation führen können. Tragt diese Begründungen vor der Klasse vor.

i

Deutschland hatte **zwei große Inflationen** zu verkraften:
Die erste war eine **galoppierende Inflation** nach dem Ersten Weltkrieg in der Zeit von 1918 bis 1923 mit sehr schnellen und ständig zunehmenden Preissteigerungen.
Die andere entstand durch die Geldentwertung vor der **Währungsreform** im Jahr 1948. Nach dem Zweiten Weltkrieg war das Warenangebot sehr gering; der Tauschwert des Geldes sank. Ein Ausweg war der Naturaltausch: z.B. Zigaretten gegen Butter.

i

In der Geschichte ist ein Paradebeispiel für eine Deflation die Entwicklung der Jahre 1929 bis 1933, die zur Weltwirtschaftskrise führte.

A

1. Stellt in einem Übersichtsplakat dar, in welchen Fällen die jeweilige Sozialversicherung bezahlt.

2. Notiert in dieser Darstellung auch, wer die jeweiligen Träger sind.

3. Erklärt den Zusammenhang, warum die gemeinsame Finanzierung der Beiträge zur Sozialversicherung dem Erhalt der Arbeitsfähigkeit dient.

4. Erkundigt euch bei Experten nach der Riester-Rente.

5. Findet auch für die Pflegeversicherung, die Arbeitslosenversicherung und die Unfallversicherung Beispiele für zusätzliche private Eigenvorsorge der Arbeitnehmer.

Soziale Sicherung –
Aufgabe für die Gemeinschaft und jeden Einzelnen

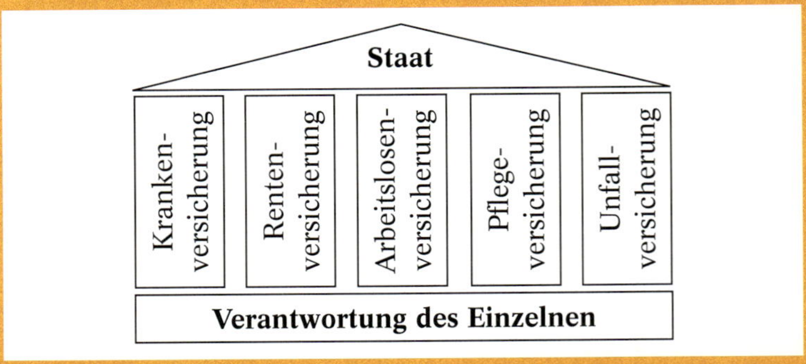

Bei diesem „Haus“ der Sozialversicherung tragen alle Beteiligten Mitverantwortung. Damit es den notwendigen Schutz gewähren kann, müssen alle „Bauteile“ – vom Dach bis zum Fundament – intakt sein.
Der **Staat** legt die gesetzlichen Bedingungen fest und kontrolliert sie. **Arbeitgeber** und **Arbeitnehmer** finanzieren die Versicherungen gemeinsam. Damit soll erreicht werden, dass beide Seiten daran mitwirken, die Arbeitsfähigkeit der Beschäftigten zu erhalten.

Zwei grundsätzliche Abmachungen kennzeichnen das System der sozialen Sicherung in Deutschland:
1. Es gilt das **Solidarprinzip**, das mit dem Satz „Einer für alle – alle für einen!“ am besten charakterisiert werden kann: Leistungsfähige helfen den Schwachen, Gesunde den Kranken, Junge den Alten.
2. Bei der Rentenversicherung besteht der **Generationenvertrag**, d.h., die derzeit im Arbeitsprozess stehende Generation finanziert die Renten der Älteren.

Die gesellschaftliche Entwicklung in Deutschland hat in den letzten Jahren dazu geführt, dass die Finanzierung der sozialen Sicherung nicht mehr ausreicht. So muss jeder zusätzliche **Eigenvorsorge** betreiben: Dies geschieht in vielfältiger Weise:
- Bei der Krankenversicherung müssen die Versicherten Eigenleistungen erbringen, wie z.B. die Praxisgebühr. Aber auch eine verantwortungsbewusste und gesunde Lebensweise wird von ihnen verlangt.
- Die längere Lebenserwartung und die niedrige Geburtenrate führten bei der Alterspyramide zu Verschiebungen. Die daraus entstehenden Finanzierungsprobleme erfordern eine zusätzliche Absicherung.

Das Sammeln von statistischen Informationen

In diesem Buch findet ihr eine Fülle von statistischem Material, meist aufbereitet in Form von Schaubildern.
Diese Daten sind, wenn ihr das Buch in der Hand haltet, meist schon einige Jahre alt. Das liegt nicht daran, dass Autoren und Verlag Schlafmützen sind, sondern daran, dass es
- häufig lange dauert, bis statistisches Material aufgearbeitet und veröffentlicht ist; das gilt insbesondere für Zahlen, die mit hohem Aufwand berechnet werden müssen,
- viele Schaubilder aus einem aktuellen Anlass heraus angefertigt und später nicht mehr aktualisiert werden.

Aus diesen Gründen kann es leicht geschehen, dass selbst die aktuellsten Daten, die zur Verfügung stehen, zwei Jahre alt sind, vielleicht noch älter. Wenn ein Buch 2006 gedruckt wird, ist es möglich, dass selbst die „neuesten" Zahlen aus dem Jahre 2003 stammen. Haltet ihr das Buch 2006 in der Hand, dann sind die Zahlen schon drei Jahre alt.
Wenn ihr mit Statistiken und Schaubildern arbeiten wollt, die aktueller sind, dann gibt es nur einen Weg: Ihr müsst sie selbst suchen.

Hier sind einige Hinweise auf Internet-Seiten, auf denen ihr aktuelles statistisches Material findet. Einige dieser Adressen könnt ihr auch für eure Berufswahl nutzen.

Bundesweite Statistiken:
http://www.destatis.de
http://www.arbeitsagentur.de

Statistisches Landesamt des Freistaates Bayern:
http://www.statistik.bayern.de

Offizielle Homepage des Landes Bayern:
http://www.bayern.de

Bayerisches Staatsministerium für Wirtschaft, Infrastruktur, Verkehr und Technologie:
http://www.stmwivt.bayern.de

Links zu den Industrie-, Handels- und Handwerkskammern in Bayern finden sich unter:
http://www.invest-in-bavaria.de/MarktPartner/BIuH.html

Bayerisches Staatsministerium für Arbeit und Sozialordnung, Familie und Frauen:
http://www.stmas.bayern.de

Schaubilder:
http://grafikdatenbank.dpa-globus.de (nicht frei zugänglich)

Glossar

Arbeitsmarkt
Auf dem Arbeitsmarkt treffen Arbeitgeber und Arbeitnehmer zusammen und verhandeln über Arbeitskraft und Arbeitsstellen. Der Markt ist ausgeglichen, wenn Angebot und Nachfrage von Arbeitskraft gleich sind.

Assessmentcenter
Ein Assessmentcenter ist ein Verfahren, mit dem Bewerber um einen Ausbildungsplatz oder Arbeitsplatz geprüft werden. Es kann ein bis drei Tage dauern. Die Bewerber zeigen z. B. in Rollenspielen ihr Verhalten in typischen Berufssituationen und erstellen Arbeitsproben.

Ausbildungsbetrieb
Ein Ausbildungsbetrieb darf in anerkannten Ausbildungsberufen ausbilden.

Ausbildungsmesse
Ausbildungsmessen werden an zentralen Orten durchgeführt. Die beteiligten Betriebe informieren über verschiedene Berufe und die entsprechende Ausbildung.

Berufsausbildungsvertrag
Der Berufsausbildungsvertrag ist ein Vertrag zwischen einer oder einem Auszubildenden (Azubi; früher: Lehrling) und einem Ausbildenden (Ausbildungsbetrieb) in einem anerkannten Ausbildungsberuf. Bei minderjährigen Auszubildenden müssen die Erziehungsberechtigten zustimmen. Der Vertrag ist Voraussetzung für die betriebliche Berufsausbildung und muss schriftlich abgeschlossen werden. Mündliche Vereinbarungen sind ungültig.

Berufsfachschule
Berufsfachschulen (kurz BFS) sind berufliche Vollzeitschulen mit mindestens einjähriger Dauer, für deren Besuch keine Berufsausbildung oder Berufstätigkeit vorausgesetzt wird. Sie haben die Aufgabe, allgemeine und fachliche Lerninhalte zu vermitteln und die Schüler zu befähigen, dass sie den Abschluss in einem anerkannten Ausbildungsberuf oder einen Teil der Berufsausbildung in einem oder mehreren Ausbildungsberufen erlangen. Sie können auch zu einem Berufsausbildungsabschluss führen, der nur in Schulen erworben werden kann.

Berufsschule
Eine Berufsausbildung findet im dualen System an zwei Orten statt, im Betrieb und in der Berufsschule. In der Berufsschule werden allgemein bildende Fächer unterrichtet und v. a. fachtheoretischer und fachpraktischer Unterricht erteilt. Dies geschieht zunehmend in so genannten Lernfeldern. Der Unterricht findet entweder an ein oder zwei Tagen in der Woche statt oder im Blockunterricht. Hier wechseln sich die Betriebs- und Schulphasen wochen- bzw. monatsweise ab.

Berufsvorbereitungsjahr
Berufsvorbereitungsjahre (BVJ) werden für Jugendliche ohne Berufsausbildungsvertrag angeboten. Das BVJ vermittelt Grundkenntnisse in mindestens zwei Berufsfeldern.
Es dient der Berufsfindung und soll auf eine Ausbildung oder Arbeitnehmertätigkeit vorbereiten. Voraussetzung dafür ist die Erfüllung der Vollzeitschulpflicht, d. h. der Besuch von mindestens 9 Schuljahren.

Betriebsrat
Der Betriebsrat in einem Unternehmen wird von den Arbeitnehmern gewählt und vertritt ihre Interessen gegenüber dem Arbeitgeber. Die Bestimmungen dazu sind im Betriebsverfassungsgesetz geregelt.

Einlagen
Das Geld, das private Haushalte, Unternehmen und Gemeinden bei einer Bank einzahlen, nennt man Einlagen oder auch Bankguthaben.

Einstiegsqualifizierungsmaßnahmen
Das Einstiegsqualifizierungsjahr (EQJ) ist ein betriebliches Langzeitpraktikum und soll als Brücke zur Ausbildung im gleichen Betrieb dienen. Dabei orientiert es sich in der Regel an den Ausbildungsinhalten des entsprechenden Ausbildungsberufs.

Erträge
Wenn ein Betrieb seine produzierten Sachgüter und Dienst-

leistungen verkauft (absetzt), erzielt er Erträge.

Freie Marktwirtschaft
In einer freien Marktwirtschaft bestimmen lediglich Angebot und Nachfrage das Wirtschaftsgeschehen, der Staat greift nicht ein. Die freie Marktwirtschaft gibt es in der Realität nicht.

Friktionelle Arbeitslosigkeit
Sie entsteht beim Übergang von einer Arbeitsstelle zu einer anderen. Sie ist in der Regel nur von kurzer Dauer und auch in Phasen einer Vollbeschäftigung unvermeidlich.

Geldkreislauf
Das Modell des Geldkreislaufs zeigt, wie Unternehmen, Haushalte und Kreditinstitute in der Wirtschaft zusammenhängen. Es werden Löhne und Gehälter gezahlt, es wird gespart und Kredite werden vergeben.

Generationenvertrag
Der Generationenvertrag ist die Grundlage der gesetzlichen Rentenversicherung. Von den heute eingezahlten Beiträgen werden die Einkommen der Rentner finanziert.
Ein Arbeitnehmer ist für seine eigene Rente auf die nächste Generation angewiesen.

Jugendarbeitsschutzgesetz
Das Jugendarbeitsschutzgesetz (JArbSchG) ist ein deutsches Gesetz zum Schutz von Kindern und Jugendlichen in Arbeitsverhältnissen vor Arbeit, die zu früh beginnt, zu lange dauert, gesundheitsschädigend ist und sie überlastet.

Gewinn- und Verlustrechnung
In einer Gewinn- und Verlustrechnung werden die Aufwendungen oder → Kosten und die → Erträge eines Unternehmens gegenübergestellt. Ein Gewinn wird erzielt, wenn die Erträge größer sind als die Aufwendungen.

Jungwerker
Jungwerker werden ohne Berufsausbildung angelernt. Sie führen niedrig qualifizierte Arbeiten aus.

Konjunkturelle Arbeitslosigkeit
Wenn die Wirtschaftslage eines Landes schlecht ist, gehen in der Regel Arbeitsplätze verloren. Sobald sich die Lage verbessert, erhöht sich auch die Nachfrage nach Arbeitskräften wieder.

Konzentration
Von Konzentration spricht man, wenn durch Zusammenschlüsse von Unternehmen die Zahl der Anbieter auf dem Markt oder in einer Branche immer geringer wird. Schließen sich Unternehmen freiwillig zusammen, dann spricht man von einer Fusion. Übernimmt ein Unternehmen das andere, ohne dass dieses Unternehmen das möchte oder verhindern kann, dann spricht man von einer feindlichen Übernahme.

Kosten
In jedem Betrieb fallen bei der Produktion von Sachgütern oder Dienstleistungen Kosten an, z. B. für Löhne und Gehälter, Werkstoffe und Betriebsmittel.

Mietnebenkosten
Die Nebenkosten werden zusätzlich zur Kaltmiete berechnet. Dazu gehören z. B. Kosten für Wasser, Strom, Heizung, Entsorgung, kommunale Gebühren, Versicherungen, Hausmeister, Fahrstuhl usw. Um die monatlichen Gesamtkosten einer Wohnung zu erhalten, müssen Miete und Nebenkosten zusammengerechnet werden.

Mietvertrag
Mit einem Mietvertrag verpflichtet sich der Vermieter, den Gebrauch der Wohnung für eine bestimmte Zeit zuzulassen. Der Mieter verpflichtet sich, dafür die vereinbarte Miete zu bezahlen und die Wohnung pfleglich zu behandeln.

Nachhaltigkeit
Der Begriff der Nachhaltigkeit kommt ursprünglich aus der Forstwirtschaft. Er bedeutet, dass man der Natur nur so viel entnehmen soll wie nachwachsen kann, damit sich die Natur erholen (regenerieren) kann. Damit ist auch gemeint, dass die vorhandenen Ressourcen

(= nutzbare Naturkräfte) wie z. B. Wasser und Rohstoffe (Erdöl) möglichst sparsam verwendet werden sollen. Die Generationen, die uns nachfolgen, sollen die gleichen Lebensgrundlagen vorfinden wie wir.

Normalarbeitsverhältnis
Darunter wird ein Arbeitsverhältnis verstanden, das unbefristet und von längerer Dauer ist. Hierfür erhält der abhängig beschäftigte Arbeitnehmer einen geregelten Lohn. Diese Arbeitsverhältnisse werden heute seltener.

Patchwork-Berufsbiografie
Wenn sich Phasen der Berufstätigkeit mit Phasen der Arbeitslosigkeit abwechseln oder wenn sich die Art der Erwerbstätigkeit öfters ändert, nennt man dies eine Patchwork-Berufsbiografie.

Preiskalkulation
(kalkulieren = von lat.: rechnen)
Um einen Preis für ein Gut oder eine Dienstleistung zu errechnen, werden die einzelnen Kosten wie Löhne, Material, usw. zusammengestellt.
In diese Kalkulation muss auch der erwartete Gewinn eingerechnet werden.

Rendite
(lat. für Ertrag)
Als Rendite bezeichnet man den Gewinn, den man mit einer Geldanlage macht.

Saisonale Arbeitslosigkeit
In einigen Wirtschaftsbereichen ist man von der Jahreszeit abhängig. Auf Baustellen und in der Landwirtschaft kann z. B. im Winter nicht gearbeitet werden, Skigebiete haben im Sommer kaum Gäste usw. Die Arbeitskräfte werden also nur „während der Saison“ gebraucht und für die übrige Zeit entlassen.

Solidargemeinschaft
Das Motto einer Solidargemeinschaft lautet: einer für alle, alle für einen. Als Mitglied dieser Gemeinschaft ist man also zur Unterstützung der anderen verpflichtet, erhält jedoch im Bedarfsfall selbst Unterstützung.

Soziale Marktwirtschaft
In einer sozialen Marktwirtschaft, wie wir sie auch in der Bundesrepublik Deutschland haben, greift der Staat mit Gesetzen zugunsten des Wohls aller Bürger ein. Besondere Kennzeichen sind soziale Sicherheit und soziale Gerechtigkeit.

Sozialstaatsgebot
In unserer sozialen Marktwirtschaft ist gesetzlich festgelegt, dass der Staat dem einzelnen Bürger in Notfällen Hilfe gewähren muss. Jeder Bürger hat das Recht auf einen angemessenen Lebensstandard. (siehe: GG Art. 20)

Strukturelle Arbeitslosigkeit
Die Wirtschaft verändert sich durch Technikentwicklung. Dadurch ändern sich auch die Anforderungen an Arbeitskräfte oder sie werden durch Maschinen ersetzt.
Auch durch Betriebsverlagerungen ins Ausland wird Arbeitslosigkeit erzeugt.

Subsidiaritätsprinzip
(Subsidiär = lat. für: zurücktreten, nachrangig sein)
Nach dem Subsidiaritätsprinzip soll jegliche gesellschaftliche Hilfe für eine Person oder für eine Gruppe erst dann erfolgen, wenn diese nicht mehr fähig sind, sich selbst zu helfen.

Vorvertrag
Ein Vorvertrag wird zwischen einem Betrieb und einem zukünftigen Auszubildenden geschlossen, bevor die Ausbildung im Berufsgrundschuljahr (BGJ) aufgenommen wird.
Darin verpflichten sich beide Seiten, nach erfolgreichem Abschluss des BGJ einen Berufsausbildungsvertrag zu unterzeichnen.

Wirtschaftliche Grundfreiheiten
In einer Marktwirtschaft werden Bürgern und Betrieben bestimmte Rechte eingeräumt: Freizügigkeit, Niederlassungsfreiheit, freie Konsumwahl, Garantie des Privateigentums, Gewerbefreiheit.

Stichwortverzeichnis

Bildquellenverzeichnis

Titel:
Gina Höhm, Braunschweig; AndersARTig, Reproduktion, Werbung & Verlag GmbH, Braunschweig

aid-net.de : 115/1
Anthony Verlag, Starnberg: 67/1
BilderBox Bildagentur GmbH, A-Thenig: 106/4 (E. Wodicka)
BMW AG: 144/3+4
Bundesagentur für Arbeit: 12/M1+M2; 26; 27/3
Bundesministerium für Bildung und Forschung: 46/M1
Bundesministerium für Wirtschaft und Arbeit: 49/1
Bundfuss, H.-J., Dortmund: 34/M1+M2
DAS FOTOARCHIV, Essen: 135/M1 (R. Oberhäuser)
Deutsche Telekom, Bonn: 133/2
R. Dittrich, Braunschweig: 141/M1
epd-bild, Frankfurt/M.: 53/M1 (N. Neetz)
Fränkischer Tag, Bamberg: 12/M3
Gildemeister Drehmaschinen GmbH, Bielefeld: 60/2
Globus Infografik, Hamburg: 12/1; 57/M1; 60/M1; 62/1; 85/1; 90/M1; 95; 107/1; 108/M1; 109; 111; 112/M1; 123; 124/1; 127; 129/M1; 130/1; 132; 135/1; 136/M1; 137; 141/1; 143/M1; 146; 147; 148; 151; 152/M1
Haitzinger, H., München: 143/3
Heckners Verlag, Wolfenbüttel: 124/M1
Henzler, Nürtingen: 6/M1
Hübner, S.: Wolfenbüttel: 130/M1
HWK für Oberfranken, Bayreuth: 18/1
IFA Bilderteam, Ottobrunn: 133/1 (M. Rosenfeld)
IHK Bayreuth: 46/1
Image & Design, Bettina Kumpe, Braunschweig: 5; 6/M3; 9; 10; 16; 17; 32; 33; 35/1; 37; 43; 45; 47; 48; 49/M1; 50; 58; 72; 75; 76/M1; 77; 87; 88; 92; 93; 97; 98/1; 104; 108/1; 113/M1+M2; 114/M1; 115/M1; 116; 117; 120/M1; 126/1
InGestalt, Leipzig: 6/M2; 35/M1; 62/3; 121/1
Kampwerth, Hasewinkel: 36/M1
Keystone Pressedienst, Hamburg: 53/4 (CARO/Dobieg)
Knaußmann, Katrin, Mediendesign, Gifhorn: 100/1; 118; 143/2
Köcher, Hannover: 36/M2
Kohn, Klaus G.: 14/M1
J. Matthis Werbetechnik, Merzhausen: 119/1
mauritius-images, Mittenwald: 18/M1 (age); 91/2 (P. Enzinger); 114/1 (Phototheque SDP); 125/M1
Metro AG, Düsseldorf: 55/3
Motorola Inc.: 94/1
E. Ostermann, Walsrode: 84
Photostudio Druwe und Polastri, Weddel: 7/1+4-6 ; 8; 11; 14/1; 19; 23/1; 24; 25; 27/1+2; 28; 30/1; 39; 41; 42/1; 44; 53/1+3; 59/M1; 62/2; 63/1+2; 65/2; 66; 67/2; 76/1; 80; 82/M1; 83; 85/M1; 90/1; 99; 100/M1; 102/1; 103/1; 105/1+2; 106/1; 113/1; 121/2; 128/1; 133/M1; 134; 150
Picture Alliance, Frankfurt/M.:
DB: 142/2 (Pfeiffer)
dpa: 7/2 (H. Heydenaber); 7/3 (F. Gambarini); 20/M1 (W. Baum); 23/M1 (S. Kiefer); 53/2 (F. Gentsch); 53/5 (W. Thieme); 55/2 (A. Dedert); 57/1 (J. Effner); 57/2 (gms ZV Sanitär Heizung Klima); 61/M1 (B. Wüstneck); 79/1 (H. Wolfraum); 79/3 (Domicil); 89/2 (J. Carstensen); 89/3 (J.-P. Kasper); 105/M1 (K. Lenz); 107/M1 (EPA); 119/2 (W. Grubitzsch); 119/4 (W. Thieme); 119/6 (B. Settnik); 121 M1; 130 M2; 142/M1 (R. Weihrauch); 149/1 (G. Breloer)
Helga Lade: 139/M1 (R. Feldrapp)
IMAGNO: 129/M1
KPA: 54/3 (HIP/Museum of London); 61/M1 (M. Stolt); 129/1 (HIP)
OKAPIA KG: 142/1 (F. Pölking)
ZB: 14/2 (J. Büttner); 22/1 (T. Schulze); 30/M1 (B. Wüstneck); 53 /6 , 54/2 (M. Schulze); 54/1 + 3 (K. Franke); 55/1/J.-P. Kasper; 67/3 (P. Endig); 89/1 + 91/1 (H. Link); 119/3 (J. Kalaene); 119/5 + 120/1 (J. Wolf); 144/1 (J. Büttner); 144/2
Richter, U., Malsch, 82/M2
Sierigk, P., Braunschweig: 59/1+2
Stiftung Warentest, Berlin: 94/M1; 96
teutopress GmbH, Bielefeld: 145/M1
Ullstein Bild, Berlin: 143/1 (Hechtenberg/Caro)
Umweltbundesamt, Dessau: 70/M1; 145/M2
Verbraucherzentrale Bayern e.V., München: 98/2
VW Öffentlichkeitsarbeit Standortpresse, Wolfsburg: 18/2
Werbefotografie Weiß GmbH, Gersthofen: 61/M3; 63/3; 65/1, 3+4; 68/M1; 71/1; 74
Westermann Archiv, Braunschweig: 106/2+3
Westermann Tegra, Braunschweig: 31; 56; 120/M2; 126/2
H. Wohlenberg KG, Hannover: 60/1
Wolter, J., Lohmar 152/1
Zahlenbilder Erich Schmidt Verlag, Berlin: 131/1; 133/3; 136/1
zefal visual media Düsseldorf: 67/4